ᄆ Introduction

영어의 가장 튼튼한 기초

삶에서 가치 있는 것치고 하루아침에 이루어지는 것은 없습니다.
한 순간 한 순간, 한 돌 한 돌 정성을 다해 쌓아 나가야만 멋진 탑이 세워집니다.

나무는 뿌리가 튼튼해야 무성하고, 집도 기초가 탄탄해야 오래 견딜 수 있습니다.
튼튼한 뿌리를 땅에 내리고 탄탄한 기초를 다지는 것은 결코 쉬운 일이 아닙니다.
하지만 걱정하지 마십시오. 여기 믿음직한 안내자가 있습니다.
영어의 신대륙으로 이끄는 든든한 배와 선장, 지도와 나침반이 있습니다.

영어를 포함한 모든 언어의 기초는 단어입니다.
단어들이 모여 문장을 이루고, 그들이 모여 생각과 감정을 표현하는 말과 글이 됩니다.
영어의 기초가 되는 영단어의 뜻과 쓰임새에 대한 확실한 기억과 정확한 이해는
바로 영어의 습득과 숙달의 기초가 됩니다.

이 책은 과학 그 자체입니다.
이 책은 엄격한 과학적 방식으로 만들어졌습니다.
방대한 자료를 컴퓨터와 인내를 통해 처리하여 결정체를 뽑아 냈습니다.
우리나라 학습자의 특성과 학습 환경을 통찰하고 연구해 철저히 반영했습니다.

품사별 컬러화를 적용했습니다.
'뜯어먹는' 단어장은 중학생이면 거의 누구나 보는 표준 단어장입니다.
특히 이미 그 효과가 입증된 영단어의 품사별 기능성 컬러화를 적용했습니다.
이는 영단어를 학습하면서 동시에 영문법의 기초를 확립하는 획기적인 방식으로,
아주 놀랄 만한 혁명적인 성과를 거둘 수 있을 것입니다.

이제 여러분은 가장 효과적인 영어 단어 학습 과정을 구현한 이 책으로
영어 단어의 기초를 다짐은 물론, 영어 학습의 튼실한 디딤돌을 얻게 되어
날로 제대로 된 영어 실력을 갖추어 나갈 수 있을 것입니다.

여러분은 그 놀라운 변화의 한가운데에 서게 되었습니다.

김승영 · 고지영

📖 Structures & Features

중학 **영단어**의
튼튼한 기초

1 중학교 1~2학년 전 교과서 단어 선정

중학교 1~2학년 모든 교과서를 컴퓨터로 검색해 내용어 1,200개와 기능어 100여 개 총 1,300여 개를 엄선했습니다. 제멋대로 선정된 쓸데없는 단어가 아닌 진정한 중학 기본 영단어를 최소의 노력으로 최단 시간에 완전 정복할 수 있게 하였습니다.

2 품사별 · 빈도순 배열

60일 완성을 목표로 1일 20개씩 품사별(명사 · 동사 · 형용사 · 부사)로 나누어, 각각 자주 나오는 순서(빈도순)대로 배열하였습니다. 품사별 암기로 영문법의 토대가 다져 지고, 자주 나오는 것부터 외우니 성과가 곧 나타나게 됩니다.

3 품사별 컬러화로 시각적 단어 학습

색깔	품사	상징	기능
● 파랑	명사	하늘	사람 · 사물의 이름을 나타내는 중심 단어
● 빨강	동사	불[에너지]	동작 · 상태를 나타내는 중심 단어
● 보라	명사 · 동사	파랑+빨강	명사(파랑)/동사(빨강)로 쓰이는 단어
● 초록	형용사	초목	상태 · 성질을 나타내고 명사를 꾸며 주는 단어
● 갈색	부사	땅	주로 동사 · 형용사를 꾸며 주는 단어

영어 단어의 품사는 영어 문법의 기초입니다. 영단어의 품사만 제대로 알면 영문법 의 절반은 끝난 것입니다. 가장 강력한 감각인 시각을 100% 활용한 기능성 컬러화 로 영단어 품사의 직관적 습득을 가능하게 하였습니다.

4 QR 코드를 통해 청각으로 하는 단어 학습

날짜별 QR 코드를 통해 단어와 뜻, 예문을 들으며 학습할 수 있습니다. 책을 들고 다니기 어려운 상황에서도 귀로 들으며 단어를 외우는 것이 가능합니다.

5 최신 실용 예구[예문]의 문제화

자칫 무시하기 쉬운 예구나 예문을 전부 문제화하였습니다. 단어를 외운 후 최신 영영 사전과 현행 교과서에서 뽑은 생생한 예구나 예문을 통해 곧바로 능동적인 확인 학습을 할 수 있습니다.

6 즐거운 Test를 통한 심화 암기

모든 표제어를 1·2차에 걸쳐 즐겁게 문제를 풀면서 주체적으로 암기할 수 있습니다. 1차로 '영어는 우리말로, 우리말은 영어로'의 기계적 테스트를 거친 후, 2차로 연어 (collocation)와 표준 예문을 통해 단어의 용법까지 효과적으로 터득하게 됩니다.

7 Today's Dessert / 반갑다 기능어야!

그날 나온 단어를 품고 선인들의 삶의 지혜를 깨우치는 **Today's Dessert**, 조동사 · 대명사 · 전치사 · 접속사 등 기능어의 정리를 통해 영문법의 기초를 확립하게 하는 **반갑다 기능어야!**를 매일 만나볼 수 있습니다.

8 일일 · 누적 테스트

순서가 바뀌어 제시된 그날의 단어 20개(앞면)와 첫날부터 그 전날까지 누적된 중요 단어 20개(뒷면)로 확인 테스트를 하면서 확실하게 마무리할 수 있습니다.

9 미니 영어 사전

중학교 1~2학년 모든 교과서를 검색해 실제로 자주 쓰이는 단어의 의미만 추려 실어서 만든 중학 기본 영단어의 기준과 표준이 되는 작지만 강한 사전입니다.

10 별책 부록 – 일일 암기장

1일 20개씩 정리된 암기장으로, 영단어와 우리말 뜻을 접어서 외울 수 있도록 되어 있습니다. 본책과 따로 지니고 다니며 언제 어디서든 단어를 암기할 수 있습니다.

⊙ Contents

뜯어먹는 중학 기본 영단어 1200 ⋯⋯⋯⋯⋯⋯ 005

부록

불규칙 변화형 정리 ⋯⋯⋯⋯⋯⋯⋯⋯⋯⋯⋯ 247

주제별 단어 정리 ⋯⋯⋯⋯⋯⋯⋯⋯⋯⋯⋯ 251

퀴즈 테스트 ⋯⋯⋯⋯⋯⋯⋯⋯⋯⋯⋯⋯⋯ 260

미니 영어 사전 ⋯⋯⋯⋯⋯⋯⋯⋯⋯⋯⋯⋯ 321

별책 부록 일일 암기장

이 책에 사용하는 약호·기호

❶ 품사별 컬러 표

	색깔	품사
●	파랑	명사
●	빨강	동사
●	보라	명사·동사
●	초록	형용사
●	갈색	부사

❷ 약호(품사 표시)

명 명사	대 대명사
동 동사	형 형용사
부 부사	전 전치사
접 접속사	감 감탄사
N 명사	V 동사원형

❸ 기호

기호	의미
=	동의어
↔	반의어
▶	파생어·관련어
*	숙어·관용어구
[비교]	비교어
[ ]	대체 가능 어구
( )	생략 가능 어구·보충 설명
/	공동 적용 어구

1일 20개 60일 완성

뜯어먹는
중학 기본 영단어 1200

명사

01 **mother[mom]**[mʌ́ðər] 어머니[엄마]

• 그의 어머니 his _____

02 **father[dad, daddy]**[fáːðər]
아버지[아빠]

• 그녀의 아버지 her _____

03 **man**[mæn] (복수 men) 남자, 사람

• 이 남자 this _____

04 **people**[píːpl] 사람들, 민족, 국민

• 제[그] 사람들 those _____

05 **family**[fǽməli] 가족

• 나의 가족 my _____

06 **friend**[frend] 친구
　* make friends 친구를 사귀다

• 내 최고의 친구 my best _____

07 **school**[skuːl] 학교

• 중학교 a middle _____

08 **world**[wərld] 세계, 세상

• 더 좋은 세상 a better _____

09 **way**[wei] ① 방법[방식] ② 길
　* by the way (화제를 바꿀 때) 그런데
　* on your[the] way 도중에

• 가장 좋은 방법
　the best _____

10 **time**[taim] ① 시간, 시각 ② (몇) 번

• 몇 시니? What _____ is it?

11 **day**[dei] ① 날, 하루 ② 낮
　* one day 어느 날
　* all day (long) 하루 종일

• 5일 동안 for five _____s

12 **year**[jiər] 해, 1년

• 올해 this _____

13 **lot**[lɑt] (수량이) 많음
* **a lot** 다수[다량], 많이
* **a lot of** 많은

• 많은 사람들 a _____ of people

동사

14 **be(am/are/is)**[biː]-**was/were-been**
① ~이다 ② 있다

• 그는 내 친구야. He i_____ my friend.

15 **do**[duː]-**did-done**(3인칭 단수 **does**) 하다

• 무언가를 하다 to _____ something

16 **go**[gou]-**went-gone**(3인칭 단수 **goes**) 가다
* **go V-ing** ~하러 가다
* **be going to V** ~할 예정이다

• 학교에 가다 to _____ to school

명사 · 형용사

17 **this**[ðis](복수 **these**) 때 이것[이 사람]
형 이

• 이분은 우리 아빠야. T_____ is my dad.

18 **that**[ðæt](복수 **those**) 때 저것[저 사람], 그것[그 사람] 형 저, 그

• 그것을 하지 마. Don't do _____.

this   that

these   those

형용사

19 **good**[gud](비교 **better**, 최상 **best**) 좋은, 잘하는 * **be good at** ~을 잘하다, ~에 능숙하다

• 좋은 하루 되렴. Have a _____ day.

부사

20 **there**[ðɛər] 거기에[그곳에]
* **There be+N** ~이 있다

• 난 거기에 없었어. I wasn't _____.

Today's Dessert

Like father, like son.[Like mother, like daughter.]
그 아버지[어머니]에 그 아들[딸].(부전자전[모전여전])

A 영어는 우리말로, 우리말은 영어로!

1. people	11. 어머니[엄마]
2. way	12. 아버지[아빠]
3. time	13. 남자, 사람
4. day	14. 가족
5. year	15. 친구
6. lot	16. 학교
7. be	17. 세계, 세상
8. this	18. 하다
9. that	19. 가다
10. good	20. 거기에[그곳에]

B 단어와 단어의 만남

1. my mother and father
2. a lot of time
3. this year
4. good people
5. my best friend

6. 중학교 a middle s_____
7. 5일 동안 for five d_____s
8. 낮 동안에 during the d_____
9. 제[그] 남자 that m_____
10. 더 좋은 세상 a better w_____

C 알맞은 형태 쓰기

1. man-(복수형)_____
2. this-(복수형)_____
3. that-(복수형)_____
4. do-(과거형)_____ -(과거분사형)_____ -(3인칭 단수형)_____
5. go-(과거형)_____ -(과거분사형)_____ -(3인칭 단수형)_____
6. good-(비교급)_____ -(최상급)_____

정답 **A** 앞면 참조 **B** 1. 내 어머니와 아버지 2. 많은 시간 3. 올해 4. 좋은 사람들 5. 내 최고의 친구 6. school 7. day
8. day 9. man 10. world **C** 1. men 2. these 3. those 4. did, done, does 5. went, gone, goes 6. better, best

D 보기 단어들 뜻 음미해 보고 빈칸 속에 퐁당!

| 보기 | be   do   go

1. _____ your best. 최선을 다해라.
2. Don't _____ there. 거기에 가지 마.
3. That _____ my mother. 저분이 우리 어머니입니다.

E 같은 모양, 다른 의미

1. What is the best way to do it?

   I don't know the way back home.
2. What time is it now? / I go there three times a year.

F 단어를 외우니 문장이 해석되네!

1. I'm good at English.
2. What did you do there?
3. There are four people in my family.

⊙반갑다 기능어야!

the

the+정해진 단수 · 복수 명사
1. 이미 나온 명사 앞: There is a *school* near my house. **The** *school* is very good.
   우리 집 근처에 학교가 하나 있다. 그 학교는 매우 좋다.
2. 서로 알고 있는 명사 앞: How are all **the** family(=your family)?
   네 가족은 모두 잘 있니?
3. 하나뿐인 명사 (최상급 · 서수) 앞:the *best* day 최고의 날
   　　　　　　　　　　　　　 the *first* time 첫 번   **the** *sun* 태양
4. 뒤의 어구로 꾸며지는 명사 앞: the *book* on the desk 책상 위에 있는 책
5. the+형용사=복수 명사: the *poor* and **the** *rich* 가난한 사람들과 부자들
   　　　　　　　　　　　　the *English* 영국인들

G 반갑다 기능어야! 익힌 후, 빈칸에 알맞은 기능어 넣기

1. Today is _____ best day of this year. 오늘은 올해 중 최고의 날이야.
2. People like _____ house on the hill.

   사람들은 언덕 위에 있는 그 집을 좋아한다.

정답 **D** 1. Do 2. go 3. is **E** 1. 그것을 하는 가장 좋은 방법이 무엇이니?(방법) / 나는 집으로 돌아가는 길을 모른다.(길)
2. 지금 몇 시니?(시각) / 나는 1년에 3번 그곳에 간다.(번) **F** 1. 나는 영어를 잘한다. 2. 넌 거기서 뭘 했니? 3. 우리 식구는 4명
이에요. **G** 1. the 2. the

명사

01 child[tʃaild] (복수 **children**) 아이, 자식

- 많은 아이들 many _____ (복수형)

02 woman[wúmən] (복수 **women**) 여자[여성]

- 한 남자와 한 여자 a man and a _____

03 teacher[tí:tʃər] 선생님[교사]

- 영어 선생님 an English _____

04 house[haus] 집

- 내 친구의 집 my friend's _____

05 country[kʌ́ntri] ① 나라 ② 시골

- 세계의 모든 나라 every _____ in the world

06 computer[kəmpjú:tər] 컴퓨터

- 새 컴퓨터 a new _____

07 game[geim] 게임[놀이/경기]

- 컴퓨터 게임 a computer _____

08 music[mjú:zik] 음악

- 음악을 좋아하다 to like _____

09 life[laif] 삶[인생/생활], 생명

- 나의 학교생활 my school _____

10 thing[θiŋ] 것, 일, 물건

- 이것들 these _____ s

명사 · 부사

11 home[houm] 몡 가정, 자기 집 옘 자기 집으로[에]

- 집으로 가다 to go _____

12 today[tədéi] 옘 몡 오늘, 오늘날

- 오늘 무슨 요일이니? What day is it _____?

13 **have**[hæv]-**had-had**(3인칭 단수 **has**)
① 가지고 있다 ② 먹다 ③ ~하게 하다

• 시간이 있다 to _____ time

14 **see**[si:]-**saw-seen** 보다, 만나다, 알다

• 만나서 반가워.
I'm glad to _____ you.

15 **say**[sei]-**said-said** 말하다

• 아니라고 말하세요. S_____ no.

16 **like**[laik] 좋아하다

• 영어를 좋아하다
to _____ English

형용사

17 **new**[nju:] 새로운

• 새해 the _____ year

18 **old**[ould] 나이 든(↔**young**),
오래된(↔**new**)

old　　　　　**new**

• 노인들 _____ people

19 **many**[méni](비교 **more**, 최상 **most**)
(수가) 많은

• 많은 친구들 _____ friends

형용사 · 부사

20 **much**[mʌtʃ](비교 **more**, 최상 **most**)
형 (양이) 많은 부 ① 많이 ② (비교급 앞) 훨씬

• 많은 시간 _____ time

Today's
Dessert　　**There is no place like home.**
내 집 같은 곳은 아무 데도 없다.

A   영어는 우리말로, 우리말은 영어로!

1. child	11. 여자[여성]
2. country	12. 선생님[교사]
3. game	13. 집
4. life	14. 컴퓨터
5. thing	15. 음악
6. home	16. 오늘(날)
7. have	17. 말하다
8. see	18. 좋아하다
9. many	19. 새로운
10. much	20. 나이 든, 오래된

B   단어와 단어의 만남

1. a computer game
2. my way of life
3. a new house
4. an old woman
5. 착한 아이 a good c_____
6. 음악 선생님 a music t_____
7. 많은 아이들 m_____ children
8. 많은 시간 m_____ time

C   알맞은 형태 쓰기

1. child-(복수형)_____
2. woman-(복수형)_____
3. have-(과거형)_____ -(과거분사형)_____ -(3인칭 단수형)_____
4. see-(과거형)_____ -(과거분사형)_____
5. say-(과거형)_____ -(과거분사형)_____
6. many-(비교급)_____ -(최상급)_____
7. much-(비교급)_____ -(최상급)_____

정답 **A** 앞면 참조 **B** 1. 컴퓨터 게임 2. 나의 생활 방식 3. 새 집 4. 나이 든 여성 5. child 6. teacher 7. many 8. much
C 1. children 2. women 3. had, had, has 4. saw, seen 5. said, said 6. more, most 7. more, most

D 보기 단어들 뜻 음미해 보고 빈칸 속에 퐁당!

| |보기| have say see |

1. Don't _____ that. 그렇게 말하지 마.
2. She _____ a lot of friends. 그녀는 친구가 많이 있다.
3. I didn't _____ you at school today. 난 오늘 학교에서 널 못 봤어.

E 같은 모양, 다른 의미

1. He lives in the country.
   Which is the largest country in Asia?
2. Do you have breakfast? / I'll have him do it.
3. How much do you like it?
   This is much better than that.

F 단어를 외우니 문장이 해석되네!

1. I like music very much.
2. They were on their way home.
3. Today was the happiest day of my life.

☺반갑다
기능어야!

a[an]

a[an]+정해지지 않은 단수 명사 (a+자음/an+모음)
1. 앞서 나오지 않았거나 모르는 명사 앞
   A boy met **a** girl. 어떤 소년이 한 소녀를 만났다.
2. 불특정 일반 명사 앞
   Mr. Kim is **a** real gentleman. 김 선생님은 진짜 신사다.
3. 하나의(=one): **a** dollar 1달러 **an** hour or two 한두 시간
4. ~마다(=each): three times **a** day 하루에 세 번
5. ~라는 것(=any, every): **A** child needs love. 아이란 사랑이 필요한 존재다.

G 반갑다 기능어야! 익힌 후, 빈칸에 알맞은 기능어 넣기

1. This is _____ apple, not _____ pear. 이건 사과지, 배가 아니야.
2. Can I have _____ apple? 사과 하나 먹어도 되니?

정답 **D** 1. say 2. has 3. see **E** 1. 그는 시골에 산다.(시골) / 아시아에서 가장 큰 나라는 어디인가?(나라) 2. 너는 아침을 먹니?(먹다) / 나는 그가 그것을 하도록 하겠다.(~하게 하다) 3. 너는 그것을 얼마나 많이 좋아하니?(많이) / 이것이 그것보다 훨씬 낫다.(훨씬) **F** 1. 나는 음악을 매우 많이 좋아한다. 2. 그들은 집으로 가는 도중이었다. 3. 오늘은 내 인생에서 가장 행복한 날이었다. **G** 1. an, a 2. an

DAY 03

명사

01 **boy** [bɔi] 소년
- 13살짜리 소년 a 13-year-old _____

02 **student** [stʃúːdnt] 학생
- 중학생 a middle school _____

03 **class** [klæs] ① 학급 ② 수업
- 컴퓨터 수업 a computer _____

04 **lesson** [lésn] ① (교과서의) 과 ② 수업, 교습 ③ 교훈
- 제1과 _____ 1

05 **book** [buk] 책
- 좋은 책 a good _____

06 **picture** [píktʃər] 그림, 사진
- 내 가족 사진
the _____ of my family

07 **story** [stɔ́ːri] ① 이야기 ② (건물의) 층
- 사랑 이야기 a love _____

08 **animal** [ǽnəməl] 동물
- 동물들을 좋아하다
to like _____s

09 **food** [fuːd] 식품, 식량
- 한식 Korean _____

10 **money** [mʌ́ni] 돈
- 많은 돈 much[a lot of] _____

명사 · 동사

11 **water** [wɔ́ːtər] 몡 물 통 물을 주다
- 뜨거운/차가운 물 hot/cold _____

12 **name** [neim] 몡 이름 통 이름을 붙이다
- 나의 이름 my _____

13 **answer**[ǽnsər] 명 대답 동 대답하다

• 질문에 대답하다
  to _____ the question

14 **love**[lʌv] 명 사랑 동 사랑하다

• 난 널 사랑해. I _____ you.

동사

15 **make**[meik]-**made-made** ① 만들다
  ② ~하게 하다[시키다]

• 카드를 만들다
  to _____ a card

16 **think**[θiŋk]-**thought-thought**
  생각하다

• 그것에 대해 생각하다 to _____ about it

형용사 · 대명사

17 **all**[ɔ:l] 형 모든 대 모두

• 모든 사람들 _____ the people

18 **some**[sʌm] 형 조금[몇몇]의, 어떤
  대 몇몇[조금]

• 몇몇 친구들 _____ friends

19 **other**[ʌðər] 형 다른, 그 밖의
  대 다른 사람[것]

• 다른 방법들 _____ ways

부사

20 **very**[véri] 매우[아주]

• 난 그걸 아주 많이 좋아해.
  I like it _____ much.

Money isn't the best thing in the world.
돈이 세상에서 최선의 것은 아니다.

A　영어는 우리말로, 우리말은 영어로!

1. class	11. 소년
2. lesson	12. 학생
3. story	13. 책
4. water	14. 그림, 사진
5. name	15. 동물
6. answer	16. 식품, 식량
7. make	17. 돈
8. some	18. 사랑(하다)
9. other	19. 생각하다
10. very	20. 모든, 모두

B　단어와 단어의 만남

1. a ten-story building
2. the boy's name
3. the best answer
4. all the students
5. some money

6. 영어 수업　an English c_____
7. 제12과　l_____ 12
8. 많은 책들　many b_____ s
9. 한식　Korean f_____
10. 다른 나라들　o_____ countries

C　알맞은 형태 쓰기

1. think -(과거형)_____ -(과거분사형)_____
2. make -(과거형)_____ -(과거분사형)_____

D　빈칸에 들어갈 알맞은 단어는?

1. Nice to meet a_____ of you.　여러분 모두를 만나서 기뻐요.
2. S_____ of you will be teachers.　여러분 중 몇몇은 선생님이 될 것이다.

E 보기 단어들 뜻 음미해 보고 빈칸 속에 퐁당!

| 보기 | answer   name   water

1. _____ the question. 질문에 답하시오.
2. They _____d her *Sarah*. 그들은 그녀에게 '사라'라고 이름을 붙였다.
3. I _____ the flowers every day. 나는 매일 꽃에 물을 준다.

F 같은 모양, 다른 의미

1. I took a lot of pictures there. / Draw a picture of your house.
2. I take piano lessons.
   I learned important lessons from these stories.
3. Mom will make *gimbap* for me. / You make me happy.

G 단어를 외우니 문장이 해석되네!

1. May I have some water?
2. Think of others.
3. I love animals very much.

⊙반갑다 기능어야!

do-did-done(3인칭 단수 does) 조동사

1. **의문문**
   Do you love him? 그를 사랑하니?   Does she love you? 그녀는 너를 사랑하니?
   Did you read the book? 너 그 책을 읽었니?
2. **부정문**
   I don't like him. 난 그를 좋아하지 않아.
   She doesn't like me. 그녀는 날 좋아하지 않아.
   He didn't go to school today. 그는 오늘 학교에 가지 않았다.
3. **대동사 (동사 대신)**
   "Do you like her?" "Yes, I do./No, I don't."
   "그녀를 좋아하니?" "그래, 좋아해./아니, 좋아하지 않아."
4. **강조: I do love you.** 난 널 정말 사랑해.

H 반갑다 기능어야! 익힌 후, 빈칸에 알맞은 기능어 넣기

1. _____ you play computer games a lot? 너 컴퓨터 게임 많이 하니?
2. We _____ read many books today.
   우리는 오늘날 많은 책을 읽지 않는다.

정답 **E** 1. Answer 2. name 3. water   **F** 1. 나는 거기서 많은 사진을 찍었다.(사진) / 네 집 그림을 그려라.(그림) 2. 나는 피아노 교습을 받는다.(교습) / 나는 이 이야기들에서 중요한 교훈들을 배웠다.(교훈) 3. 엄마가 내게 김밥을 만들어 주실 거야.(만들다) / 넌 날 행복하게 해.(~하게 하다)   **G** 1. 물 좀 마실 수 있을까요? 2. 다른 사람들을 생각해라. 3. 나는 동물들을 아주 많이 사랑한다.   **H** 1. Do 2. don't

DAY 04

명사

01 parent(s)[pέ∂rənt] 어버이[부모]
- 어버이날 P_____s' Day

02 earth[ə:rθ] 지구, 땅
- 지구상의 생명체 life on _____

03 morning[mɔ́:rniŋ] 아침, 오전
- 아침에 in the _____

04 weather[wéðər] 날씨
- 좋은/궂은 날씨 good/bad _____

05 word[wə:rd] 단어, 말
 * **in other words** 다른 말로 하면
- 영어 단어들 English _____s

06 language[lǽŋgwidʒ] 언어

- 한국어 the Korean _____

07 idea[aidí:ə] 생각[아이디어]
- 좋은 생각 a good _____

08 part[pɑ:rt] ① 부분 ② 역할(=role)
 * **take part in** ~에 참가하다
- 책의 첫 부분
  the first _____ of the book

09 group[gru:p] 무리[집단/그룹]
- 한 무리의 소년들 a _____ of boys

10 job[dʒɑb] 일, 일자리
 * **do a good job** 일을 잘 해내다
- 새로운 일자리 a new _____

11 problem[prɑ́bləm] 문제
- 식량 문제 a food _____

명사 · 동사

12 hand[hænd] 명 손 동 건네주다
- 나의 오른손 my right _____

13 place[pleis] 명 장소 동 두다[놓다]
 * **take place** (사건이) 일어나다, (행사가) 열리다
- 소풍 장소 a picnic _____

14 **look**[luk] 동 보다[보이다] 명 봄, 표정
   * **look at** 보다   * **look for** 찾다
   * **look after** 돌보다   * **look like** ~처럼 보이다

• 이것 좀 봐. L_____ at this.

15 **change**[tʃeindʒ] 동 바꾸다[변화하다]
   명 ① 변화 ② 거스름돈

• 세상을 바꾸다
  to _____ the world

16 **read**[ri:d]-**read**[red]-**read**[red] 읽다

• 책을 읽다 to _____ a book

17 **know**[nou]-**knew-known** 알다

• 그녀의 이름을 알다 to _____ her name

18 **first**[fɑːrst] 형 첫째[최초]의
   부 첫째[최초]로, 먼저
   * **at first** 처음에는
   * **for the first time** 처음으로

• 첫째 날 the _____ day

19 **right**[rait] 형 ① 옳은(↔wrong)
   ② 오른쪽의(↔left) 부 ① 바로 ② 오른쪽으로
   명 ① 오른쪽 ② 권리
   * **all right** 괜찮은, 좋아

• 정답 the _____ answer

   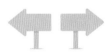

right　**wrong**　　**left**　**right**

20 **so**[sou] ① 너무[정말] ② 그렇게 접 그래서

• 너무 많은 사람들 _____ many people

Today's Dessert

Earth doesn't belong to man, but man belongs to the Earth.
지구가 사람에게 속하는게 아니라, 사람이 지구에 속해 있다.

즐거운 Test 4th

A 영어는 우리말로, 우리말은 영어로!

1. idea	11. 어버이[부모]
2. part	12. 지구, 땅
3. group	13. 아침, 오전
4. hand	14. 날씨
5. place	15. 단어, 말
6. look	16. 언어
7. change	17. 일(자리)
8. first	18. 문제
9. right	19. 읽다
10. so	20. 알다

B 단어와 단어의 만남

1. his old parents
2. on Sunday morning
3. English words
4. a group of children
5. the first language
6. my right hand

7. 지구 사진 a picture of e_____
8. 좋은 날씨 good w_____
9. 좋은 생각 a good i_____
10. 새로운 일자리 a new j_____
11. 많은 문제들 many p_____ s
12. 첫 부분 the first p_____

C 보기 단어들 뜻 음미해 보고 빈칸 속에 퐁당!

보기	hand know place read

1. I _____ed him the book. 나는 그에게 책을 건네주었다.
2. Who _____s the answer? 누가 답을 아니?
3. She likes to _____ books. 그녀는 책 읽기를 좋아한다.
4. _____ the key on the table. 열쇠를 탁자에 놓아라.

정답 **A** 앞면 참조 **B** 1. 그의 나이 든 부모님 2. 일요일 아침에 3. 영어 단어들 4. 한 무리의 아이들 5. 제1언어[모국어]
6. 나의 오른손 7. earth 8. weather 9. idea 10. job 11. problem 12. part **C** 1. hand 2. know 3. read 4. Place

D 알맞은 형태 쓰기

1. read −(과거형)_____ −(과거분사형)_____

2. know −(과거형)_____ −(과거분사형)_____

E 빈칸에 공통으로 들어갈 단어는?

I think _____. 난 그렇게 생각해.

He is a good teacher. _____ I like him.

그는 훌륭한 선생님이다. 그래서 난 그를 좋아한다.

F 같은 모양, 다른 의미

1. Look at that man.

   He looks very old.

2. Here is your change.

   The Internet can change our lives greatly.

3. women's right / You're right.

   Turn right. / It's right over there.

반갑다 기능어야!

be 조동사

주어		현재형	과거형	과거분사형
단수	I	am	was	
	you	are	were	been
	he/she/it	is	was	
복수	we/you/they	are	were	

1. 진행형: **be+V-ing**
   I am *reading* a book. 난 책을 읽고 있다.
2. 수동태: **be+과거분사**
   The book was *read* by many people. 그 책은 많은 사람들에게 읽혔다.

G 반갑다 기능어야! 익힌 후, 빈칸에 알맞은 기능어 넣기

1. I _____ looking for a book. 난 책을 찾고 있어.

2. A tree _____ known by its fruit. 나무는 그 열매로써 알게 된다.

정답 **D** 1. read, read 2. knew, known **E** so **F** 1. 저 남자를 봐라.(보다) / 그는 매우 늙어 보인다.(보이다) 2. 여기 거스름돈 있어요.(거스름돈) / 인터넷은 우리의 생활을 크게 바꿀 수 있다.(바꾸다) 3. 여성의 권리(권리) / 네가 옳아.(옳은) / 오른쪽으로 돌아.(오른쪽으로) / 그것은 바로 저기 있어요.(바로) **G** 1. am 2. is

DAY 05

명사

01 **son**[sʌn] 아들

· 장남 the oldest[eldest] _____

02 **eye**[ai] 눈

· 너의 큰 눈 your big _____s

03 **dialog(ue)**[dáiəlɔ̀ːg] 대화

· 짧은 대화 a short _____

04 **television[TV]**[téləvìʒən] 텔레비전

· 텔레비전 프로그램 a _____ program

05 **car**[kɑːr] 차[자동차]

· 자동차로 가다 to go by _____

06 **summer**[sʌ́mər] 여름

· 이번 여름 this _____

07 **night**[nait] 밤(↔day)

· 밤에 at _____

08 **air**[ɛər] ① 공기[대기] ② 공중 ③ 항공

· 밤공기 the night _____

09 **example**[igzǽmpl] 예, 모범
  * for example 예를 들면

· 예를 들다 to give an _____

10 **tree**[triː] 나무

· 오래된 나무 an old _____

명사 · 동사

11 **plant**[plænt] 몡 식물 동 심다

· 나무를 심다 to _____ a tree

12 **shop**[ʃɑp] 몡 가게 동 물건을 사다
  ▶shopper 몡 쇼핑객

· 꽃가게 a flower _____

13 **use** 동 [juːz] 사용[이용]하다
  몡 [juːs] 사용[이용]

· 인터넷을 이용하다
  to _____ the Internet

¹⁴ **get**[get]**-got-got(ten)**
① 얻다 ② 이르다 ③ 되다
* **get on** (탈것에) 타다
* **get off** (탈것에서) 내리다
* **get along with** ~와 사이좋게 지내다

• 일자리를 얻다 to _____ a job

¹⁵ **let**[let]**-let-let** ~하게 하다[허락하다]
* **Let's V** ~하자

• 가서 놀자. L_____'s go and play.

¹⁶ **want**[wɑnt] 원하다, ~하고 싶다

• 선생님이 되고 싶다
to _____ to be a teacher

¹⁷ **little**[lítl] ① 작은, 어린
② (a ~) 조금[소량](의) 〔부〕 조금
* **a little** 조금[소량](의)
* **little by little** 조금씩

• 작은 집 a _____ house

¹⁸ **big**[big] 큰(=large ↔small)

big　　　**small**

• 큰 동물 a _____ animal

¹⁹ **happy**[hǽpi] 행복한[기쁜]
▶**happiness** 〔명〕 행복

• 행복해 보이다 to look _____

²⁰ **then**[ðen] 그때, 그러고 나서

• 그때 볼게. See you _____.

Today's
Dessert

A little help does a great deal.
작은 도움이 큰일을 이룬다.(티끌 모아 태산)

023

A 영어는 우리말로, 우리말은 영어로!

1. air	11. 아들
2. example	12. 눈
3. plant	13. 대화
4. shop	14. 텔레비전
5. use	15. 차[자동차]
6. get	16. 여름
7. let	17. 밤
8. want	18. 나무
9. little	19. 큰
10. then	20. 행복한[기쁜]

B 단어와 단어의 만남

1. the oldest son
2. a new car
3. the night air
4. for example
5. your big eyes
6. a happy life

7. 짧은 대화 a short d_____
8. 텔레비전 수상기 a t_____ set
9. 여름밤 a s_____ night
10. 큰 나무 a big t_____
11. 선물 가게 a gift s_____
12. 어린아이들 l_____ children

C 보기 단어들 뜻 음미해 보고 빈칸 속에 퐁당!

|보기|	let	shop	use	want

1. I _____ to be a teacher. 난 선생님이 되고 싶다.
2. Can I _____ your computer? 네 컴퓨터를 사용해도 되니?
3. You can _____ on the Internet. 인터넷에서 쇼핑을 할 수 있다.
4. _____ me have a look at that letter. 내가 그 편지를 보게 해줘.

정답 **A** 앞면 참조 **B** 1. 장남 2. 새 차 3. 밤공기 4. 예를 들면 5. 너의 큰 눈 6. 행복한 인생[삶] 7. dialog(ue) 8. television 9. summer 10. tree 11. shop 12. little **C** 1. want 2. use 3. shop 4. Let

D 알맞은 형태 쓰기

1. let − (과거형)_____ − (과거분사형)_____

2. get − (과거형)_____ − (과거분사형)_____

E 빈칸에 공통으로 들어갈 단어는?

Just _____ he looked at me. 바로 그때 그가 날 쳐다봤다.

First we played tennis, _____ we went swimming.

먼저 우리는 테니스를 쳤고, 그러고 나서 수영하러 갔다.

F 같은 모양, 다른 의미

1. animals and plants

We planted trees in our garden.

2. Did you get the job?

The weather gets warm.

What time will we get there?

G 단어를 외우니 문장이 해석되네!

It was a little big for her.

⊙반갑다 기능어야!

have-had-had(3인칭 단수 has) 조동사

완료형: have+과거분사

• ~한 적이 있다: I have *met* her once. 난 그녀와 한 번 만난 적이 있다.

• ~해서 지금도 ~해오고 있다:

She has *lived* here for 10 years. 그녀는 10년 동안 여기서 살고 있다.

• ~해서 지금 ~인 상태다:

He has *lost* his watch. 그는 시계를 잃어버려서 지금 없다.

• ~해버려서 지금은 끝났다: I have just *had* lunch. 난 막 점심을 다 먹었다.

H 반갑다 기능어야! 익힌 후, 빈칸에 알맞은 기능어 넣기

1. _____ you been to Geumgangsan? 금강산에 다녀온 적이 있니?

2. He _____ known her for a long time.

그는 그녀와 오랫동안 알고 지내고 있다.

정답) **D** 1. let, let 2. got, got(ten) **E** then **F** 1. 동식물(식물) / 우리는 뜰에 나무를 심었다.(심다) 2. 너 일자리를 얻었
니?(얻다) / 날씨가 따뜻해진다.(되다) / 우리는 몇 시에 그곳에 도착할까?(이르다) **G** 그것은 그녀에게 조금 컸다. **H** 1. Have
2. has

명사

01 **person**[pə́ːrsn] 사람

• 나이 든 사람 an old _____

02 **king**[kiŋ] 왕

• 영국 왕 the _____ of England

03 **body**[bádi] 몸[신체]

• 신체 부위들 the parts of _____

04 **letter**[létər] ① 편지 ② 글자

• 편지를 읽다 to read a _____

05 **movie**[múːvi] 영화, (the -s) 영화관

• 영화를 보다 to see a _____

06 **week**[wiːk] 주, 1주일

• 지난/이번/다음 주
  last/this/next _____

07 **room**[ruːm] ① 방 ② 자리, 여지

• 내 부모님 방 my parents' _____

08 **building**[bíldiŋ] 빌딩[건물]

• 50층짜리 건물 a fifty-story _____

09 **city**[síti] 도시

• 대도시 a big _____

10 **fire**[faiər] 불, 화재

• 큰 화재 a big _____

명사 · 동사

11 **park**[paːrk] 명 공원 동 주차하다

• 공원에 가다 to go to the _____

12 **plan**[plæn] 명 계획 동 계획하다

• 계획을 세우다 to make a _____

13 **hope**[houp] 명 희망 동 희망하다[바라다]

• 나도 그러하길 바란다. I _____ so.

¹⁴ **interest**[íntərəst] 몡 ① 관심[흥미]
② 이익 통 관심[흥미]를 끌다
▶**interesting** 혱 재미있는
▶**interested** 혱 관심[흥미] 있는

- 음악에 대한 관심
  an _____ in music

¹⁵ **talk**[tɔːk] 통 말하다[이야기하다] 몡 이야기

- 날씨에 대해 이야기하다
  to _____ about weather

¹⁶ **help**[help] 통 돕다 몡 도움
  * **help oneself to N** 마음껏 먹다

- 노인들을 돕다
  to _____ old people

형용사

¹⁷ **great**[greit] 큰, 위대한, 멋진

- 위대한 사람[위인] a _____ man

¹⁸ **different**[dífərənt] 다른
  ▶**differently** 뿐 다르게
  * **be different from** ～와 다르다

- 다른 생각 a _____ idea

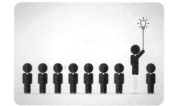

형용사 · 부사

¹⁹ **sure**[ʃuər] 혱 확신하는[확실한](=certain)
  뿐 물론, 확실히

- 당신은 확신해요[확실해요]?
  Are you _____?

부사

²⁰ **too**[tuː] ① 너무 ② (긍정문) ～도

- 그건 너무 크다. It's _____ big.

Today's Dessert

Self-help is the best help.
자기 스스로 돕는 것이 최선의 도움이다.

A 영어는 우리말로, 우리말은 영어로!

1. room	11. 사람
2. park	12. 왕
3. plan	13. 몸[신체]
4. hope	14. 편지, 글자
5. interest	15. 영화(관)
6. talk	16. 주, 1주일
7. help	17. 빌딩[건물]
8. great	18. 도시
9. sure	19. 불, 화재
10. too	20. 다른

B 단어와 단어의 만남

1. a morning person
2. a new king
3. body language
4. for a week
5. a change of plan
6. 호텔 방 a hotel r_____
7. 오래된 건물 an old b_____
8. 도시 생활 c_____ life
9. 큰 화재 a big f_____
10. 다른 방법 a d_____ way

C 보기 단어들 뜻 씹어 보고 들어갈 곳에 쏙!

| 보기 | help interest movie room talk |

1. He has an _____ in music. 그는 음악에 관심이 있다.
2. I saw that _____ last week. 나는 지난주에 그 영화를 봤다.
3. Thank you for your _____. 당신의 도움에 대해 감사드립니다.
4. I'd like to have a _____ with you. 너와 이야기를 나누고 싶어.
5. Do you have _____ for this in your bag? 네 가방에 이것을 넣을 공간이 있니?

정답 **A** 앞면 참조 **B** 1. 아침형 인간 2. 새 왕 3. 신체 언어 4. 1주일 동안 5. 계획 변경 6. room 7. building 8. city 9. fire 10. different **C** 1. interest 2. movie 3. help 4. talk 5. room

D 보기 단어들 뜻 음미해 보고 빈칸 속에 퐁당!

| 보기 | help   hope   plan   talk |

1. I _____ you will like it. 난 네가 그걸 좋아하길 바라.

2. We should _____ other people. 우리는 다른 사람들을 도와야 한다.

3. They _____ed about their plans. 그들은 자신들의 계획에 대해 이야기했다.

4. We _____ to go there this summer. 우리는 이번 여름에 거기에 갈 계획이야.

E 빈칸에 공통으로 들어갈 단어는?

I'm _____ you can do it well. 나는 네가 그것을 잘 할 수 있을 거라 확신해.

A: Can you help me? 저 좀 도와줄래요?

B: _____ . 물론이죠.

F 같은 모양, 다른 의미

1. I got a letter from her.

   There are 26 letters in the English alphabet.

2. They went to the park.

   You must not park here.

3. She talks too much. / Do you think so, too?

◉반갑다 기능어야!

I/you

주격	I 내가	I am a student. 난 학생이야.
소유격	my 나의	My name is Minju. 내 이름은 민주야.
목적격	me 나를[에게]	He helped me. 그가 나를 도와주었다.
소유대명사	mine 나의 것	The book is mine. 그 책은 내 거야.

주격	you 당신(들)이	You look happy today. 너 오늘 행복해 보인다.
소유격	your 당신(들)의	Thanks for your letter. 네 편지 고마워.
목적격	you 당신(들)을[에게]	I love you. 난 널 사랑해.
소유대명사	yours 당신(들)의 것	Is this yours? 이거 네 거니?

G 반갑다 기능어야! 익힌 후, 빈칸에 알맞은 기능어 넣기

1. _____ parents gave _____ the book.

   나의 부모님이 내게 그 책을 주셨다.

2. My hair is longer than _____ . 내 머리는 네 것보다 더 길다.

정답 **D** 1. hope 2. help 3. talk 4. plan   **E** sure   **F** 1. 나는 그녀에게서 편지 한 통을 받았다.(편지) / 영어 알파벳에는 26개의 글자가 있다.(글자) 2. 그들은 공원에 갔다.(공원) / 이곳에 주차해선 안 된다.(주차하다) 3. 그녀는 너무 많이 말한다.(너무) / 너도 그렇게 생각하니?(~도)   **G** 1. My, me 2. yours

DAY 07

명사

01 **girl**[gəːrl] 소녀
- 어린 소녀 a little _____

02 **doctor[Dr.]**[dάktər] 의사, 박사
- 의사의 진찰을 받다 to see a _____

03 **scientist**[sáiəntist] 과학자
 ▶science 몡 과학
- 위대한 과학자 a great _____

04 **mountain**[mάuntən] 산
- 산을 올라가다 to go up a _____

05 **sea**[siː] 바다
- 바닷물 _____ water

06 **river**[rívər] 강
- 긴 강 a long _____

07 **month**[mʌnθ] (달력의) 달, 한 달
- 다음 달 next _____

| JANUARY | FEBRUARY | MARCH | APRIL | MAY | JUNE |
| JULY | AUGUST | SEPTEMBER | OCTOBER | NOVEMBER | DECEMBER |

08 **hour**[auər] 1시간, 시간
- 하루에 8시간 8 _____ s a day

09 **minute**[mínit] (시간 단위) 분, 잠깐[순간]
- 약 10분 about ten _____ s

명사 · 동사

10 **color**[kʌ́lər] 몡 색[빛깔] 동 색칠하다
- 밝은 색들 bright _____ s

11 **work**[wərk] 동 ① 일하다, 공부하다
 ② 작동[작용]하다 몡 ① 일(터), 공부 ② 작품
 ▶worker 몡 일하는 사람, 노동자
- 하루 종일 일하다 to _____ all day

명사 · 형용사

12 **future**[fjúːtʃər] 몡 미래[장래] 형 미래의
- 미래 세계 the _____ world

13 **fun**[fʌn] 명 재미, 장난 형 재미있는
  * **make fun of** ~을 놀리다
  ▶**funny** 형 웃기는[재미있는]

• 재밌게 **놀다** to have _____

14 **kind**[kaind] 형 친절한 명 종류

• 친절한 **여성** a _____ woman

동사

15 **come**[kʌm]-came-come 오다
  * **come on** 자, 빨리, 제발, 기운을 내

• 집에 오다 to _____ home

16 **eat**[iːt]-ate-eaten 먹다

• 너무 많이 먹다 to _____ too much

형용사 · 부사

17 **long**[lɔːŋ] 형 (길이 · 시간이) 긴
  부 길게, 오래
  * **so long** (헤어질 때) 안녕

• 긴 이야기 a _____ story

18 **next**[nekst] 형 다음의, 바로 옆의
  부 다음에 * **next to N** ~의 옆에

NEXT

• 다음번에 _____ time

부사

19 **now**[nau] 지금, 이제

• 바로 지금 right _____

20 **tomorrow**[təmɔ́ːrou] 부 명 내일
  * **the day after tomorrow** 모레

• 내일 아침 _____ morning

Today's
Dessert

Never put off till tomorrow what you can do today.
오늘 할 수 있는 일을 내일로 미루지 마라.

A 영어는 우리말로, 우리말은 영어로!

1. month	11. 소녀
2. hour	12. 의사, 박사
3. minute	13. 과학자
4. color	14. 산
5. work	15. 바다
6. future	16. 강
7. fun	17. 오다
8. kind	18. 먹다
9. long	19. 지금, 이제
10. next	20. 내일

B 단어와 단어의 만남

1. sea water
2. ten minutes
3. long river
4. next month
5. right now

6. 위대한 과학자 a great s_____
7. 높은 산 a high m_____
8. 밝은 색 bright c_____
9. 미래 세계 the f_____ world
10. 내일 아침 t_____ morning

C 보기 단어들 뜻 씹어 보고 들어갈 곳에 쏙!

보기	doctor fun minute work

1. Wait a _____. 잠깐 기다려.
2. You should see a _____. 너는 의사의 진찰을 받아야 해.
3. Have _____ at the party. 파티에서 재미있게 놀아라.
4. I have so much _____ to do. 나는 해야 할 일이 너무 많이 있다.

정답 **A** 앞면 참조 **B** 1. 바닷물 2. 10분 3. 긴 강 4. 다음 달 5. 바로 지금 6. scientist 7. mountain 8. color 9. future 10. tomorrow **C** 1. minute 2. doctor 3. fun 4. work

D 같은 관계 맺어 주기

1. 12 months : 1 year = 60 minutes : 1 h_____

2. man : woman = boy : g_____

3. eat : ate : eaten = come : c_____ : c_____

E 보기 단어들 뜻 음미해 보고 빈칸 속에 퐁당!

|보기| come   eat   work

1. Can you _____ to my house? 우리 집에 올 수 있니?

2. They _____ five days in a week. 그들은 1주일에 5일 일한다.

3. We should not _____ fast food much. 우리는 패스트푸드를 많이 먹지 말아야 한다.

F 같은 모양, 다른 의미

1. I like all kinds of music.

   She is a very kind person.

2. My computer doesn't work.

   He has many works by Picasso.

반갑다 기능어야!   he/she

주격	he 그가	He enjoys reading. 그는 독서를 즐긴다.
소유격	his 그의	His first class is English. 그의 첫 수업은 영어다.
목적격	him 그를[에게]	I met him there. 난 거기서 그를 만났다.
소유대명사	his 그의 것	The car is his. 그 차는 그의 것이다.

주격	she 그녀가	She calls him every day. 그녀는 날마다 그에게 전화한다.
소유격	her 그녀의	Her plan is wonderful. 그녀의 계획은 훌륭하다.
목적격	her 그녀를[에게]	He sent her flowers. 그는 그녀에게 꽃을 보냈다.
소유대명사	hers 그녀의 것	My hair is longer than hers. 내 머리가 그녀의 것보다 더 길다.

G 반갑다 기능어야! 익힌 후, 빈칸에 알맞은 기능어 넣기

1. _____ sends _____ email every day.

   그는 날마다 그녀에게 이메일을 보낸다.

2. The wonderful idea is _____. 그 훌륭한 생각은 그의 것이다.

정답 **D** 1. hour 2. girl 3. came, come **E** 1. come 2. work 3. eat **F** 1. 나는 모든 종류의 음악을 좋아해.(종류) / 그녀는 매우 친절한 사람이다.(친절한) 2. 내 컴퓨터가 작동하지 않는다.(작동하다) / 그는 피카소의 많은 작품들을 가지고 있다.(작품)
G 1. He, her 2. his

033

DAY 08

명사

01 **dog**[dɔ(ː)g] 개
[비교] **puppy** 명 강아지
· 내 애완견 my pet _____

02 **bird**[bə́ːrd] 새
· 작은 새 a small _____

03 **flower**[fláuər] 꽃
· 아름다운 꽃 a beautiful _____

04 **paper**[péipər] 종이, 신문, 서류
· 종이 한 장 a piece of _____

05 **song**[sɔ(ː)ŋ] 노래
· 아름다운 노래 a beautiful _____

06 **street**[striːt] 거리
· 이 거리를 따라가세요.
Go along this _____.

07 **team**[tiːm] (경기의) 팀[조]
· 팀 게임[경기] a _____ game

08 **soccer**[sákər] 축구
· 축구팀 a _____ team

명사 · 동사

09 **question**[kwéstʃən] 명 질문, 의문, 문제
동 질문하다
· 많은 질문들 a lot of _____s

10 **mind**[maind] 명 마음 동 언짢아하다
· 마음을 바꾸다 to change your _____

11 **play**[plei] 동 ① 놀다 ② 게임을 하다
③ 연주하다 명 연극
▶**player** 명 선수[경기자], 연주자
· 친구들과 놀다 to _____ with friends

12 **light**[lait] 명 빛, 불 형 밝은, 가벼운
동 (lighted[lit]-lighted[lit]) 불을 붙이다
· 불[전등]을 켜다/끄다
to turn on/off the _____

13 **give**[giv]-**gave**-**given** 주다

· 그에게 책을 주다
to _____ him a book

14 **listen**[lísn] 듣다
　*　**listen to N** ～에 귀를 기울이다

· 음악을 듣다
to _____ to music

15 **live** 图 [liv] 살다　图 [laiv] 살아 있는

· 시골에 살다
to _____ in the country

16 **last**[læst] 图 ① 지난 ② 마지막의(↔**first**)
图 계속[지속]되다
　*　**at last** 마침내

· 지난 여름 _____ summer

17 **small**[smɔːl] 작은(↔**big/large**)

· 작은 방 a _____ room

18 **beautiful**[bjúːtəfəl] 아름다운

· 아름다운 꽃 a _____ flower

19 **important**[impɔ́ːrtənt] 중요한

· 중요한 교훈 an _____ lesson

20 **up**[ʌp] 위로[에](↔**down**)
　*　**get up** 일어나다

· 위로 쳐다보다[올려다보다]
to look _____

Today's
Dessert
A loaf of bread is better than the songs of many birds.
빵 한 덩어리가 수많은 새들의 노랫소리보다 낫다.(금강산도 식후경)

035

A 영어는 우리말로, 우리말은 영어로!

1. paper	11. 개
2. team	12. 새
3. question	13. 꽃
4. mind	14. 노래
5. play	15. 거리
6. light	16. 축구
7. give	17. 듣다
8. live	18. 작은
9. last	19. 아름다운
10. up	20. 중요한

B 단어와 단어의 만남

1. the songs of birds
2. a one-way street
3. a soccer team
4. a small dog
5. a beautiful flower
6. an important question

7. 종이 가방[봉투] a p_____ bag
8. 조간신문 a morning p_____
9. 몸과 마음 body and m_____
10. 밝은 색깔들 l_____ colors
11. 가벼운 상자 a l_____ box
12. 지난주 l_____ week

C 보기 단어들 뜻 음미해 보고 빈칸 속에 퐁당!

보기	give listen live mind

1. He _____s in a big city. 그는 대도시에 산다.
2. I like to _____ to music. 나는 음악을 듣는 것을 좋아한다.
3. Would you _____ taking our picture? 저희 사진 좀 찍어 주시겠습니까?
4. What did he _____ you for your birthday? 그는 네 생일에 네게 무엇을 주었니?

정답 **A** 앞면 참조 **B** 1. 새들의 노래 2. 일방통행로 3. 축구팀 4. 작은 개 5. 아름다운 꽃 6. 중요한 질문 7. paper
8. paper 9. mind 10. light 11. light 12. last **C** 1. live 2. listen 3. mind 4. give

D 알맞은 형태 쓰기

give −(과거형)_____ −(과거분사형)_____

E 빈칸에 공통으로 들어갈 단어는?

I get _____ at six every day. 난 날마다 6시에 일어난다.

He went _____ and down the escalator. 그는 에스컬레이터를 오르내렸다.

F 같은 모양, 다른 의미

1. Turn on the light.

   Let's light the candle.

2. Can you play the piano?

   I'm going to play soccer with my friends.

3. Our last class is music.

   Each class lasts 45 minutes.

반갑다 기능어야!

it

주격	it 그것이	It's mine. 그것은 나의 것이다.
소유격	its 그것의	The hotel has its own pool. 그 호텔에는 자체 수영장이 있다.
목적격	it 그것을[에게]	I found it first. 내가 처음 그것을 발견했다.

• 날씨 · 시간 · 요일 · 거리

It's raining. 비가 오고 있다.　　It's three o'clock. 3시다.
It's Sunday. 일요일이다.

• 가짜 주어/목적어

It is interesting to study English. 영어를 공부하는 것은 재미있다.
You will find it interesting to study English.
넌 영어 공부가 재미있다는 걸 알게 될 거야.

G 반갑다 기능어야! 익힌 후, 빈칸에 알맞은 기능어 넣기

1. _____ snowed last night. 어젯밤에 눈이 왔다.

2. _____ is important to listen to others.

   다른 사람들의 말을 경청하는 것은 중요하다.

정답　**D** gave, given　**E** up　**F** 1. 불을 켜라.(불) / 초에 불을 붙이자.(불을 붙이다) 2. 너는 피아노를 칠 수 있니?(연주하다) / 나는 친구들과 축구를 할 거야.(게임을 하다) 3. 우리의 마지막 수업은 음악이다.(마지막의) / 각 수업 시간은 45분이다.(계속되다) **G** 1. It 2. It

명사

01 **clothes**[klouz] 옷[의복]
▶ **clothing** 몡 옷[의류]
▶ **cloth** 몡 천[헝겊]

· 새 옷 new _____

02 **birthday**[bɔ́ːrθdèi] 생일

· 생일 축하해! Happy _____!

03 **party**[páːrti] 파티[모임]

· 생일 파티 a birthday _____

04 **card**[kɑːrd] 카드

· 크리스마스 카드 a Christmas _____

05 **phone[telephone]**[foun] 전화(기)

· 전화를 받다
to answer the _____

06 **bike[bicycle]**[baik] 자전거

· 자전거를 타다 to ride a _____

07 **trip**[trip] 여행

· 여행을 하다
to take[make, go on] a _____

08 **space**[speis] ① 공간 ② 우주

· 우주 정거장 a _____ station

09 **club**[klʌb] 클럽[동호회/동아리]

· 컴퓨터 동아리 a computer _____

10 **activity**[æktívəti] 활동

· 재밌는 활동들 fun _____ies

11 **topic**[tápik] 화제[주제]

· 다른 화제[주제]들 different _____s

12 **library**[láibrèri] 도서관
▶ **librarian** 몡 (도서관) 사서

· 학교 도서관 a school _____

13 **learn**[lə:rn] 배우다

- 온라인으로 영어를 배우다
  to _____ English online

14 **take**[teik]-**took-taken**
  ① 데려[가져]가다 ② 필요로 하다 ③ 받다, 잡다
  * **take off** (옷을) 벗다, 이륙하다

- 그녀를 그곳에 데려가다
  to _____ her there

15 **feel**[fi:l]-**felt-felt** 느끼다
  ▶**feeling** 명 감정

- 행복을 느끼다 to _____ happy

16 **find**[faind]-**found-found**
  찾다[발견하다]
  * **find out** 알아내다, 발견하다

- 보물을 찾다 to _____ treasure

17 **young**[jʌŋ] 젊은[어린]

- 어린 아이 a _____ child

18 **nice**[nais] 좋은[멋진], 친절한

- 좋은[멋진] 영화 a _____ movie

19 **every**[évri] 모든(+단수 명사), ~마다

- 모든 사람 _____ person

20 **well**[wel](비교 **better**, 최상 **best**) 잘
  형 건강한 명 우물 감 글쎄

- 그것을 잘하다 to do it _____

Today's Dessert

Clothes make the man. 옷이 날개.
Clothes do not make the man.
좋은 옷을 입는다고 사람이 바뀌는 건 아니다.

A 영어는 우리말로, 우리말은 영어로!

1.	party	11.	옷[의복]
2.	space	12.	생일
3.	club	13.	카드
4.	topic	14.	전화(기)
5.	learn	15.	자전거
6.	take	16.	여행
7.	find	17.	활동
8.	nice	18.	도서관
9.	every	19.	느끼다
10.	well	20.	젊은[어린]

B 단어와 단어의 만남

1. a birthday party
2. club activities
3. different topics
4. a nice trip
5. a young child
6. every person

7. 새 옷 new c_____
8. 산악자전거 a mountain b_____
9. 그의 전화번호 his p_____ number
10. 시간과 공간 time and s_____
11. 우주 정거장 a s_____ station
12. 학교 도서관 a school l_____

C 보기 단어들 뜻 음미해 보고 빈칸 속에 풍덩!

| 보기 | feel   find   learn |

1. I _____ happy. 나는 행복을 느낀다.
2. We _____ English at school. 우리는 학교에서 영어를 배운다.
3. He couldn't _____ her house. 그는 그녀의 집을 찾을 수 없었다.

정답 **A** 앞면 참조 **B** 1. 생일 파티 2. 동아리 활동 3. 다른 화제[주제]들 4. 멋진[좋은] 여행 5. 어린아이 6. 모든 사람
7. clothes 8. bike[bicycle] 9. phone 10. space 11. space 12. library **C** 1. feel 2. learn 3. find

D 알맞은 형태 쓰기

1. take-(과거형)_____ -(과거분사형)_____

2. feel-(과거형)_____ -(과거분사형)_____

3. find-(과거형)_____ -(과거분사형)_____

E 빈칸에 공통으로 들어갈 단어는?

I hope you get _____ again soon. 나는 네가 곧 다시 건강해지길 바래.

All the team played _____ today. 오늘 팀원들 전원이 경기를 잘했다.

F 같은 모양, 다른 의미

It takes too much time to go there.

She takes him to the park every day.

반갑다 기능어야!

we/they

주격	we 우리가	We found the keys. 우리는 열쇠를 찾아냈다.
소유격	our 우리의	Our school is nice. 우리 학교는 좋다.
목적격	us 우리를[에게]	Our teachers care about us. 우리 선생님들은 우리에게 관심을 갖고 있다.
소유대명사	ours 우리의 것	His idea is different from ours. 그의 생각은 우리 것과 다르다.
주격	they 그(것)들이	If we think of other people, they will think of us. 우리가 다른 사람들을 생각해 준다면, 그들도 우리를 생각해 줄 거야.
소유격	their 그(것)들의	We cleaned their house. 우리는 그들의 집을 청소했다.
목적격	them 그(것)들을[에게]	We gave them food. 우리는 그들에게 식량을 주었다.
소유대명사	theirs 그(것)들의 것	Ours are theirs and theirs are ours. 우리의 것이 그들의 것이고 그들의 것이 우리의 것이다.

G 반갑다 기능어야! 익힌 후, 빈칸에 알맞은 기능어 넣기

1. _____ teacher gives _____ the same love.

   우리 선생님은 우리에게 똑같은 사랑을 주신다.

2. She told _____ an interesting story.

   그녀가 그들에게 재미있는 이야기를 해 주었다.

정답 **D** 1. took, taken 2. felt, felt 3. found, found **E** well **F** 그곳에 가는 데 너무 많은 시간이 걸린다.(필요로 하다) / 그녀는 매일 그를 공원에 데려간다.(데려가다) **G** 1. Our, us 2. them

DAY 10

명사

01 **brother**[bríðər] 남자 형제
(형/오빠/아우/남동생)

- 나의 형[오빠]
  my older[elder/big] _____

02 **plane[airplane]**[plein] 비행기

- 비행기를 타고 가다 to go by a(n) _____

03 **ship**[ʃip] (타는) 배

- 배에 타다 to get on a _____

04 **shoe**[ʃuː] 구두

- 구두를 벗어라. Take off your _____s.

05 **side**[said] 측[쪽], 측면
  * side by side 나란히

side   side

- 전화기의 우측
  the right _____ of the phone

06 **newspaper**[njúːzpèipər] 신문

- 신문을 읽다 to read a _____

07 **sport**[spɔːrt] 스포츠[운동/경기]

- 스포츠 경기를 하다 to play _____s

08 **program**[próugræm] 프로그램,
일정[진행 순서]
  ▶**programmer** 뗑 프로그래머

- 텔레비전/라디오 프로그램
  a TV/radio _____

09 **lunch**[lʌntʃ] 점심
  ▶**lunchtime** 뗑 점심시간

- 점심을 먹다 to have _____

명사 · 동사

10 **point**[pɔint] 뗑 점, 요점, 의견, 점수
뙝 가리키다

- 그것은 좋은 의견이야.
  That's a good _____.

11 **mail**[meil] 뗑 메일[우편(물)]
뙝 우편으로 보내다

- 그녀의 메일에 답하다
  to answer her _____

¹² **land**[lænd] 명 땅[육지], 나라
동 착륙하다(↔**take off**)

• 육지와 바다
_____ and sea[water]

¹³ **rain**[rein] 명 비 동 비가 오다

• 하루 종일 비가 오다 to _____ all day

¹⁴ **dream**[dri:m] 명 꿈 동 (**dreamed**
[**dreamt**]-**dreamed**[**dreamt**]) 꿈꾸다

• 꿈을 꾸다[가지다] to have a _____

¹⁵ **care**[kɛər] 명 돌봄, 주의 동 ① 관심을 갖다
② (~ **for**) 돌보다(=**take care of**)

• 아이들을 돌보다
to take _____ of children

¹⁶ **thank**[θæŋk] 동 감사하다 명 감사

• 감사합니다. T_____ you.

형용사 · 대명사

¹⁷ **any**[éni] 형 대 어떤 (것[사람]), 아무(것)

• 어떤 생각이 있니?
Do you have _____ ideas?

¹⁸ **each**[i:tʃ] 형 대 각각(의)
* **each other** 서로

• 각 나라 _____ country

형용사

¹⁹ **bad**[bæd](비교 **worse**, 최상 **worst**) 나쁜

• 나쁜 소식 _____ news

부사

²⁰ **out**[aut] 밖에[으로]

• 밖으로 나가다[외출하다] to go _____

Today's
Dessert
Too much is as bad as too little.
지나치면 모자라는 것만큼 나쁘다.(과유불급(過猶不及))

A 영어는 우리말로, 우리말은 영어로!

1. brother	11. 비행기
2. sport	12. (타는) 배
3. program	13. 구두
4. point	14. 측[쪽], 측면
5. mail	15. 신문
6. land	16. 점심
7. rain	17. 꿈, 꿈꾸다
8. care	18. 각각(의)
9. thank	19. 나쁜
10. any	20. 밖에[으로]

B 단어와 단어의 만남

1. my older[big] brother
2. the right side
3. a sports newspaper
4. my hope and dream
5. each person
6. bad weather

7. 비행기 표 a p_____ ticket
8. 큰 배 a big s_____
9. 새 구두 new s_____s
10. TV 프로그램 a TV p_____
11. 가벼운 점심 a light l_____
12. 항공 우편 air m_____

C 보기 단어들 뜻 음미해 보고 빈칸 속에 퐁당!

| 보기 | care   dream   rain   thank |

1. _____ you for coming. 와 주셔서 감사합니다.
2. It _____ed a lot last night. 어젯밤에 비가 많이 내렸다.
3. I _____ of going into space. 나는 우주에 가는 꿈을 꾼다.
4. _____ for your body and mind. 네 몸과 마음을 잘 돌보아라.

D 같은 관계 맺어 주기

1. phone : telephone = plane : a_____
2. good : better : best = bad : w_____ : w_____

E 빈칸에 공통으로 들어갈 단어는?

1. Do you have _____ questions? 넌 어떤 질문 있니?
   I don't have _____ plans. 난 아무 계획도 없어.
2. Can I go _____ and play? 밖에 나가 놀아도 되나요?
   How about eating _____ tonight? 오늘 밤에 외식하는 게 어때?

F 같은 모양, 다른 의미

1. I got 100 points. / She pointed to the stars.
2. He wants to own his land. / We watched the plane land.
3. They take care of sick people.
   We should care about our home, the earth.

⊘반갑다 기능어야! -self

단수	복수
I → myself	we → ourselves
you → yourself	you → yourselves
he/she/it → himself/herself/itself	they → themselves

1. **자기 자신: 자기 자신을[에게]**
   I really enjoyed myself. 난 정말 즐겁게 보냈어.
   Help yourself! 마음껏 먹어라! Make yourself at home. 편안히 해라.

2. **강조: 자기 스스로**
   You should study yourself. 너는 너 스스로 공부해야 한다.

G 반갑다 기능어야! 익힌 후, 빈칸에 알맞은 기능어 넣기

1. Let me introduce _____. 저를 소개할게요.
2. Help _____ to the bulgogi. 불고기를 마음껏 먹어라.

정답 **D** 1. airplane 2. worse, worst **E** 1. any 2. out **F** 1. 나는 100점을 받았다.(점수) / 그녀가 별들을 가리켰다.(가리키다) 2. 그는 자신의 땅을 소유하고 싶어 한다.(땅) / 우리는 비행기가 착륙하는 것을 지켜보았다.(착륙하다) 3. 그들은 환자들을 돌본다.(돌봄) / 우리는 우리가 사는 집인 지구에 관심을 가져야 한다.(관심을 갖다) **G** 1. myself 2. yourself

DAY 11

01 **bus**[bʌs] 버스 · 버스를 타다 to take a _____

02 **restaurant**[réstərənt] 음식점[식당] · 중국 음식점 a Chinese _____

03 **winter**[wíntər] 겨울 · 올겨울/지난겨울 this/last _____

04 **vacation**[veikéiʃən] 방학[휴가] · 여름 방학 the summer _____

05 **habit**[hǽbit] 습관 · 좋은 습관 a good _____

06 **science**[sáiəns] 과학 · 과학 수업 a _____ class
   ▶scientist 명 과학자

07 **war**[wɔːr] 전쟁 · 제1차 세계 대전
   the First World W_____

명사 · 동사

08 **number**[nʌ́mbər] 명 수, 번호 · 나의 전화번호 my phone _____
   동 번호를 매기다

09 **head**[hed] 명 머리 동 향해 가다 · 머리에서 발끝까지 from _____ to foot

10 **face**[feis] 명 얼굴 · 각기 다른 얼굴들 different _____s
   동 직면하다[맞서다], 향하다

11 **dance**[dæns] 명 춤 동 춤추다 · 춤을 잘 추다 to _____ well
   ▶dancer 명 무용수

12 **call**[kɔːl] 동 ① 전화하다 ② 부르다 · 네게 곧 전화할게.
   명 ① 통화 ② 부름   I'll _____ you soon.

13 **need**[niːd] 동 필요하다 명 필요, 욕구

- 도움이 좀 필요하다
  to _____ some help

동사

14 **tell**[tel]-**told-told** 말하다

- 이야기를 하다 to _____ a story

15 **write**[rait]-**wrote-written** 쓰다
  ▶ **writer** 명 작가

- 편지를 쓰다 to _____ a letter

16 **meet**[miːt]-**met-met** 만나다

- 만나서 반가워. Nice to _____ you.

형용사 · 대명사

17 **another**[ənʌðər] 형 대 또 하나의
  (것[사람]), 다른 (것[사람])
  * **one another** 서로

- 또 하나의 문제 _____ problem

18 **same**[seim] 형 대 같은 (것[사람])
  (↔**different**)
  * **at the same time** 동시에

same   **different**

- 같은 반 the _____ class

형용사

19 **such**[sətʃ] 그러한, 그렇게[너무나]
  * **such as** ~와 같은

- 그렇게 오랜 시간 동안
  for _____ a long time

부사

20 **here**[hiər] 여기에[로] 명 여기

- 여기로 오다 to come _____

Today's Dessert

Two heads are better than one.
두 사람의 머리가 한 사람의 머리보다 낫다.(백지장도 맞들면 낫다.)

A 영어는 우리말로, 우리말은 영어로!

1. number	11. 버스
2. head	12. 음식점[식당]
3. face	13. 겨울
4. call	14. 방학[휴가]
5. need	15. 습관
6. tell	16. 과학
7. another	17. 전쟁
8. same	18. 춤, 춤추다
9. such	19. 쓰다
10. here	20. 만나다

B 단어와 단어의 만남

1. a number 17 bus
2. the winter vacation
3. the First World War
4. another example
5. the same school

6. 한식당 a Korean r_____
7. 나쁜 습관 a bad h_____
8. 과학 선생님 a s_____ teacher
9. 춤곡 a d_____ music
10. 그러한 것[일] s_____ a thing

C 보기 단어들 뜻 음미해 보고 빈칸 속에 풍덩!

| 보기 | dance   meet   need   tell   write |

1. Nice to _____ you. 만나서 반가워요.
2. They _____d to the music. 그들은 음악에 맞춰 춤을 추었다.
3. He _____s her a letter every day. 그는 매일 그녀에게 편지를 쓴다.
4. All living things _____ water to live. 모든 생물들은 살기 위해 물이 필요하다.
5. Could you _____ me the way to the park?
공원으로 가는 길을 말해 줄 수 있으세요?

정답 **A** 앞면 참조 **B** 1. 17번 버스 2. 겨울 방학[휴가] 3. 제1차 세계 대전 4. 또 하나의 예 5. 같은 학교 6. restaurant
7. habit 8. science 9. dance 10. such **C** 1. meet 2. dance 3. write 4. need 5. tell

D 알맞은 형태 쓰기

1. tell–(과거형)_____–(과거분사형)_____

2. write–(과거형)_____–(과거분사형)_____

3. meet–(과거형)_____–(과거분사형)_____

E 빈칸에 들어갈 알맞은 단어는?

What are you doing h_____? 넌 여기서 뭐 하고 있니?

F 같은 모양, 다른 의미

1. a smiling <u>face</u>

   He <u>faced</u> a lot of problems.

2. The ship was <u>heading</u> for Jeju.

   He turned his <u>head</u> and looked at me.

3. My friends <u>call</u> me *Jinny*.

   My boyfriend <u>calls</u> me every day.

⟳반갑다 기능어야! one/-one[body]

one	• **~ 중 하나**: one of my habits 나의 습관 중 하나	
	• **불특정 명사 대신**: I'd like *an ice cream*. Are you having one, too? 난 아이스크림을 먹고 싶어. 너도 하나 먹을래?	
	• **one ~ the other ~**: 하나는 ~고, 다른 하나는 ~다	
-one [-body]	someone[somebody] 어떤 사람, 누군가	Let's ask someone[somebody]. 누군가에게 물어보자.
	anyone[anybody] (부정·의문문) 누구도, 누군가 (긍정문) 누구라도	Is anyone[anybody] there? 거기 누군가 있어요?
	everyone[everybody] 모든 사람, 누구나	Everyone[Everybody] is welcome. 누구나 환영받는다.
	no one[nobody] 아무도 ~ 않다	I met no one[nobody] today. 난 오늘 아무도 만나지 않았다.

G 반갑다 기능어야! 익힌 후, 빈칸에 알맞은 기능어 넣기

1. He is _____ of the world's greatest scientists.

   그는 세계에서 가장 위대한 과학자 중 하나다.

2. _____ is listening to the same music. 모두가 같은 음악을 듣고 있다.

명사

01 sister[sístər] 여자 형제(언니/누나/여동생)
- 나의 언니[누나] my older[big] _____

02 baby[béibi] 갓난아이[아기]
- 남자/여자 아기 a _____ boy/girl

03 ball[bɔːl] 공
- (스포츠) 구기 a _____ game

04 bag[bæg] 가방[백]
- 쇼핑백 a shopping _____

05 information[infərméiʃən] 정보
- 정보를 찾다 to find _____

06 town[taun] 읍[시]
- 작은 읍 a small _____

07 breakfast[brékfəst] 아침 식사
- 아침을 먹다 to eat _____

08 dinner[dínər] 저녁 식사
- 저녁 식사를 하다 to have _____

09 nature[néitʃər] ① 자연 ② 천성
- 자연의 세계 the world of _____

명사 · 동사

10 fish[fiʃ] 명 물고기[생선] 동 낚시질하다
- 생선 가게 a _____ shop

11 store[stɔːr] 명 가게[상점](=shop)
동 비축[저장]하다
- 식품점 a food _____

12 smile[smail] 명 미소 동 미소 짓다
- 미소 지으며 with a _____

13 **study** [stʌdi] 몡 공부, 연구
　몡 공부하다, 연구하다

• 과학을 공부하다 to _____ science

14 **show** [ʃou] 몡 보여 주다 몡 쇼, 구경거리

• 그에게 사진을 보여 주다
　to _____ him a picture

15 **watch** [wɑtʃ] 몡 (지켜)보다 몡 시계
　* watch out 조심[주의]하다

• 텔레비전을 보다 to _____ TV

형용사

16 **interesting** [íntərəstiŋ] 재미있는
　▶interested 몡 관심[흥미] 있는

• 재미있는 이야기 an _____ story

17 **easy** [íːzi] 쉬운(↔difficult/hard)
　* take it easy 느긋하게 하다, (작별 인사) 안녕

• 쉬운 방법 an _____ way

18 **dear** [diər] (편지에서) 사랑[친애]하는,
　소중한 몡 (호칭) 사랑하는 사람[여보]

• 사랑하는 앤디에게, D_____ Andy,

형용사 · 부사

19 **high** [hai] 몡 높은(↔low) 뮈 높이

• 높은 산 a _____ mountain

high

low

부사

20 **really** [ríːəli] 진짜[정말]

• 정말 좋은 식당
　a _____ good restaurant

Today's Dessert

Nothing great is easy.
위대한 어떤 것도 쉽지 않다.

 **Test** **12**th

A 영어는 우리말로, 우리말은 영어로!

1. town		11. 여자 형제	
2. fish		12. 갓난아이[아기]	
3. store		13. 공	
4. smile		14. 가방	
5. study		15. 정보	
6. show		16. 아침 식사	
7. watch		17. 저녁 식사	
8. interesting		18. 자연, 천성	
9. dear		19. 쉬운	
10. really		20. 높은, 높이	

B 단어와 단어의 만남

1. a six-week-old baby
2. a small town
3. her love of nature
4. my dear friends
5. a really interesting book
6. 나의 여동생 my little s_____
7. 축구공 a soccer b_____
8. 가벼운 아침 식사 a light b_____
9. 쉬운 질문 an e_____ question
10. 높은 건물 a h_____ building

C 보기 단어들 뜻 씹어 보고 들어갈 곳에 쏙!

| 보기 | bag   information   show   study |

1. He looked in the _____. 그는 가방 안을 들여다보았다.
2. Another _____ was done at a hospital. 또 다른 연구가 병원에서 행해졌다.
3. They've come to town to see a _____. 그들은 쇼를 보러 읍에 왔다.
4. I can find a lot of _____ on the Internet. 난 인터넷에서 많은 정보를 찾을 수 있다.

정답 **A** 앞면 참조 **B** 1. 6주 된 아기 2. 작은 읍[시] 3. 그녀의 자연 사랑 4. 나의 소중한 친구들 5. 정말 재미있는 책 6. sister 7. ball 8. breakfast 9. easy 10. high **C** 1. bag 2. study 3. show 4. information

052

D 보기 단어들 뜻 음미해 보고 빈칸 속에 풍덩!

| |보기| fish   show   smile   study |

1. She _____d at him. 그녀는 그에게 미소를 지었다.

2. He _____ed me his room. 그는 내게 자기 방을 보여 주었다.

3. Dad really loves to _____. 아빠는 낚시하는 것을 정말로 좋아하신다.

4. I've been _____ing English for 6 years. 나는 영어를 6년 동안 공부해 오고 있다.

E 같은 모양, 다른 의미

1. People go to stores for shopping.

   How much information can you store on your hard drive?

2. They watch TV too much.

   I got a watch from my father.

F 단어를 외우니 문장이 해석되네!

1. She had a big smile on her face.

2. We're having fish for dinner tonight.

반갑다 기능어야!   **-thing**

something 어떤 것, 무엇인가	I feel something special about you. 난 너에 대해 특별한 뭔가를 느낀다.
anything (부정문) 아무것도 (의문문·조건절) 무엇인가 (긍정문) 무엇이든	I can't do anything. 난 아무것도 할 수 없어. Do you know anything about it? 그것에 대해 뭔가를 알고 있니?
everything 모든 것, 무엇이나	I'll tell you everything. 네게 모든 걸 말할게. Money isn't everything. 돈이 전부가 아니다.
nothing 아무것도 ~ 않다	I have nothing to say. 난 아무 할 말이 없어.

G 반갑다 기능어야! 익힌 후, 빈칸에 알맞은 기능어 넣기

1. I'll show you _____ interesting. 네게 재미있는 뭔가를 보여 줄게.

2. Water is important to _____ on the earth.

   물은 지구 상의 모든 것들에게 중요하다.

DAY 13

명사

01 **cup**[kʌp] 컵
· 종이컵 a paper _____

02 **door**[dɔːr] 문
· 앞문/뒷문/옆문
a front/back/side _____

03 **window**[wíndou] 창(문)
· 창밖을 보다 to look out the _____

04 **sky**[skai] 하늘
· 밤하늘 the night _____

05 **star**[stɑːr] 별, 스타[인기인]
▶ **starry** 톙 별이 빛나는
· 작은 별들 little _____s

06 **top**[tɑp] 꼭대기[정상]
· 산꼭대기
the _____ of the mountain

07 **spring**[spriŋ] ① 봄 ② 스프링[용수철]
③ 샘
· 봄꽃들 _____ flowers

08 **afternoon**[æftərnúːn] 오후
· 오후에 in the _____

09 **homework**[hóumwə̀ːrk] 숙제
· 숙제하다 to do your _____

10 **culture**[kʌ́ltʃər] 문화
▶ **cultural** 톙 문화의
· 미국 문화 American _____

명사 · 동사

11 **line**[lain] 톙 선, 줄 동 줄을 서다
· 긴 줄 a long _____

12 **visit**[vízit] 동 방문하다 톙 방문
▶ **visitor** 톙 방문객
· 한국을 방문하다 to _____ Korea

13 **try** [trai] 통 노력[시도]하다, ~해 보다
　명 시도
　* **try on** (맞는지) 입어[신어/써] 보다

・친절하려고 노력하다
　to _____ to be kind

동사

14 **ask** [æsk] ① 묻다 ② 부탁하다

・질문하다 to _____ a question

15 **enjoy** [indʒ́ɔi] 즐기다

・네 삶을 즐겨라! E_____ your life!

동사 · 형용사

16 **clean** [kli:n] 형 깨끗한 통 청소하다
　▶**cleaner** 명 청소기, 세제
　* **clean up[out]** 청소하다

・깨끗한 공기 _____ air

17 **warm** [wɔ:rm] 형 따뜻한 통 따뜻하게
하다[데우다]
　▶**warm-up** 명 준비 운동

・따뜻한 물 _____ water

형용사

18 **hot** [hɑt] 더운[뜨거운](↔cold), 매운

hot **cold**

・더운 날씨 _____ weather

19 **famous** [féiməs] 유명한

・유명한 스타 a _____ star

부사

20 **also** [ɔ́:lsou] ~도(=too)

・그는 선생님이고 책도 쓴다.
　He is a teacher and _____
　writes books.

Today's
Dessert

Try it while you are young.
젊을 때 시도해 보라.

A   영어는 우리말로, 우리말은 영어로!

1. star	11. 컵
2. top	12. 문
3. spring	13. 창(문)
4. line	14. 하늘
5. try	15. 오후
6. ask	16. 숙제
7. clean	17. 문화
8. warm	18. 방문(하다)
9. hot	19. 즐기다
10. also	20. 유명한

B   단어와 단어의 만남

1. a paper cup

2. stars in the sky

3. warm spring

4. a hot spring

5. a famous star

6. 차 문 a car d_____

7. 작은 창문 a small w_____

8. 오늘 오후 this a_____

9. 미국 문화 American c_____

10. 깨끗한 도시 a c_____ city

C   보기 단어들 뜻 씹어 보고 들어갈 곳에 쏙!

|보기| clean   enjoy   line   visit   warm

1. _____ up, everybody! 모두 줄을 서세요!

2. I _____ helping people. 나는 사람들을 도와주는 걸 즐긴다.

3. I'll _____ up some milk. 내가 우유를 좀 데울게.

4. I _____ the room on weekends. 나는 주말마다 방을 청소한다.

5. They are coming to _____ me next week. 그들은 다음 주에 나를 방문하러 올 거야.

정답   **A** 앞면 참조   **B** 1. 종이컵 2. 하늘의 별들 3. 따뜻한 봄 4. 온천 5. 유명한 스타 6. door 7. window 8. afternoon 9. culture 10. clean   **C** 1. Line 2. enjoy 3. warm 4. clean 5. visit

D 보기 단어들 뜻 음미해 보고 빈칸 속에 퐁당!

| 보기 | homework   line   top |

1. Let's stand in _____ . 줄을 서자.

2. Did you do your _____ ? 너 숙제했니?

3. We went up to the _____ of the mountain. 우리는 산 정상에 올라갔다.

E 빈칸에 들어갈 알맞은 단어는?

I like English. I a_____ like my English teacher.

난 영어를 좋아한다. 영어 선생님도 좋아한다.

F 같은 모양, 다른 의미

1. Let's try new things.

   Try to do your best.

2. She asked me to take her there.

   She asked me the way to the subway station.

○반갑다
기능어야!

who(소유격 whose)

1. **의문사**
   - **who**: 누가, 누구를[에게]
     Who are you? 넌 누구니?   **Who** did you visit? 넌 누구를 방문했니?
     Do you know **who** made Hangeul? 넌 누가 한글을 만들었는지 아니?
   - **whose**: 누구의, 누구의 것
     Whose cup is this? 이건 누구의 컵이니?   **Whose** is it? 그것은 누구의 것이니?

2. **관계사**
   The girl **who** is smiling is my older sister. 미소 짓고 있는 소녀가 내 언니[누나]야.

G 반갑다 기능어야! 익힌 후, 빈칸에 알맞은 기능어 넣기

1. _____'s calling, please? (전화로) 누구세요?

2. Scientists are people _____ ask many questions.

   과학자들은 많은 질문을 하는 사람들이다.

3. _____ bag is this? 이건 누구의 가방이니?

정답 **D** 1. line 2. homework 3. top   **E** also   **F** 1. 새로운 것을 시도해 보자.(시도하다) / 최선을 다하려고 노력해라.(노력하다) 2. 그녀는 내게 자기를 거기에 데려가 달라고 부탁했다.(부탁하다) / 그녀는 내게 지하철역으로 가는 길을 물었다.(묻다)
G 1. Who 2. who 3. Whose

DAY 14

명사

01 **soldier**[sóuldʒər] 군인

• 젊은 군인들 young _____s

02 **rice**[rais] 쌀(밥), 벼

• 쌀밥을 먹다 to eat _____

03 **rock**[rɑk] ① 바위 ② 록 음악

• 큰 바위 a big _____

04 **island**[áilənd] 섬

• 제주도 Jeju _____

05 **village**[vílidʒ] 마을

• 어촌 a fishing _____

06 **piece**[piːs] (한) 부분[조각], 한 개[하나]

* **piece of** (한) 부분[조각]의, 한 개[하나]의

• 종이 한 장 a _____ of paper

07 **grade**[greid] ① 성적 ② 등급 ③ 학년

* **first/second/third grader** 1/2/3학년생

• 좋은 성적을 얻다 to get good _____s

명사 · 형용사

08 **present**[préznt] 명 ① 선물 ② 현재
형 ① 출석한 ② 현재의 동 [prizént] 주다

• 생일 선물 a birthday _____

09 **front**[frʌnt] 명 형 앞(쪽)(의)(↔**back**)
* **in front (of)** (~의) 앞에

• 컴퓨터 앞에 앉다
to sit at _____ of the computer

10 **south**[sauθ] 명 남(쪽) 형 남쪽의
부 남쪽으로 ▶**southern** 형 남쪽의

• 어느 쪽이 남쪽이에요?
Which way is _____?

11 **north**[nɔːrθ] 명 북(쪽) 형 북쪽의
부 북쪽으로 ▶**northern** 형 북쪽의

• 북한 N_____ Korea

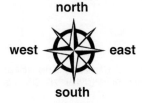

second[sékənd] 형 제2의
명 ① (시간 단위) 초 ② 잠깐

favorite[féivərit] 형 명 가장 좋아하는
(것[사람])

- 제2차 세계 대전
  the S_____ World War

- 내가 가장 좋아하는 음악
  my _____ music

동사

14 **become**[bikʌ́m]-became-become
~이 되다[~(해)지다]

- 선생님이 되다 to _____ a teacher

15 **keep**[ki:p]-kept-kept 유지하다,
계속하다, 보존하다

- 물을 깨끗이 보존하다
  to _____ water clean

16 **buy**[bai]-bought-bought 사다(↔sell)

- 오렌지를 좀 사다
  to _____ some oranges

17 **hear**[hiər]-heard-heard 듣다
* hear from ~로부터 연락을 받다

- 소식을 듣다 to _____ the news

형용사

18 **sorry**[sɑ́ri] 미안한, 유감스러운

19 **special**[spéʃəl] 특별[특수]한, 전문의

- 미안합니다. I'm _____.

- 특별한 날 a _____ day

부사 · 형용사

20 **only**[óunli] 부 단지[오직] 형 유일한

- 단지 하루 동안 for _____ a day

Today's
Dessert

An apple a day keeps the doctor away.
하루 한 개의 사과는 의사를 필요 없게 만든다.

A 영어는 우리말로, 우리말은 영어로!

1. grade	11. 군인
2. present	12. 쌀(밥), 벼
3. south	13. 바위, 록 음악
4. north	14. 섬
5. favorite	15. 마을
6. second	16. (한) 부분[조각], 한 개[하나]
7. keep	17. 앞(쪽), 앞(쪽)의
8. sorry	18. ～이 되다[～(해)지다]
9. special	19. 사다
10. only	20. 듣다

B 단어와 단어의 만남

1. a fishing village
2. a piece of paper
3. a Christmas present
4. the present situation
5. from north to south
6. my favorite color

7. 젊은 군인 a young s_____
8. 햅쌀 new r_____
9. 큰 바위 a big r_____
10. 작은 섬 a small i_____
11. 앞문 a f_____ door
12. 특별한 계획들 s_____ plans

C 보기 단어들 뜻 음미해 보고 빈칸 속에 퐁당!

|보기| become(became)　　buy　　hear　　keep

1. The weather _____ warmer. 날씨가 더 따뜻해졌다.

2. We should _____ water clean. 우리는 물을 깨끗이 보존해야 한다.

3. She called his name but he didn't _____.
   그녀는 그의 이름을 불렀지만 그는 듣지 못했다

4. We can _____ things through the Internet.
   우리는 인터넷을 통해 물건을 살 수 있다.

정답 **A** 앞면 참조 **B** 1. 어촌 2. 종이 한 장 3. 크리스마스 선물 4. 현재 상황 5. 북(쪽)에서 남(쪽)으로 6. 내가 가장 좋아하는 색 7. soldier 8. rice 9. rock 10. island 11. front 12. special **C** 1. became 2. keep 3. hear 4. buy

D 알맞은 형태 쓰기

1. become-(과거형)_____ -(과거분사형)_____
2. keep-(과거형)_____ -(과거분사형)_____
3. hear-(과거형)_____ -(과거분사형)_____
4. buy-(과거형)_____ -(과거분사형)_____

E 빈칸에 공통으로 들어갈 단어는?

I'm _____ to hear that. 그 말을 들으니 안됐다.

A: Let's play soccer. 축구하자.

B: _____, I can't. 미안하지만, 할 수 없어.

F 같은 모양, 다른 의미

1. I am in the second grade.
   I got good grades in all subjects.
2. for thirty seconds / She thought for a second.
   Seoul became her second home.
3. He is their only child.
   It takes only ten minutes by bus.

🔵반갑다
기능어야!

what

1. **의문사: 무엇, 무슨**
   What is this? 이것은 무엇이니?
   What do you want to buy? 무엇을 사고 싶니?
   What color do you like? 무슨 색을 좋아하니?
   What do you think of it? 그것에 대해 어떻게 생각하니?

2. **감탄사**
   What a beautiful island! 정말 아름다운 섬이로구나!

3. **관계사: ~하는 것**
   Don't tell **what** you heard. 네가 들은 것을 말하지 마라.

G 반갑다 기능어야! 익힌 후, 빈칸에 알맞은 기능어 넣기

1. _____'s your favorite song? 네가 가장 좋아하는 노래는 무엇이니?
2. _____ a big rock it is! 정말 큰 바위구나!

정답 **D** 1. became, become 2. kept, kept 3. heard, heard 4. bought, bought **E** sorry **F** 1. 나는 2학년이다.(학년) / 나는 모든 과목에서 좋은 성적을 얻었다.(성적) 2. 30초 동안(초) / 그녀는 잠깐 동안 생각했다.(잠깐) / 서울은 그녀의 제2의 고향이 되었다.(제2의) 3. 그는 그들의 외동이다.(유일한) / 버스로 단지 10분 걸린다.(단지) **G** 1. What 2. What

DAY 15

명사

01 sun [sʌn] 태양, 햇빛[햇볕]
▶ **sunlight** 명 햇빛

• 뜨거운 태양 the hot _____

02 neighbor [néibər] 이웃 (사람[나라])

• 좋은/나쁜 이웃
  a good/bad _____

03 cake [keik] 케이크

• 생일 케이크 a birthday _____

04 box [bɑks] 상자

• 큰 상자 a big _____

05 office [ɔ́(:)fis] 사무실, 관청

• 사무실에서 일하다 to work in the _____

06 message [mésidʒ] 메시지[전하는 말]

• 메시지를 받다 to get a _____

07 math [**mathematics**] [mæθ] 수학

• 수학을 잘하다 to be good at _____

08 history [hístəri] 역사

• 우리의 긴 역사 our long _____

09 season [síːzn] 계절[철]

• 사계절 the four _____s

명사 · 동사

10 snow [snou] 명 눈 동 눈이 오다
▶ **snowy** 형 눈이 많이 내리는, 눈이 덮인

• 눈이 오고 있다. It's _____ing.

11 end [end] 명 끝 동 끝나다

• 이달 말 the _____ of this month

동사

12 put [put]-**put-put** 놓다[두다]
* **put on** (옷을) 입다

• 책을 탁자에 놓다
  to _____ a book on the table

13 **sing**[siŋ]-sang-sung 노래하다
  ▶**singer** 명 가수

• 노래를 부르다 to _____ a song

14 **win**[win]-won-won ① 이기다
  ② 따다[얻다]
  ▶**winner** 명 (우)승자, 수상자

• 경기에서 이기다 to _____ a game

동사 · 형용사

15 **open**[óupən] 동 열다 형 열린

• 문을 열다 to _____ the door

16 **mean**[mi:n] 동 (meant-meant) 의미하다
  형 못된[심술궂은]
  ▶**meaning** 명 의미[뜻]

• 그것은 무엇을 의미하니?
  What does it _____ ?

17 **own**[oun] 형 대 자신의 (것) 동 소유하다
  ▶**owner** 명 소유자[주인]

• 나 자신의 문제 my _____ problem

형용사

18 **true**[tru:] 사실인, 진짜의, 참된
  ▶**truly** 부 참으로 ▶**truth** 명 진실[사실], 진리

• 참된 사랑 _____ love

19 **poor**[puər] ① 가난한(↔rich) ② 불쌍한
  ③ 잘 못하는

• 가난한 사람들 _____ people

부사

20 **just**[dʒʌst] ① 막 ② 꼭 ③ 단지

• 단지 조금 _____ a little

Today's Dessert

You can't eat your cake and have it.
먹은 케이크는 남지 않는 법.(양쪽 다 좋을 수는 없다.)

A 영어는 우리말로, 우리말은 영어로!

1. cake	11. 태양, 햇빛[햇볕]
2. office	12. 이웃 (사람[나라])
3. message	13. 상자
4. snow	14. 수학
5. win	15. 역사
6. mean	16. 계절[철]
7. own	17. 끝, 끝나다
8. true	18. 놓다[두다]
9. poor	19. 노래하다
10. just	20. 열다, 열린

B 단어와 단어의 만남

1. the hot sun
2. a cake box
3. an office building
4. an email message
5. a poor family

6. 새 이웃 new n_____s
7. 수학 수업 a m_____ class
8. 한국의 역사 Korean h_____
9. 사계절 the four s_____s
10. 실화 a t_____ story

C 보기 단어들 뜻 음미해 보고 빈칸 속에 퐁당!

보기	end open put sing snow

1. He _____ed the window. 그는 창문을 열었다.
2. It _____ed all day long. 하루 종일 눈이 내렸다.
3. Will you _____ a song to us? 우리에게 노래 좀 불러 줄래?
4. I _____ the book on the table. 나는 책을 탁자에 놓았다.
5. What time does the movie _____? 영화는 몇 시에 끝나니?

정답 **A** 앞면 참조 **B** 1. 뜨거운 태양 2. 케이크 상자 3. 사무실 건물 4. 이메일 메시지 5. 가난한 집안[가족] 6. neighbor
7. math 8. history 9. season 10. true **C** 1. open 2. snow 3. sing 4. put 5. end

D 알맞은 형태 쓰기

1. put-(과거형)_____ -(과거분사형)_____

2. sing-(과거형)_____ -(과거분사형)_____

3. win-(과거형)_____ -(과거분사형)_____

4. mean-(과거형)_____ -(과거분사형)_____

E 빈칸에 공통으로 들어갈 단어는?

I've _____ come here. 나는 막 여기에 왔다.

You look _____ like your mother. 넌 엄마를 꼭 닮았구나.

He studies the stars _____ for fun. 그는 단지 재미로 별들을 연구한다.

F 같은 모양, 다른 의미

1. I want to win his love.
   Our class will win the game.

2. She owns a house.
   She wants her own room.

3. What does it mean?
   Don't be so mean to her.

반갑다 기능어야! **which**

1. **의문사: 어느 (쪽[것, 사람])**
   Which is your box? 어느 것이 네 상자니?
   Which one do you like better? 넌 어느 것을 더 좋아하니?

2. **관계사**
   This is the game **which** we can win. 이것은 우리가 이길 수 있는 경기다.

G 반갑다 기능어야! 익힌 후, 빈칸에 알맞은 기능어 넣기

1. _____ season do you like? 넌 어느 계절을 좋아하니?

2. _____ one is bigger, the sun or the earth?
   태양과 지구 중 어느 것이 더 클까?

정답 **D** 1. put, put 2. sang, sung 3. won, won 4. meant, meant **E** just **F** 1. 난 그의 사랑을 얻고 싶다.(얻다) / 우리 반이 경기에서 이길 거야.(이기다) 2. 그녀는 집을 소유하고 있다.(소유하다) / 그녀는 자신의 방을 원한다.(자신의) 3. 그것은 무엇을 의미하니?(의미하다) / 그녀에게 그렇게 못되게 굴지 마.(못된) **G** 1. Which 2. Which

DAY 16

명사

01 **pet**[pet] 애완동물

• 애완견 a _____ dog

02 **hair**[hɛər] 머리털, 털
▶**hairy** 형 털이 많은

• 긴 머리 long _____

03 **potato**[pətéitou] 감자

• 감자를 먹다 to eat _____

04 **ice**[ais] 얼음

• 눈과 얼음 snow and _____

05 **subject**[sʌ́bdʒikt] ① 과목 ② 주제

• 내가 가장 좋아하는 과목
my favorite _____

06 **fact**[fækt] 사실
＊**in fact** 사실은

• 재미있는 사실 an interesting _____

07 **hospital**[háspitl] 병원

• 병원에 입원해 있다 to be in (the) _____

08 **rule**[ru:l] ① 규칙 ② 지배

• 경기의 규칙들
the _____s of the game

명사 · 동사

09 **dress**[dres] 명 옷, 여성복[드레스]
동 옷을 입(히)다

• 나의 새 옷 my new _____

10 **match**[mætʃ] 명 ① 시합(=game)
② 성냥 동 어울리다, 연결시키다

• 축구 시합 a football _____

11 **practice**[prǽktis] 명 ① 연습
② 실행, 관행 동 ① 연습하다 ② 실행하다

• 춤을 연습하다 to _____ dancing

12 **start**[staːrt] 동 시작하다, 출발하다
   명 시작, 출발

13 **walk**[wɔːk] 동 걷다 명 산책

- 9시에 일을 시작하다
  to _____ work at nine

- 거리를 따라 걷다
  to _____ along the street

명사 · 형용사

14 **middle**[mídl] 명 형 한가운데(의)
   * in the middle of ~의 한가운데에

15 **short**[ʃɔːrt] 형 짧은(↔**long**), 키가
   작은(↔**tall**) 명 (-s) 짧은 바지

short   long

16 **both**[bouθ] 형 대 둘 다(의)
   * both A and B A도 B도 (둘 다)

17 **few**[fjuː] 형 대 소수(의), (**a ~**) 몇몇(의)

- 방 한가운데에
  in the _____ of the room

- 짧은 머리 _____ hair

- 양손 _____ hands

- 몇몇 사람들 a _____ people

형용사 · 부사

18 **hard**[hɑːrd] 형 ① 단단한 ② 어려운
   (=**difficult** ↔ **easy**) 부 ① 열심히 ② 세게

19 **late**[leit] 형 늦은 부 늦게
   * be late for ~에 늦다[지각하다]

20 **fast**[fæst] 부 ① 빨리 ② 단단히
   형 빠른(↔**slow**)

- 열심히 일하다 to work _____

- 학교에 지각하다
  to be _____ for school

- 빨리 걷다 to walk _____

fast

slow

Today's
Dessert

There is no rule but has some exceptions.
예외 없는 규칙은 없다.

A 영어는 우리말로, 우리말은 영어로!

1. dress	11. 애완동물
2. match	12. 머리털, 털
3. practice	13. 감자
4. start	14. 얼음
5. middle	15. 과목, 주제
6. short	16. 사실
7. both	17. 병원
8. few	18. 규칙, 지배
9. hard	19. 걷다, 산책
10. fast	20. 늦은, 늦게

B 단어와 단어의 만남

1. my pet dog
2. in fact
3. my new dress
4. short hair
5. both hands
6. a few people

7. 얇게 썬 감자튀김 p＿＿＿ chips
8. 축구 연습 football p＿＿＿
9. 중학교 a m＿＿＿ school
10. 단단한 바위 a h＿＿＿ rock
11. 늦겨울 l＿＿＿ winter
12. 빠른 차 a f＿＿＿ car

C 단어를 외우니 문장이 해석되네!

1. Don't walk so fast.
2. The match started late.
3. He really practiced hard.

D 보기 단어들 뜻 음미해 보고 빈칸 속에 퐁당!

| 보기 | hospital   ice   middle   rule   shorts   walk |

1. Let's go for a _____ . 산책하러 가자.

2. You must keep the _____s. 너는 규칙을 지켜야 한다.

3. Her dad is still in the _____ . 그녀의 아빠는 아직 병원에 입원해 계신다.

4. He was wearing a T-shirt and _____ . 그는 티셔츠에 짧은 바지를 입고 있었다.

5. Do you want some _____ in your drink? 너는 마실 것에 얼음을 넣길 원하니?

6. Why is your car parked in the _____ of the road?
   왜 네 차는 도로 한가운데 주차되어 있니?

E 같은 모양, 다른 의미

1. My favorite subject is math.

   books on many different subjects

2. We won the match. / a box of matches

   Her blouse matched her skirt.

3. It's hard to say.

   It's raining very hard.

⊙반갑다
기능어야!

when/where

· **when**: 언제, ~할 때

   When is your birthday? 네 생일이 언제니?

   When shall we meet? 우리 언제 만날까?

   When I was young, I was short. 난 어렸을 때 키가 작았다.

· **where**: 어디에[로]

   Where do you live? 너는 어디에 사니?

   Where are you from? 어디에서 왔니[어디 출신이니]?

F 반갑다 기능어야! 익힌 후, 빈칸에 알맞은 기능어 넣기

1. _____ does the concert start? 음악회는 언제 시작되니?

2. _____ is a hospital? 병원이 어디에 있니?

정답 **D** 1. walk 2. rule 3. hospital 4. shorts 5. ice 6. middle **E** 1. 내가 가장 좋아하는 과목은 수학이다.(과목) / 많은 다른 주제에 관한 책들(주제) 2. 우리는 시합에서 이겼다.(시합) / 성냥 한 갑(성냥) / 그녀의 블라우스는 그녀의 치마와 어울렸다.(어울리다) 3. 말하기가 어려워요.(어려운) / 비가 매우 세게 내리고 있다.(세게) **F** 1. When 2. Where

DAY 17

명사

01 uncle[ʌ́ŋkl] 큰[작은]아버지/(외)삼촌/고모부/이모부

- 삼촌을 방문하다 to visit your _____

02 milk[milk] 우유, 젖

- 우유 한 잔 a glass of _____

03 bottle[bátl] 병

- 우유병 a milk _____

04 vegetable[védʒətəbl] 채소[야채]

- 신선한 채소 fresh _____s

05 leaf[liːf] (복수 leaves) 잎

06 forest[fɔ́(ː)rist] 숲

- 숲 속을 걷다 to walk in the _____

07 area[ɛ́əriə] 지역, 분야, 면적

- 이 지역에서 in this _____

08 station[stéiʃən] 역[정거장]

- 버스 정거장 a bus _____

09 machine[məʃíːn] 기계
▶**vending machine** 자동판매기

- 세탁기 a washing _____

10 art[ɑːrt] 미술, 예술, 기술
▶**artist** 명 미술가, 예술가

- 미술을 공부하다 to study _____

명사 · 동사

11 test[test] 명 테스트[시험/검사]
동 시험[검사]하다

- 시험을 보다 to take a _____

12 fly[flai] 동 (flew-flown) 날다[비행하다]
명 파리

- 새처럼 날다 to _____ like a bird

¹³ **worry**[wə́ːri] 图 걱정시키다[걱정하다]
图 걱정(거리)
* be worried about ~을 걱정하다

• 걱정하지 마. Don't _____.

동사

¹⁴ **grow**[grou]-**grew-grown** ① 자라다
② 기르다 ③ ~해지다
▶grown-up 图 어른이 된 图 어른

• 식물을 기르다 to _____ plants

¹⁵ **understand**[ʌndərstǽnd]
-**understood-understood** 이해하다
▶understanding 图 이해

• 다른 사람들을 이해하다 to _____ others

명사 · 형용사

¹⁶ **orange**[ɔ́(ː)rindʒ] 图 图 오렌지(색)(의)

• 오렌지 주스 _____ juice

¹⁷ **white**[hwait] 图 图 흰색(의)

• 흰색 티셔츠 a _____ T-shirt

¹⁸ **green**[griːn] 图 图 녹색(의), 푸른

• 푸른 나무 a _____ tree

¹⁹ **left**[left] 图 图 왼쪽(의) 图 왼쪽으로

• 나의 왼손 my _____ hand

부사

²⁰ **back**[bæk] 되돌아, 뒤로 图 뒤의(↔front)
图 ① 등 ② 뒤(↔front)

• 뒤돌아보다 to look _____

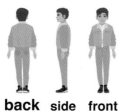

back side front

Today's
Dessert

The grass is greener on the other side of the fence.
울타리 다른 쪽 잔디가 더 푸르다.(남의 떡이 커 보인다.)

A 영어는 우리말로, 우리말은 영어로!

1. uncle	11. 우유, 젖
2. area	12. 병
3. test	13. 채소[야채]
4. fly	14. 잎
5. worry	15. 숲
6. grow	16. 역[정거장]
7. orange	17. 기계
8. green	18. 미술, 예술, 기술
9. left	19. 이해하다
10. back	20. 흰색의, 흰색

B 단어와 단어의 만남

1. a bottle of milk
2. a forest fire
3. a math test
4. green vegetables
5. a white dress
6. 네 잎 클로버 a four-l_____ clover
7. 버스 정거장 a bus s_____
8. 미술[예술] 작품 a work of a_____
9. 오렌지 나무 an o_____ tree
10. 나의 왼손 my l_____ hand

C 보기 단어들 뜻 씹어 보고 들어갈 곳에 쏙!

| 보기 | area | fly | machine | uncle |

1. A _____ landed on his face. 파리 한 마리가 그의 얼굴에 앉았다.
2. Computers are just _____s. 컴퓨터는 단지 기계일 뿐이다.
3. We live in the same _____. 우리는 같은 지역에 산다.
4. I will visit my _____ in Busan. 난 부산에 계신 삼촌을 방문할 거야.

정답 **A** 앞면 참조 **B** 1. 우유 한 병 2. 산불 3. 수학 시험 4. 녹색 채소들 5. 흰옷 6. leaf 7. station 8. art 9. orange 10. left **C** 1. fly 2. machine 3. area 4. uncle

D 알맞은 형태 쓰기

1. fly –(과거형)＿＿＿＿ –(과거분사형)＿＿＿＿

2. grow –(과거형)＿＿＿＿ –(과거분사형)＿＿＿＿

3. understand –(과거형)＿＿＿＿ –(과거분사형)＿＿＿＿

E 보기 단어들 뜻 음미해 보고 빈칸 속에 퐁당!

|보기| fly understand worry

1. Don't ＿＿＿＿ about me. 내 걱정하지 마.

2. We ＿＿＿＿ each other very well. 우리는 서로를 매우 잘 이해한다.

3. The birds were ＿＿＿＿ing south. 새들이 남쪽으로 날아가고 있었다.

F 같은 모양, 다른 의미

1. They grow rice.

   My hair grows fast. / You will grow stronger.

2. Come back home! / She hit his back.

반갑다 기능어야!

why/how

- **why: 왜**
  Why are you so happy? 너 왜 그리 즐거워하니?

  ＊**Why don't you[Why not]** ~ ?: ~하는 게 어때요?
  Why don't you[Why not] try these on? 이것 좀 입어 보는 게 어때요?

- **how: 어떻게, 얼마나**
  How did you know that? 넌 그걸 어떻게 알았니?
  How old are you? 몇 살이니?
  (감탄문) **How** fast it is! 정말 빠르구나!

G 반갑다 기능어야! 익힌 후, 빈칸에 알맞은 기능어 넣기

1. ＿＿＿＿ are they so poor? 그들은 왜 그리 가난할까?

2. ＿＿＿＿ do I get there? 거기에 어떻게 가나요?

3. ＿＿＿＿ much are these oranges? 이 오렌지 얼마예요?

정답 **D** 1. flew, flown 2. grew, grown 3. understood, understood **E** 1. worry 2. understand 3. fly **F** 1. 그들은 벼를 재배한다.(기르다) / 내 머리는 빨리 자란다.(자라다) / 넌 더 강해질 거야.(~해지다) 2. 집으로 돌아와!(되돌아) / 그녀는 그의 등을 때렸다.(등) **G** 1. Why 2. How 3. How

DAY 18

01 **bee**[biː] 벌

• 일벌 a worker _____

02 **rabbit**[rǽbit] 토끼

• 흰 토끼 a white _____

03 **egg**[eg] 알, 달걀[계란]

• 새들의 알 birds' _____s

04 **heart**[hɑːrt] 심장, 마음

• 튼튼한 심장 a strong _____

05 **leg**[leg] (몸의) 다리

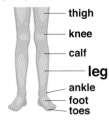

- thigh
- knee
- calf
- **leg**
- ankle
- foot
- toes

06 **field**[fiːld] ① 들판 ② 경기장 ③ 분야
  * **field trip** 현장 학습[견학 여행]

• 논 rice _____

07 **farm**[fɑːrm] 농장
  ▶**farming** 圐 농업, 농사

• 내 삼촌의 농장
  my uncle's _____

08 **bed**[bed] 침대
  * **go to bed** 잠자리에 들다

• 아파서 침대에 누워 있다
  to be sick in _____

09 **diary**[dáiəri] 일기(장)

• 일기를 쓰다 to keep a _____

10 **health**[helθ] 건강

• 건강을 돌보다
  to take care of your _____

11 **train**[trein] 圐 열차 톰 훈련하다

• 열차에 타다
  to take[get on] a _____

12 **exercise**[éksərsàiz] 圐 ① 운동 ② 연습
  톰 ① 운동하다 ② 연습하다

• 매일 운동하다 to _____ every day

13 **turn**[tɜːrn] 圄 ① 돌(리)다 ② 바뀌다[바꾸다]
圀 차례, 회전
   * **turn on** (전등 · TV 등을) 켜다
   * **turn off** (전등 · TV 등을) 끄다

• 오른쪽으로 돌아라. T＿＿＿＿ right.

동사

14 **happen**[hǽpən] ① 일어나다
   ② 우연히 ~하다

• 무슨 일이 일어났니?
  What ＿＿＿＿ed?

15 **believe**[bilíːv] 믿다
   * **believe in** 존재를 믿다, 신뢰하다

• 난 그걸 믿을 수 없어.
  I can't ＿＿＿＿ it.

16 **save**[seiv] ① 구하다 ② 저축하다
   ③ 절약하다

• 지구를 구하다
  to ＿＿＿＿ the earth

형용사

17 **large**[lɑːrdʒ] 큰(=big ↔ small), 넓은

• 넓은 방 a ＿＿＿＿ room

18 **glad**[glæd] 기쁜

• 당신을 만나서 기뻐요.
  I'm ＿＿＿＿ to meet you.

19 **sick**[sik] 병든[아픈]

• 병이 나다 to get ＿＿＿＿

부사 · 동사

20 **please**[pliːz] 圁 제발 圄 기쁘게 하다
   ▶**pleased** 圀 기쁜

• 제발 도와주세요. P＿＿＿＿ help me.

Today's
Dessert

You can't make an omelet without breaking eggs.
달걀을 깨지 않고는 오믈렛을 만들 수 없다.(희생 없이 목적을 달성할 수는 없다.)

즐거운 Test

A 영어는 우리말로, 우리말은 영어로!

1. egg	11. 벌
2. field	12. 토끼
3. train	13. 심장, 마음
4. exercise	14. (몸의) 다리
5. turn	15. 농장
6. happen	16. 침대
7. save	17. 일기(장)
8. large	18. 건강
9. sick	19. 믿다
10. please	20. 기쁜

B 단어와 단어의 만남

1. long legs
2. a green field
3. my uncle's farm
4. a large area
5. a sick child

6. 여왕벌 a queen b_____
7. 흰 토끼 a white r_____
8. 달걀 흰자위 the e_____ white
9. 심장 문제[질환] h_____ problems
10. 기차역 t_____ station

C 보기 단어들 뜻 씹어 보고 들어갈 곳에 쏙!

| 보기 | bed   diary   exercise   health |

1. It's time to go to _____. 잠자리에 들 시간이다.
2. Swimming is good _____. 수영은 좋은 운동이다.
3. I'm worried about his _____. 나는 그의 건강을 걱정한다.
4. She keeps a _____ in English. 그녀는 영어로 일기를 쓴다.

정답 A 앞면 참조 B 1. 긴 다리 2. 푸른 들판 3. 내 삼촌의 농장 4. 넓은 지역 5. 병든 아이 6. bee 7. rabbit 8. egg
9. heart 10. train C 1. bed 2. exercise 3. health 4. diary

D 보기 단어들 뜻 음미해 보고 빈칸 속에 퐁당!

| 보기 | believe   exercise   happen   train

1. I can't _____ it! 그걸 믿을 수 없어!

2. I _____ every day. 나는 매일 운동을 한다.

3. What _____ed to them? 무슨 일이 그들에게 일어났니?

4. He _____ed his soldiers very well. 그는 군인들을 매우 잘 훈련시켰다.

E 빈칸에 들어갈 알맞은 단어는?

1. I'm g _____ to meet you. 당신을 만나서 기뻐요.

2. P _____ give me a call. 제발 내게 전화 주렴.

F 같은 모양, 다른 의미

1. <u>Turn</u> left there. / Water can <u>turn</u> into ice.

   Please wait your <u>turn</u>.

2. This way will <u>save</u> time.

   Only three people were <u>saved</u> from the fire.

⊙반갑다 기능어야!

will/shall

• **will(부정 축약형 won't): ~일[할] 것이다(미래)**
You will see a doctor on the Internet.
넌 인터넷에서 의사의 진찰을 받게 될 거야.
I will[I'll] do my best. 난 최선을 다할 거야.

　＊**Will you ~?: ~해 주겠니?(요구)**
　Will you turn on the light? 불 좀 켜 주겠니?

　＊**Shall I/we ~?: ~할까?(제안)**
　Shall I turn the television off? 텔레비전을 끌까?
　Shall we dance? 춤추실래요?

G 반갑다 기능어야! 익힌 후, 빈칸에 알맞은 기능어 넣기

1. I _____ call you again in 10 minutes. 10분 후에 다시 전화할게.

2. _____ we play basketball? 농구 할래?

정답 **D** 1. believe 2. exercise 3. happen 4. train **E** 1. glad 2. Please **F** 1. 거기서 왼쪽으로 도세요.(돌다) / 물은 얼음으로 바뀔 수 있다.(바뀌다) / 네 차례를 좀 기다려라.(차례) 2. 이 방법이 시간을 절약해 줄 것이다.(절약하다) / 단지 세 사람들만이 화재에서 구조되었다.(구하다) **G** 1. will 2. Shall

DAY 19

명사

01 farmer[fɑ́ːrmər] 농부
  ▶ **farm** 몡 농장
  · 그는 농부다. He is a _____.

02 cat[kæt] 고양이
  ▶ **kitten** 몡 새끼 고양이
  · 내 애완 고양이 my pet _____

03 apple[ǽpl] 사과
  · 사과나무 an _____ tree

04 gift[gift] ① 선물 ② 재능
  · 크리스마스 선물 a Christmas _____

05 goal[goul] ① 목표[목적]
  ② (경기의) 골[득점]
  · 목표를 세우다 to set a _____

06 evening[íːvniŋ] 저녁
  · 저녁에 in the _____

07 subway[sʌ́bwèi] 지하철
  · 지하철역 a _____ station

08 site[sait] ① 장소, 현장
  ② 웹사이트(website)
  · 인터넷 사이트 an Internet _____

명사 · 동사

09 sound[saund] 몡 소리
  동 ~처럼 들리다, 소리를 내다 혱 건전한[건강한]
  · 자연의 소리 the _____s of nature

10 order[ɔ́ːrdər] 몡 ① 순서, 질서 ② 명령
  ③ 주문 동 ① 명령하다 ② 주문하다
  * **in order to V** ~하기 위하여
  · 주문을 받다 to take an _____

11 result[rizʌ́lt] 몡 결과 동 (~ from) 결과로
  생기다
  * **result in** ~로 끝나다
  * **as a result** 결과로
  · 나의 시험 결과 my test _____s

¹² **report**[ripɔ́ːrt] 명 보고(서), 보도
명 보고[보도]하다
▶**reporter** 명 기자   * **report card** 성적표

• 보고서를 쓰다 to write a _____

동사

¹³ **leave**[liːv]-**left-left** ① 떠나다
② 내버려 두다, 남기다

• 서울로 떠나다 to _____ for Seoul

¹⁴ **run**[rʌn]-**ran-run** ① 달리다 ② 운영하다

• 빨리 달리다 to _____ fast

¹⁵ **begin**[bigín]-**began-begun** 시작하다
▶**beginning** 명 시작

• 새로운 삶을 시작하다
to _____ a new life

¹⁶ **speak**[spiːk]-**spoke-spoken** 말하다

• 영어를 말하다 to _____ English

형용사

¹⁷ **tall**[tɔːl] 키가 큰(↔short)

tall

short

• 키 큰 남자 a _____ man

¹⁸ **strong**[strɔ(ː)ŋ] 강한[힘센]

• 강국 a _____ country

¹⁹ **interested**[íntərəstid] 관심[흥미] 있는
▶**interest** 명 관심[흥미] 동 관심[흥미]을 끌다
▶**interesting** 형 재미있는
* **be interested in** ~에 관심[흥미]이 있다

• 과학에 흥미가 있다
to be _____ in science

부사

²⁰ **always**[ɔ́ːlweiz] 늘[언제나]

• 그녀는 늘 미소 짓는다.
She _____ smiles.

Today's
Dessert

When the cat is away, the mice will play.
고양이가 없으면 쥐가 노닌다.(호랑이 없는 골에 토끼가 왕 노릇 한다.)

A 영어는 우리말로, 우리말은 영어로!

1. goal	11. 농부
2. site	12. 고양이
3. sound	13. 사과
4. order	14. 선물, 재능
5. result	15. 저녁
6. report	16. 지하철
7. leave	17. 달리다, 운영하다
8. begin	18. 말하다
9. interested	19. 키가 큰
10. always	20. 강한[힘센]

B 단어와 단어의 만남

1. my pet cat
2. tomorrow evening
3. a camping site
4. a weather report
5. a strong man

6. 사과 나무 an a_____ tree
7. 선물 가게 a g_____ shop
8. 나의 첫 목표 my first g_____
9. 크기순으로 in o_____ of size
10. 키 큰 나무 a t_____ tree

C 빈칸에 들어갈 알맞은 단어는?

1. F_____s grow rice. 농부들이 벼를 재배한다.

2. As a r_____, it became an important part of everyday life.
   결과적으로 그것은 일상생활의 중요한 부분이 되었다.

3. He is i_____ in science. 그는 과학에 흥미가 있다.

4. Parents a_____ worry about their children's future.
   부모는 언제나 자식들의 장래에 대해 걱정한다.

정답 **A** 앞면 참조 **B** 1. 내 애완 고양이 2. 내일 저녁 3. 캠프장[야영지] 4. 일기 예보 5. 강한 남자 6. apple 7. gift 8. goal 9. order 10. tall **C** 1. Farmer 2. result 3. interested 4. always

D 알맞은 형태 쓰기

1. speak – (과거형)_____ – (과거분사형)_____

2. begin – (과거형)_____ – (과거분사형)_____

3. run – (과거형)_____ – (과거분사형)_____

4. leave – (과거형)_____ – (과거분사형)_____

E 보기 단어들 뜻 음미해 보고 빈칸 속에 퐁당!

| 보기 | begin   run   speak

1. She _____s English very well. 그녀는 영어를 매우 잘한다.

2. The first class _____s at 9:00. 1교시는 9시에 시작된다.

3. Can you _____ as fast as Mike? 너는 마이크만큼 빨리 뛸 수 있니?

F 같은 모양, 다른 의미

1. That sounds great.

   A sound mind in a sound body.

2. He ordered a meal. / "Do it right now," ordered the king.

3. Can I leave a message?

   What time does the bus leave?

반갑다 기능어야!

would (부정 축약형 wouldn't)

will의 과거형
  I believed you would come. 난 네가 올 거라고 믿었다.

* **Would you ~ ?: ~하시겠습니까?** (공손한 부탁·제안)
  Would you like something to drink? 마실 것 좀 드시겠습니까?

* **would like[love] (to V): 원하다[~하고 싶다]**
  I would like to see you again. 널 다시 만나고 싶어.

G 반갑다 기능어야! 익힌 후, 빈칸에 알맞은 기능어 넣기

1. _____ you like to dance with me? 저와 함께 춤을 추시겠습니까?

2. What _____ you like for lunch? 점심 식사로 뭘 드시고 싶으세요?

정답 **D** 1. spoke, spoken 2. began, begun 3. ran, run 4. left, left **E** 1. speak 2. begin 3. run **F** 1. 그 말 멋지게 들리는구나.(~처럼 들리다) / 건강한 신체에 건전한 정신.(건전한[건강한]) 2. 그는 식사를 주문했다.(주문하다) / "바로 지금 그것을 해."라고 왕이 명령했다.(명령하다) 3. 메시지를 남겨도 될까요?(남기다) / 버스는 몇 시에 떠나니?(떠나다) **G** 1. Would 2. would

명사

01 prince/princess[prins/prínsis]
왕자/공주

- 어린 왕자 *The Little P*_____
- 예쁜 공주 a pretty _____

02 age[eidʒ] ① 나이 ② 시대

- 열 살 때 at the _____ of 10

03 road[roud] 길[도로]

- 길을 따라 걷다
  to walk along the _____

04 sale[seil] 판매, 할인 판매
* **on sale** (할인) 판매 중인 * **for sale** 판매용인

- 온라인 판매 online _____s

05 news[njuːz] 뉴스[소식]

- 최근 소식 the latest _____

06 hundred[hʌ́ndrəd] 백[100]
* **hundreds of** 수백의

- 수백 명의 사람들 _____s of people

07 thousand[θáuzənd] 천[1000]
* **thousands of** 수천의

- 이천 년 전에 two _____ years ago

08 century[séntʃəri] 세기[100년]

- 21세기에 in the 21st _____

명사 · 동사

09 sign[sain] 몡 ① 표지판 ② 표시[신호]
동 ① 서명하다 ② 신호하다

- 도로 표지판 a road _____

10 rest[rest] 몡 ① 휴식 ② 나머지 동 쉬다

- 좀 쉬다 to get some _____

명사 · 형용사

11 past[pæst] 몡 (the ~) 과거 혱 지나간
[과거의] 젠 지나서

- 과거에 in the _____

12 **half**[hæf] 명 형 (절)반(의) 부 반쯤　　　　　• 반 시간 동안 for _____ an hour

---

동사

13 **sit**[sit]-sat-sat 앉다　　　　　　　　• 소파에 앉다 to _____ on a sofa
　　* sit down 앉다

14 **send**[send]-sent-sent 보내다　　　　　• 이메일을 보내다 to _____ an email

15 **wear**[wɛər]-wore-worn 입고[신고/쓰고]　• 셔츠를 입다 to _____ a shirt
있다

16 **remember**[rimémbər] 기억하다　　　　• 좋은 일들을 기억하다
　　　　　　　　　　　　　　　　　　　to _____ good things

형용사

17 **wonderful**[wʌ́ndərfəl] 훌륭한[멋진],　• 멋진 세상 a _____ world
놀랄 만한

18 **busy**[bízi] ① 바쁜 ② 번화한 ③ 통화 중인　• 바쁜 하루 a _____ day

19 **difficult**[dífikʌlt] 어려운(↔easy)　　• 어려운 문제들 _____ problems

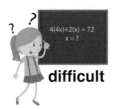

difficult　　**easy**

부사

20 **again**[əgén] 다시　　　　　　　　　• 다시 그것을 시도하다 to try it _____

Today's Dessert

All roads lead to Rome.
모든 길은 로마로 통한다.

A 영어는 우리말로, 우리말은 영어로!

1. sale		11. 왕자/공주	
2. hundred		12. 나이, 시대	
3. thousand		13. 길[도로]	
4. sign		14. 뉴스[소식]	
5. rest		15. 세기[100년]	
6. past		16. 앉다	
7. half		17. 보내다	
8. wear		18. 기억하다	
9. wonderful		19. 어려운	
10. busy		20. 다시	

B 단어와 단어의 만남

1. sale prices
2. a road sign
3. five thousand dollars
4. an hour and a half
5. a wonderful dinner
6. a very busy life

7. 어린 왕자 *The Little P*_____
8. 예쁜 공주 a pretty p_____
9. 나쁜 소식 bad n_____
10. 100년 a h_____ years
11. 21세기 the 21st c_____
12. 어려운 질문 a d_____ question

C 보기 단어들 뜻 음미해 보고 빈칸 속에 풍덩!

| 보기 |　remember　　send　　sit　　wear |

1. Let's try to _____ good things. 좋은 일들을 기억하도록 노력하자.
2. He _____s next to me at school. 그는 학교에서 내 옆에 앉는다.
3. I _____ email through the Internet. 난 인터넷을 통해 이메일을 보낸다.
4. Koreans _____ *hanbok* on New Year's Day. 한국인들은 설날에 한복을 입는다.

정답 **A** 앞면 참조 **B** 1. (할인) 판매 가격 2. 도로 표지판 3. 5천 달러 4. 1시간 반 5. 훌륭한 저녁 식사 6. 매우 바쁜 생활 7. *Prince* 8. princess 9. news 10. hundred 11. century 12. difficult **C** 1. remember 2. sit 3. send 4. wear

D 알맞은 형태 쓰기

1. sit-(과거형)_____ -(과거분사형)_____

2. send-(과거형)_____ -(과거분사형)_____

3. wear-(과거형)_____ -(과거분사형)_____

E 빈칸에 들어갈 알맞은 단어는?

1. I called her, but the line was b_____. 나는 그녀에게 전화를 했지만 통화 중이었어.

2. Can you say that a_____? 그것을 다시 말해 줄 수 있니?

F 같은 모양, 다른 의미

1. What's your age?

   We are now living in the computer age.

2. Why don't you take a rest?

   Today is the first day of the rest of your life.

3. It's twenty past eight.

   I used to go there often in the past.

⊙반갑다
기능어야!

can/could

· can(부정 축약형 can't)

1. 능력 · 가능(~할 수 있다): How can I get there? 거기에 어떻게 갈 수 있니?

2. 허가 · 부탁(~해도 되다, ~해 주다):
   Can you say that again? 다시 말씀해 주시겠습니까?

· could(부정 축약형 couldn't)

1. can의 과거형(~할 수 있었다):
   I couldn't go to school yesterday. 난 어제 학교에 갈 수 없었어.

2. 공손한 허가 · 부탁(~해도 되다, ~해 주다):
   Could I use your phone? 당신의 전화를 좀 써도 되겠습니까?

G 반갑다 기능어야! 익힌 후, 빈칸에 알맞은 기능어 넣기

1. We _____ win together. 우리는 함께 이길 수 있어.

2. Last night, I was very sick and _____ sleep well.
   어젯밤에 난 너무 아파서 잠을 잘 잘 수가 없었다.

정답 **D** 1. sat, sat 2. sent, sent 3. wore, worn **E** 1. busy 2. again **F** 1. 네 나이가 몇이냐?(나이) / 우리는 지금 컴퓨터 시대에 살고 있다.(시대) 2. 휴식을 취하지 그러니?(휴식) / 오늘은 네 남은 인생의 첫날이다.(나머지) 3. 8시 20분이야.(지나서) / 나는 과거에 자주 그곳에 가곤 했다.(과거) **G** 1. can 2. couldn't

명사

01 grandfather[grandpa]
[grǽndfɑ̀:ðər] 할아버지

- 내 할아버지의 소원
  my _____'s wish

02 brain[brein] (두)뇌

- 두뇌 활동 _____ activity

03 energy[énərdʒi] 에너지, 정력

- 에너지를 절약하다 to save _____

04 moon[muːn] 달

- 지구에서 달까지
  from the earth to the _____

05 toy[tɔi] 장난감

- 장난감 차 a _____ car

06 character[kǽriktər] ① 성격[특성]
② (등장)인물 ③ 글자

- 만화 캐릭터[등장인물]
  a cartoon _____

07 concert[kɑ́nsə(ː)rt] 음악회[연주회]

- 록 음악회 a rock _____

명사 · 동사

08 step[step] 명 ① 걸음 ② 단계 ③ 계단
동 ① 걸음을 옮기다 ② 밟다

- 발걸음을 조심해라
  Watch your _____.

09 design[dizáin] 명 디자인[설계/기획]
동 디자인[설계/기획]하다
▶**designer** 명 디자이너

- 옷을 디자인하다 to _____ a dress

10 fall[fɔːl] 동 (fell-fallen) ① 떨어지다,
넘어지다 ② 되다, 해당되다
명 ① 가을 ② 떨어짐 ③ 폭포

- 나무에서 떨어지다
  to _____ off the tree

11 **stop**[stap] 통 멈추다 명 ① 멈춤 ② 정류장
    * **stop by** 잠시 들르다

• 버스가 멈췄다. The bus _____ped.

12 **cook**[kuk] 통 요리하다 명 요리사

• 음식을 요리하다 to _____ food

동사

13 **swim**[swim]-swam-swum 수영하다

• 바다에서 수영하다 to _____ in the sea

14 **move**[muːv] ① 움직이다, 이사하다
    ② 감동시키다

• 서울로 이사하다 to _____ to Seoul

명사 · 형용사

15 **cold**[kould] 형 추운[차가운](↔**hot**)
    명 감기, 추위

• 추운 날씨 _____ weather

16 **human**[hjúːmən] 형 인간의, 인간다운
    명 인간[사람] * **human being** 인간

• 인간의 권리[인권] _____ rights

17 **following**[fálouiŋ] 형 다음의
    명 다음에 오는 것

• 다음 이야기 the _____ story

18 **blue**[bluː] 형 명 파란(색)

• 파란 하늘 the _____ sky

19 **red**[red] 형 명 빨간[붉은](색)

• 빨간 옷 a _____ dress

부사 · 명사

20 **yesterday**[jéstərdèi] 부 명 어제
    * **the day before yesterday** 그저께

• 어제 아침 _____ morning

Today's Dessert

Step by step one goes a long way.
한 걸음 한 걸음 걷다 보면 먼 길을 가게 된다.(천리 길도 한 걸음부터.)

A 영어는 우리말로, 우리말은 영어로!

1.	character	11.	할아버지
2.	step	12.	(두)뇌
3.	design	13.	에너지, 정력
4.	fall	14.	달
5.	stop	15.	장난감
6.	cook	16.	음악회[연주회]
7.	move	17.	수영하다
8.	cold	18.	인간의, 인간
9.	following	19.	파란, 파란색
10.	red	20.	어제

B 단어와 단어의 만남

1. time and energy
2. a half moon
3. Niagara Falls
4. a bus stop
5. the human brain
6. the following steps

7. 나의 할아버지 my g_____
8. 장난감 차 a t_____ car
9. 피아노 연주회 a piano c_____
10. 늦가을에 in late f_____
11. 파란 하늘 the b_____ sky
12. 빨간 불 a r_____ light

C 같은 관계 맺어 주기

1. write : writer = cook : c_____
2. begin : began : begun = swim : s_____ : s_____
3. speak : spoke : spoken = fall : f_____ : f_____
4. past : present : future = y_____ : today : tomorrow

정답 **A** 앞면 참조 **B** 1. 시간과 정력 2. 반달 3. 나이아가라 폭포 4. 버스 정류장 5. 인간의 뇌 6. 다음 단계들
7. grandfather 8. toy 9. concert 10. fall 11. blue 12. red **C** 1. cook 2. swam, swum 3. fell, fallen
4. yesterday

D 보기 단어들 뜻 음미해 보고 빈칸 속에 퐁당!

| |보기| | cook | design | fall(fell) | step | stop | swim |

1. He _____ off the tree. 그는 나무에서 떨어졌다.

2. I _____ed on your foot! 내가 네 발을 밟았구나!

3. A car _____ed behind us. 차가 우리 뒤에서 멈췄다.

4. He _____ed lunch for me. 그가 나를 위해 점심을 요리했다.

5. I like to _____ in the sea. 난 바다에서 수영하는 걸 좋아한다.

6. She _____ed and made a dress. 그녀는 드레스를 디자인하고 만들었다.

E 같은 모양, 다른 의미

1. Chinese characters

   The two sisters were different in character.

2. He has a cold.

   It's so cold today.

3. The train began to move.

   They were moved by her beautiful singing.

⊙반갑다
기능어야!

may (과거형 might)

1. 추측 · 가능(=can)(~일지도 모른다)
   This book may be good for you. 이 책이 네게 유익할지도 모른다.
   You may get sick if you eat bad food. 나쁜 음식을 먹으면 병들지도 몰라.

2. 허가(=can)(~해도 되다)
   May I help you? 제가 당신을 도와드려도 될까요?
   May I take your order? 주문을 받아도 될까요[주문하시겠습니까]?

F 반갑다 기능어야! 익힌 후, 빈칸에 알맞은 기능어 넣기

1. Well, I _____ have been wrong. 글쎄, 내가 틀렸을지도 몰라.

2. Hello! _____ I speak to Linda? 여보세요! 린다 좀 바꿔 주시겠습니까?

정답 **D** 1. fell 2. step(stepped) 3. stop(stopped) 4. cook 5. swim 6. design **E** 1. 한자(글자) / 두 자매는 성격이 달랐다.(성격) 2. 그는 감기에 걸려 있다.(감기) / 오늘은 정말 춥다.(추운) 3. 열차가 움직이기 시작했다.(움직이다) / 그들은 그녀의 아름다운 노래에 감동을 받았다.(감동시키다) **F** 1. may 2. May

DAY 22

명사

01 **clock**[klɑk] 시계

• 시계가 빠르다. The _____ is fast.

02 **glass**[glæs] ① 유리 ② 유리잔
③ (-es) 안경
▶**sunglasses** 명 색안경[선글라스]

• 우유 한 잔 a _____ of milk

03 **truck**[trʌk] 트럭

• 트럭 운전기사 a _____ driver

04 **size**[saiz] 크기[치수]

• 같은 크기 the same _____

05 **voice**[vɔis] 목소리

• 그녀의 아름다운 목소리
her beautiful _____

06 **opinion**[əpínjən] 의견
＊**in my opinion** 내 의견으로는

• 그 주제에 대한 내 의견
my _____ of the subject

07 **cartoon**[kɑːrtúːn] (풍자) 만화
▶**cartoonist** 명 만화가

• 만화를 그리다 to draw _____s

08 **event**[ivént] 사건[행사]

• 큰 사건[행사] a big _____

09 **custom**[kʌ́stəm] 관습[풍습]

• 다른 관습들 different _____s

10 **community**[kəmjúːnəti]
공동체[주민/지역 사회]

• 주민 센터 a _____ center

명사 · 동사

11 **form**[fɔːrm] 명 형태, 형식 동 형성되다

• 많은 다른 형태들
many different _____s

12 **check**[tʃek] 동 ① 점검[확인]하다
② 체크[표시]하다 명 ① 점검[확인] ② 수표

- 너의 답에 체크[표시]해라.
  C_____ your answer.

13 **break**[breik] 동 (broke-broken)
깨뜨리다, 고장 내다, 어기다 명 휴식[쉬는 시간]

- 유리잔을 깨뜨리다
  to _____ a glass

동사

14 **bring**[briŋ]-brought-brought
가져[데려]오다

- 친구를 집에 데려오다
  to _____ a friend home

15 **lose**[luːz]-lost-lost ① 잃다
② 지다(↔win)
* **get lost** 길을 잃다

- 시계를 잃어버리다
  to _____ a watch

16 **die**[dai] (현재 분사 **dying**) 죽다

- 젊어서 죽다 to _____ young

형용사

17 **full**[ful] 가득 찬, 배부른
* **be full of** ~로 가득 차다

- 난 배가 부르다. I'm _____.

18 **healthy**[hélθi] 건강한, 건강에 좋은
▶**health** 명 건강

HEALTHY FOOD

- 건강한 아이 a _____ child

19 **wrong**[rɔːŋ] 틀린[잘못된](↔right)
부 틀리게[잘못되게]

- 틀린 답 a _____ answer

부사

20 **often**[ɔ́(ː)fən] 자주[흔히]

- 난 자주 거기에 간다. I _____ go there.

Today's Dessert

April showers bring May flowers.
4월의 소나기가 5월의 꽃을 가져온다.(고생 끝에 낙이 온다.)

A 영어는 우리말로, 우리말은 영어로!

1. glass
2. community
3. form
4. check
5. break
6. lose
7. full
8. healthy
9. wrong
10. often
11. 시계
12. 트럭
13. 크기[치수]
14. 목소리
15. 의견
16. (풍자) 만화
17. 사건[행사]
18. 관습[풍습]
19. 가져[데려]오다
20. 죽다

B 단어와 단어의 만남

1. in my opinion
2. a cartoon character
3. a big event
4. a small community
5. a healthy food
6. 깨진 유리 broken g_____
7. 트럭 운전기사 a t_____ driver
8. 같은 크기 the same s_____
9. 다른 관습들 different c_____s
10. 틀린 답 a w_____ answer

C 빈칸에 들어갈 알맞은 단어는?

1. The street is f_____ of cars. 거리는 차로 가득 차 있다.
2. I see her quite o_____. 나는 그녀를 꽤 자주 본다.

D 알맞은 형태 쓰기

1. break –(과거형)_____ –(과거분사형)_____
2. bring –(과거형)_____ –(과거분사형)_____
3. lose –(과거형)_____ –(과거분사형)_____

정답 **A** 앞면 참조 **B** 1. 내 의견으로는 2. 만화 캐릭터[등장인물] 3. 큰 사건[행사] 4. 작은 공동체 5. 건강식품 6. glass 7. truck 8. size 9. custom 10. wrong **C** 1. full 2. often **D** 1. broke, broken 2. brought, brought 3. lost, lost

E 보기 단어들 뜻 씹어 보고 들어갈 곳에 쏙!

| 보기 | check   clock   glass   voice

1. She wears _____es. 그녀는 안경을 쓴다.
2. Can I pay by _____? 수표로 지불해도 되나요?
3. Keep your _____ down. 목소리를 낮추세요.
4. The _____ was five minutes fast. 그 시계는 5분 빨랐다.

F 보기 단어들 뜻 음미해 보고 빈칸 속에 풍당!

| 보기 | break   bring   check   die

1. He _____d for his country. 그는 나라를 위해 죽었다.
2. You should not _____ the rules. 규칙을 어겨선 안 된다.
3. I _____ my email every morning. 나는 매일 아침 이메일을 확인한다.
4. Could you _____ me the newspaper? 제게 신문 좀 가져다주실래요?

G 같은 모양, 다른 의미

1. the art <u>form</u>s of the 21st century

   Ice began to <u>form</u> on the roads.

2. I <u>lost</u> my watch. / We <u>lost</u> the soccer game.

⊙반갑다
기능어야!

must

1. **의무(=have to)**(~해야 하다)
   You must wear seat belts. 당신은 안전벨트를 매야 한다.

2. **확실한 추측(틀림없이 ~일 거다)**
   It must be difficult. 그것은 틀림없이 어려울 거다.

＊**must not[mustn't]: 금지**(~해선 안 되다)
   You must not touch it. 넌 그걸 만져서는 안 돼.

＊**don't have to: 불필요**(~할 필요가 없다)
   Now you don't have to go to stores. 이제 넌 가게에 갈 필요가 없다.

H 반갑다 기능어야! 익힌 후, 빈칸에 알맞은 기능어 넣기

1. We _____ be careful on the street. 우리는 거리에서 조심해야 한다.

2. You _____ use your phone in class.

   수업 중에 전화를 사용해서는 안 된다.

정답 **E** 1. glass 2. check 3. voice 4. clock **F** 1. die 2. break 3. check 4. bring **G** 1. 21세기 예술 형식(형식)
/ 얼음이 도로에 형성되기 시작했다.(형성되다) 2. 나는 손목시계를 잃어버렸다.(잃다) / 우리는 축구 경기에서 졌다.(지다)
H 1. must 2. must not[mustn't]

DAY 23

명사

01 teenager[teen][tíːnèidʒər]
십대(13-19세) 소년 · 소녀

- 십대들의 식습관
  _____s' eating habits

02 arm[ɑːrm] ① 팔 ② (-s) 무기

- 나의 왼팔 my left _____

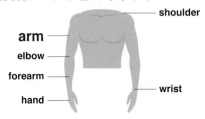

03 table[téibl] ① 탁자[식탁] ② 표[목록]

- 탁자 위/밑에
  on/under the _____

04 dish[diʃ] ① 접시 ② 요리
▶ **side dish** 반찬[곁들임 요리]

- 접시를 닦다[설거지하다]
  to do[wash] the _____es

05 ground[graund] 땅, 땅바닥

- 땅에 쓰러지다 to fall to the _____

06 corner[kɔ́ːrnər] 모퉁이[구석]

- 모퉁이에서 좌회전하다
  to turn left at the _____

07 exam[igzǽm] 시험(=examination)

- 시험을 보다 to take an _____

08 festival[féstəvəl] 축제[잔치]

- 영화제 a film _____

09 reason[ríːzn] ① 이유 ② 이성

- 이유들을 찾다 to find _____s

명사 · 동사

10 matter[mǽtər] 명 ① 문제[일] ② 물질
동 중요하다

- 무슨 일이니?
  What's the _____?

11 post[poust] 명 ① 우편(물)(=mail) ② 직위
③ 기둥 동 ① 우송하다 ② 게시하다

- 우체국 a _____ office

12 **stay**[stei] 통 머무르다, 그대로 있다
　　명 머무름

・호텔에 머무르다　to _____ at a hotel

동사

13 **wait**[weit] 기다리다
　* wait for ~을 기다리다

・그녀를 기다리다　to _____ for her

14 **miss**[mis] ① 놓치다 ② 그리워하다

・열차를 놓치다　to _____ the train

15 **join**[dʒɔin] ① 가입하다 ② 함께하다
　③ 연결하다

・동아리에 가입하다　to _____ a club

형용사

16 **sad**[sæd] 슬픈

・슬픈 이야기　a _____ story

17 **careful**[kέərfəl] 조심하는[주의 깊은]

・조심해.　Be _____.

18 **foreign**[fɔ́(ː)rən] 외국의
　▶foreigner 명 외국인

・외국어　a _____ language

19 **able**[éibl] ~할 수 있는
　* be able to V ~할 수 있다(=can)

・영어를 말할 수 있다
　to be _____ to speak English

부사

20 **together**[təɡéðər] 함께[같이]

・함께 노래하다　to sing _____

Today's Dessert

It matters not how a man dies, but how he lives.
어떻게 죽느냐가 아니라 어떻게 사느냐가 중요하다.

A　영어는 우리말로, 우리말은 영어로!

1. teenager	11. 접시, 요리
2. arm	12. 땅, 땅바닥
3. table	13. 모퉁이[구석]
4. reason	14. 시험
5. matter	15. 축제[잔치]
6. post	16. 기다리다
7. stay	17. 슬픈
8. miss	18. 외국의
9. join	19. ～할 수 있는
10. careful	20. 함께[같이]

B　단어와 단어의 만남

1. today's teenagers
2. a glass dish
3. a fish dish
4. a music festival
5. a post office
6. 부엌 식탁 the kitchen t_____
7. 야구장 a baseball g_____
8. 시험 결과 the e_____ results
9. 슬픈 노래 a s_____ song
10. 외국 a f_____ country

C　보기 단어들 뜻 씹어 보고 들어갈 곳에 쏙!

|보기| arm　　corner　　ground　　reason

1. He broke his _____. 그는 팔을 부러뜨렸다.(그의 팔이 부러졌다.)
2. Turn left at the _____. 모퉁이에서 왼쪽으로 도세요.
3. He lost his balance and fell to the _____. 그는 균형을 잃고 땅에 쓰러졌다.
4. Can you tell me the _____ why you are so late?
내게 네가 그리 늦은 이유를 말해 줄 수 있겠니?

정답 **A** 앞면 참조 **B** 1. 오늘날의 십대들 2. 유리 접시 3. 생선 요리 4. 음악 축제 5. 우체국 6. table 7. ground
8. exam 9. sad 10. foreign **C** 1. arm 2. corner 3. ground 4. reason

D 보기 단어들 뜻 음미해 보고 빈칸 속에 퐁당!

| 보기 | join   post   stay   wait

1. I would like to _____ the club. 나는 동아리에 가입하고 싶다.
2. How long will you _____ there? 너는 거기에 얼마 동안 머무를 거니?
3. She _____ed for us at the bus stop. 그녀는 버스 정류장에서 우리를 기다렸다.
4. The results will be _____ed on our website.
   그 결과는 우리 웹사이트에 게시될 것이다.

E 빈칸에 들어갈 알맞은 단어는?

1. Be c_____ next time. 다음번엔 조심해.
2. We are a_____ to change the world. 우리는 세상을 변화시킬 수 있다.
3. He and I went to school t_____. 그와 나는 학교에 함께 갔다[다녔다].

F 같은 모양, 다른 의미

1. It doesn't matter.
   That's another matter.
2. I missed the last bus.
   I really miss my family.

⊙반갑다 기능어야!

should(부정 축약형 shouldn't)
의무 · 권고(=ought to)(~해야 하다, ~하는 게 좋다)
We should recycle the bottles. 우리는 병들을 재활용해야 한다.
You should stay in bed. 넌 침대에 누워 있는 게 좋아.
You shouldn't do that. 너는 그렇게 해서는 안 된다.

＊should have＋과거분사: 후회 · 비난(~했어야 했다)
I should have studied English harder. 난 영어 공부를 더 열심히 했어야 했어.

G 반갑다 기능어야! 익힌 후, 빈칸에 알맞은 기능어 넣기

1. Teenagers _____ drink and smoke.
   십대들은 음주와 흡연을 해서는 안 된다.
2. You _____ have been careful. 너는 조심했어야 했다.

정답 **D** 1. join 2. stay 3. wait 4. post **E** 1. careful 2. able 3. together **F** 1. 그것은 중요하지 않다.(중요하다) / 그 것은 다른 문제다.(문제) 2. 나는 막차를 놓쳤다.(놓치다) / 나는 가족이 정말 그립다.(그리워하다) **G** 1. should not[shouldn't] 2. should

DAY 24

명사

01 president[prézədənt] 대통령, 장(長)

• 한국 대통령 the P_____ of Korea

02 pig[pig] 돼지
▶**piggy** 명 (어린이의 말) 돼지

• 우리 안의 돼지들
the _____s in the pen

03 fox[fɑks] 여우

• 여우와 포도
the _____ and the grapes

04 nose[nouz] 코

• 큰 코 a big _____

05 pen[pen] ① 펜 ② 우리

• 볼펜 a ballpoint _____

06 wall[wɔːl] 벽[담]

• 벽에 페인트칠하다[그림을 그리다]
to paint on the _____

07 center[séntər] 중심[중앙], 센터

• 원의 중심 the _____ of a circle

08 contest[kántest] 경연[대회]
▶**contestant** 명 경쟁자

• 피아노 경연 대회 a piano _____

09 prize[praiz] 상[상품]

• 상을 타다 to win a _____

10 gas[gæs] ① 가스 ② 기체
③ 가솔린[휘발유]

• 공기 중의 나쁜 가스
bad _____ in the air

11 difference[dífərəns] 다름[차이]
▶**different** 형 다른

• 그(것)들 간의 차이
the _____ between them

**Find
7 differences**

12 **carry**[kǽri] 가지고 있다[다니다], 나르다
- 가방을 가지고 있다 to _____ a bag

13 **build**[bild]-**built-built** 짓다[건축/건설하다]
- 집을 짓다 to _____ a house

14 **choose**[tʃuːz]-**chose-chosen** 고르다[선택/선정하다]
- 정답을 고르다
  to _____ the right answer

15 **spend**[spend]-**spent-spent** (시간/돈을) 쓰다
- 함께 시간을 보내다
  to _____ time together

16 **ready**[rédi] 준비된
- 난 갈 준비가 됐어. I'm _____ to go.

17 **worried**[wɔ́:rid] 걱정하는
  ▶**worry** 图 걱정시키다[걱정하다]
  * **be worried about** ~을 걱정하다
- 시험에 대해 걱정하다
  to be _____ about the exam

18 **popular**[pápjulər] 인기 있는, 대중의

- 인기 스타와 그의 팬들
  a _____ star and his fans

19 **enough**[inʌ́f] 图 団 충분한 (수량)
  圉 충분히
- 충분한 시간이 있다
  to have _____ time

20 **even**[íːvən] ① ~조차(도)
  ② (비교급 강조) 훨씬
- 어린애조차도 그것을 할 수 있다.
  E_____ a child can do it.

Today's Dessert

Even the greatest make mistakes.
위대한 사람들조차도 실수할 때가 있다.(원숭이도 나무에서 떨어진다.)

A   영어는 우리말로, 우리말은 영어로!

1. president	11. 돼지
2. pen	12. 여우
3. center	13. 코
4. contest	14. 벽[담]
5. gas	15. 상[상품]
6. carry	16. 다름[차이]
7. build	17. (시간/돈을) 쓰다
8. choose	18. 준비된
9. enough	19. 걱정하는
10. even	20. 인기 있는, 대중의

B   단어와 단어의 만남

1. the President of Korea
2. a ballpoint pen
3. a pig pen
4. a writing contest
5. enough exercise

6. 큰 코 a big n_____
7. 노벨상 a Nobel p_____
8. 주유소 a g_____ station
9. 시차 the time d_____
10. 대중음악 p_____ music

C   보기 단어들 뜻 음미해 보고 빈칸 속에 퐁당!

보기	build carry choose spend

1. _____ the right answer. 정답을 골라라.
2. She _____s too much money. 그녀는 너무 많은 돈을 쓴다.
3. She was _____ing a yellow bag. 그녀는 노란 가방을 가지고 있었다.
4. They _____ houses for poor people. 그들은 가난한 사람들을 위해 집을 짓는다.

정답 **A** 앞면 참조 **B** 1. 한국 대통령 2. 볼펜 3. 돼지우리 4. 글짓기 대회 5. 충분한 운동 6. nose 7. prize 8. gas 9. difference 10. popular **C** 1. Choose 2. spend 3. carry 4. build

D 내 영어 실력?? ▸▸▸ 영영 사전 보는 정도!!!

| 보기 | center   fox   wall

1. the middle part or point of something
2. one of the sides of a room or building
3. a wild animal like a dog with a thick tail

E 알맞은 형태 쓰기

1. build-(과거형)＿＿＿＿ -(과거분사형)＿＿＿＿
2. spend-(과거형)＿＿＿＿ -(과거분사형)＿＿＿＿
3. choose-(과거형)＿＿＿＿ -(과거분사형)＿＿＿＿

F 빈칸에 들어갈 알맞은 단어는?

1. Are you r＿＿＿ to leave? 떠날 준비가 됐니?
2. I'm w＿＿＿ about the exam. 난 시험에 대해 걱정하고 있다.

G 같은 모양, 다른 의미

It is cold there <u>even</u> in summer.
This is <u>even</u> better than that.

⊙반갑다
기능어야!

used to
현재는 그렇지 않은 과거의 습관·상태(전에는 ～하곤 했다[그랬다])
She used to live in Canada. 그녀는 전에 캐나다에 살았다.(지금은 살지 않는다.)
I used to play computer games a lot.
난 전에는 컴퓨터 게임을 많이 하곤 했다.(지금은 많이 하지 않는다.)
He used to be a friend of mine. 그는 전에 나의 친구였다.(지금은 아니다.)
There used to be a gas station on this site.
전에는 이곳에 주유소가 있었다.(지금은 없다.)

H 반갑다 기능어야! 익힌 후, 빈칸에 알맞은 기능어 넣기

1. We ＿＿＿ go swimming there.
   우리는 전에 거기로 수영하러 다니곤 했다.(지금은 다니지 않는다.)
2. There ＿＿＿ be stone walls here.
   전에는 여기에 돌담이 있었다.(지금은 없다.)

정답 **D** 1. center 2. wall 3. fox **E** 1. built, built 2. spent, spent 3. chose, chosen **F** 1. ready 2. worried
G 거기는 여름에조차도 춥다.(~조차도) / 이것은 저것보다 훨씬 더 좋다.(훨씬) **H** 1. used to 2. used to

DAY 25

01 **queen**[kwiːn] 여왕, 왕비
- 왕들과 여왕[왕비]들
  kings and _____s

02 **meal**[miːl] 식사
- 식사를 하다 to have a _____

03 **bread**[bred] 빵
- 빵과 우유 _____ and milk

04 **cookie**[kúki] 쿠키
- 초콜릿 칩 쿠키
  chocolate chip _____s

05 **classroom**[klǽsrùːm] 교실
- 교실을 청소하다
  to clean a _____

06 **umbrella**[ʌmbrélə] 우산
- 빨간 우산 a red _____

07 **football**[fútbɔ̀ːl] 축구
- 축구 경기 a _____ game

08 **weekend**[wíːkènd] 주말
- 지난 주말 last _____

09 **holiday**[hálədèi] (공)휴일
- 국경일 a national _____

10 **hobby**[hábi] 취미
- 네 취미는 뭐니? What's your _____?

명사 · 동사

11 **volunteer**[vàləntíər] 명 자원봉사자, 지원자 동 자원하다
- 자원봉사자로 일하다
  to work as a _____

12 **wish**[wiʃ] 동 바라다[빌다] 명 소원[소망]
- 별에 소원을 빌다
  to _____ on a star

¹³ **cry**[krai] ① 울다 ② 소리치다

· 울지 마. Don't _____.

¹⁴ **decide**[disáid] 결정[결심]하다

· 열심히 공부하기로 결심하다
　to _____ to study hard

명사 · 형용사

¹⁵ **secret**[síːkrit] 명 형 비밀(의)

· 비밀을 지키다　to keep a _____

¹⁶ **brown**[braun] 형 명 갈색(의)

· 갈색 눈동자 _____ eyes

형용사

¹⁷ **fine**[fain] 좋은[훌륭한] 부 잘[훌륭히]

· 좋은 옷 _____ clothes

¹⁸ **free**[friː] ① 자유로운, 한가한 ② 무료의

· 오늘 한가하니?
　Are you _____ today?

¹⁹ **delicious**[dilíʃəs] 맛있는

· 맛있는 식사　a _____ meal

부사

²⁰ **down**[daun] 아래로

· 아래로 보다[내려다보다]
　to look _____

Today's
Dessert

Poor people need hope more than bread.
가난한 사람들에게 필요한 것은 빵이라기보다 오히려 희망이다.

A 영어는 우리말로, 우리말은 영어로!

1. holiday	11. 여왕, 왕비
2. volunteer	12. 식사
3. wish	13. 빵
4. cry	14. 쿠키
5. decide	15. 교실
6. secret	16. 우산
7. brown	17. 축구
8. fine	18. 주말
9. free	19. 취미
10. down	20. 맛있는

B 단어와 단어의 만남

1. kings and queens
2. a football game
3. this weekend
4. his last wish
5. a delicious meal

6. 빵과 우유 b_____ and milk
7. 쿠키 병 a c_____ jar
8. 국경일 a national h_____
9. 비밀 정보 s_____ information
10. 갈색 눈동자 b_____ eyes

C 보기 단어들 뜻 씹어 보고 들어갈 곳에 쏙!

| 보기 | classroom   hobby   secret   umbrella |

1. I put up my _____. 나는 우산을 폈다.
2. Can you keep a _____? 비밀을 지킬 수 있겠니?
3. She came into the _____. 그녀가 교실로 들어왔다.
4. My _____ is playing the piano. 내 취미는 피아노 치는 거야.

정답 **A** 앞면 참조 **B** 1. 왕들과 여왕[왕비]들 2. 축구 경기 3. 이번 주말 4. 그의 마지막 소원 5. 맛있는 식사 6. bread 7. cookie 8. holiday 9. secret 10. brown **C** 1. umbrella 2. secret 3. classroom 4. hobby

D 보기 단어들 뜻 음미해 보고 빈칸 속에 퐁당!

| 보기 |　cry　　decide　　volunteer　　wish

1. She began to _____. 그녀는 울기 시작했다.
2. I _____ I were taller. 내 키가 더 컸으면 좋을 텐데.
3. She _____ed to help them. 그녀는 그들을 돕기를 자원했다.
4. He _____d to save money. 그는 돈을 저축하기로 결정했다.

E 빈칸에 들어갈 알맞은 단어는?

1. **A:** How are you? 어떻게 지내?

   B: I'm f_____. 잘 지내.

2. The children jumped up and d_____ on the beds.
   아이들이 침대 위에서 뛰어 오르내렸다.

F 같은 모양, 다른 의미

Are you free this afternoon?
We got two free tickets for the game.

⊘반갑다
기능어야!

to/toward

· **to**

1. **to V: 부정사**
   I want **to have** a meal with you. 난 너와 식사하기를 원해.
   I need a pen **to write** with. 난 쓸 펜이 필요해요.
   We eat **to live**. 우리는 살기 위해 먹는다.

2. **전치사**
   · ~로[까지]: to go **to** school 학교에 가다　**to** the right/left 오른쪽/왼쪽으로
   · ~에게: Please say hello **to** your family. 네 가족에게 안부 좀 전해 줘.

· **toward: ~쪽으로[향하여]**
   toward the south/north 남쪽/북쪽으로

G 반갑다 기능어야! 익힌 후, 빈칸에 알맞은 기능어 넣기

1. Shall we go _____ the movies? 영화관에 갈래?
2. I often send email _____ my friends.
   난 자주 친구들에게 이메일을 보낸다.

정답　**D** 1. cry 2. wish 3. volunteer 4. decide　**E** 1. fine 2. down　**F** 너 오늘 오후에 한가하니?(한가한) / 우리는 그 경기의 무료 표 두 장을 얻었다.(무료의)　**G** 1. to 2. to

DAY 26

명사

01 **horse**[hɔ:rs] 말
- 말을 타다 to ride a _____

02 **chicken**[tʃíkən] 닭, 닭고기
- 닭고기 수프 _____ soup

03 **duck**[dʌk] 오리
  ▶**duckling** 명 새끼 오리
- 오리알 a _____ egg

04 **hamburger**[hǽmbə̀:rgər] 햄버거
- 햄버거를 먹다 to eat a _____

05 **fruit**[fru:t] 과일
- 과일과 야채들
  _____ and vegetables

06 **desk**[desk] 책상
- 사무실 책상 an office _____

07 **baseball**[béisbɔ̀:l] 야구(공)
- 야구를 하다 to play _____

08 **uniform**[jú:nəfɔ̀:rm] 제복[유니폼]
- 교복 a school _____

09 **beach**[bi:tʃ] 해변[바닷가/호숫가]
- 해변을 따라 걷다
  to walk along the _____

10 **fashion**[fǽʃən] 패션[유행]
  ▶**fashionable** 형 유행하는
- 패션 디자이너
  a _____ designer

11 **chance**[tʃæns] 기회, 가망[가능성]
  * **by chance** 우연히
- 변화할 수 있는 기회
  a _____ to change

명사 · 동사

12 **camp**[kæmp] 명 야영지, 캠프 동 야영하다
  ▶**camping** 명 야영, 캠프 생활
- 야영지[캠프]로 되돌아가다
  to go back to _____

13 **sleep**[sli:p] 图 (**slept-slept**) 잠자다
　图 잠[수면]
　▶**sleepy** 혱 졸리는

・잘 자다 to ＿＿＿＿＿ well

동사

14 **wash**[wɑʃ] 씻다

・손을 씻어라. W＿＿＿＿ your hands.

15 **draw**[drɔ:]-**drew-drawn**
　① (선으로) 그리다　② 끌어당기다, 뽑다
　▶**drawing** 图 (선) 그림

・(선으로) 그림을 그리다
　to ＿＿＿＿＿ a picture

16 **sell**[sel]-**sold-sold** 팔다

・자동차를 팔다 to ＿＿＿＿＿ a car

형용사

17 **hungry**[hʌ́ŋgri] 배고픈

・난 배가 고프다. I'm ＿＿＿＿＿.

18 **bright**[brait]　① 밝은[빛나는]　② 똑똑한

・빛나는 별 a ＿＿＿＿＿ star

19 **wise**[waiz] 지혜로운[현명한]

・부엉이처럼 지혜로운[아주 현명한]
　as ＿＿＿＿＿ as an owl

부사

20 **never**[névər] 결코 ~ 않다

・그는 결코 포기하지 않았다.
　He ＿＿＿＿＿ gave up.

Today's
Dessert

It is easy to be wise after the event.
일이 끝난 후에 현명해지기는 쉽다.

A 영어는 우리말로, 우리말은 영어로!

1. uniform	11. 말
2. beach	12. 닭(고기)
3. fashion	13. 오리
4. chance	14. 햄버거
5. camp	15. 과일
6. sleep	16. 책상
7. draw	17. 야구(공)
8. bright	18. 씻다
9. wise	19. 팔다
10. never	20. 배고픈

B 단어와 단어의 만남

1. a large duck
2. a baseball player
3. a school uniform
4. a beautiful beach
5. a wise woman
6. 튀긴 닭고기 fried c_____
7. 과일 주스 f_____ juice
8. 사무실 책상 an office d_____
9. 패션 디자이너 a f_____ designer
10. 좋은 기회 a good c_____

C 보기 단어들 뜻 씹어 보고 들어갈 곳에 쏙!

| 보기 | camp   hamburger   horse   sleep |

1. He fell off a _____. 그는 말에서 떨어졌다.
2. Let's go back to _____. 야영장[캠프]로 되돌아가자.
3. He ordered two _____s. 그는 햄버거 두 개를 주문했다.
4. I need to get some _____. 나는 수면을 좀 취해야 할 필요가 있다.

D 알맞은 형태 쓰기

1. sleep−(과거형)_____ −(과거분사형)_____

2. draw−(과거형)_____ −(과거분사형)_____

3. sell−(과거형)_____ −(과거분사형)_____

E 보기 단어들 뜻 음미해 보고 빈칸 속에 퐁당!

|보기| draw   sell   sleep   wash

1. _____ your hands often. 손을 자주 씻어라.

2. I love to _____ cartoons. 나는 만화 그리는 걸 좋아한다.

3. I didn't _____ very well last night. 나는 어젯밤에 그리 잘 자지 못했어.

4. People buy and _____ things on the Internet.
사람들은 인터넷에서 물건들을 사고판다.

F 빈칸에 들어갈 알맞은 단어는?

1. I'm a little h_____. 난 배가 좀 고프다.

2. She is n_____ late for school. 그녀는 결코 학교에 지각하지 않는다.

G 같은 모양, 다른 의미

a bright star / a very bright child

⊙반갑다 기능어야!

from ~에서[부터]
I'm glad to hear **from** you. 네게서 소식을 들어 기뻐.
from now on 지금부터 쭉
Where are you **from**? 어디 출신입니까?   I'm **from** Korea. 전 한국 출신입니다.
Their gestures are different **from** ours. 그들의 제스처는 우리의 것과 다르다.

＊**from A to B**: A에서 B까지
from my home **to** the school 집에서 학교까지
from Monday **to** Friday 월요일부터 금요일까지

H 반갑다 기능어야! 익힌 후, 빈칸에 알맞은 기능어 넣기

1. She's a new student _____ America.
그녀는 미국에서 온 신입생이다.

2. We have classes _____ Monday to Friday.
우리는 월요일에서 금요일까지 수업이 있다.

정답 **D** 1. slept, slept 2. drew, drawn 3. sold, sold **E** 1. Wash 2. draw 3. sleep 4. sell **F** 1. hungry
2. never **G** 밝은 별(밝은) / 매우 똑똑한 아이(똑똑한) **H** 1. from 2. from

DAY 27

명사

01 grandparent(s) [grǽndpɛ̀ərənt]
조부모

• 조부모와 함께 살다
to live with your _____

02 member [mémbər] 회원[구성원]

• 테니스 동아리 회원
a _____ of the tennis club

03 finger [fíŋgər] 손가락

▶ **index finger** 명 집게손가락[검지]

• 내 새끼손가락 my little _____

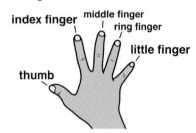

index finger   middle finger
ring finger
little finger
thumb

04 shirt [ʃəːrt] 셔츠

• 파란 셔츠 a blue _____

05 jeans [dʒiːnz] 진 바지

• 청바지 blue _____

06 palace [pǽlis] 궁전

• 오래된 궁전[고궁] an old _____

07 lake [leik] 호수

• 호수에서 수영하다
to swim in the _____

08 wind [wind] 바람

▶ **windy** 형 바람이 센

• 강한 바람 a strong _____

09 environment [inváiərənmənt] 환경

▶ **environmental** 형 환경의

• 깨끗한 환경 a clean _____

10 pollution [pəlúːʃən] 오염

• 대기 오염 air _____

11 advice [ədváis] 조언[충고]

• 충고 한 마디 a piece of _____

12 **view**[vju:] 몡 ① 전망[경치] ② 견해[관점]
몡 보다 ▶**viewer** 몡 시청자

- 바다 전망 the _____ of the sea

13 **bear**[bɛər] 톰 (**bore-born**) 낳다 몡 곰
* **be born** 태어나다

- 한국에서 태어나다
to be _____ in Korea

14 **ride**[raid] 톰 (**rode-ridden**) 타다
몡 타기, 탈것

- 자전거를 타다 to _____ a bike

15 **surprise**[sərpráiz] 톰 놀라게 하다
몡 놀라운 것, 놀람
▶**surprised** 혱 놀란

- 깜짝 파티 a _____ party

16 **fight**[fait] 톰 (**fought-fought**) 싸우다
몡 싸움

- 그들과 싸우다
to _____ with them

17 **tired**[taiərd] 피곤한, 싫증난

- 피곤해 보이다 to look _____

18 **dirty**[də́:rti] 더러운

- 더러운 옷 _____ clothes

19 **whole**[houl] 전체[전부]의 몡 전체[전부]

- 전 세계 the _____ world

whole

part

20 **sometimes**[sʌ́mtàimz] 때때로

- 때때로 나는 자동차로 간다.
S_____ I go by car.

Today's Dessert

The beginning is half of the whole.
[Well begun is half done.] 시작이 (전체의) 반이다.

111

A 영어는 우리말로, 우리말은 영어로!

1. member	11. 조부모
2. jeans	12. 손가락
3. view	13. 셔츠
4. bear	14. 궁전
5. ride	15. 호수
6. surprise	16. 바람
7. fight	17. 환경
8. tired	18. 오염
9. whole	19. 조언[충고]
10. sometimes	20. 더러운

B 단어와 단어의 만남

1. a family member
2. my middle finger
3. an old palace
4. a white bear
5. a dirty shirt

6. 청바지 blue j_____
7. 강한 바람 a strong w_____
8. 깨끗한 환경 a clean e_____
9. 수질 오염 water p_____
10. 전국 the w_____ country

C 보기 단어들 뜻 씹어 보고 들어갈 곳에 쏙!

| 보기 | advice   fight   grandparents   lake   ride |

1. We swam in the _____. 우리는 호수에서 수영을 했다.
2. They live with their _____. 그들은 조부모와 함께 산다.
3. I was trying to stop the _____. 나는 싸움을 멈추려 노력하고 있었다.
4. She gave me some good _____. 그녀는 내게 좋은 조언을 해 주었다.
5. He gave me a _____ on his bike. 그는 나를 자기 자전거에 태워주었다.

정답 **A** 앞면 참조 **B** 1. 가족 구성원 2. 가운뎃손가락[중지] 3. 오래된 궁전[고궁] 4. 백곰 5. 더러운 셔츠 6. jeans
7. wind 8. environment 9. pollution 10. whole **C** 1. lake 2. grandparents 3. fight 4. advice 5. ride

D 알맞은 형태 쓰기

1. bear−(과거형)_____−(과거분사형)_____

2. fight−(과거형)_____−(과거분사형)_____

3. ride−(과거형)_____−(과거분사형)_____

E 보기 단어들 뜻 음미해 보고 빈칸 속에 퐁당!

| 보기 | bear(born)   ride   surprise

1. She was _____ in India. 그녀는 인도에서 태어났다.

2. Can you _____ a bike? 너 자전거 탈 수 있니?

3. The news _____d everyone. 그 소식은 모두를 놀라게 했다.

F 빈칸에 들어갈 알맞은 단어는?

1. You look t_____. 너 피곤해 보이는구나.

2. He s_____ works late. 그는 때때로 늦게까지 일한다.

G 같은 모양, 다른 의미

What's your <u>view</u> on the subject?

The <u>view</u> from the top was wonderful.

🙂**반갑다
기능어야!**

of

1. ~의, ~ 중의: a member **of** the team 팀의 구성원
   one[some] **of** my friends 내 친구들 중의 하나[몇몇]

2. ~에 관해[대해]
   What do you think **of** Korea? 한국에 대해 어떻게 생각하니?
   I'm afraid **of** talking in front of my class. 난 반 앞에서 말하는 걸 두려워한다.
   I'm proud **of** my school. 난 나의 학교를 자랑스러워한다.

3. **to V**의 의미상 주어
   It's kind **of** you to say so. 그렇게 말해 주시니 당신은 친절하군요.

H 반갑다 기능어야! 익힌 후, 빈칸에 알맞은 기능어 넣기

1. The Internet is a sea _____ information. 인터넷은 정보의 바다다.

2. What do you think _____ your teachers?
   너의 선생님들에 대해 어떻게 생각하니?

정답 **D** 1. bore, born 2. fought, fought 3. rode, ridden **E** 1. born 2. ride 3. surprise **F** 1. tired
2. sometimes **G** 그 주제에 대한 네 견해는 무엇이니?(견해) / 꼭대기에서 내려다보는 경치는 멋있었다.(전망[경치])
H 1. of 2. of

113

DAY 28

명사

01 **lady**[léidi] 숙녀, 여성
- 젊은 여성 a young _____

02 **daughter**[dɔ́:tər] 딸
- 그의 지혜로운 딸 his wise _____

03 **musician**[mju:zíʃən] 음악가
- 위대한 음악가 a great _____

04 **factory**[fǽktəri] 공장
- 공장에서 일하다
  to work in a _____

05 **garage**[gərá:ʒ] 차고[주차장]
  * **garage sale** 차고 중고품 염가 판매
- 차를 차고에 두다
  to put a car in the _____

06 **picnic**[píknik] 소풍
- 소풍 가다 to go on a _____

07 **boat**[bout] 보트[배]
- 보트를 타다 to take a _____

08 **accident**[ǽksədənt] 사고
- 자동차 사고 a car _____

명사 · 동사

09 **heat**[hi:t] 명 열(기), 더위 통 뜨겁게 하다
- 태양의 열기
  the _____ of the sun

10 **race**[reis] 명 ① 경주 ② 인종 통 경주하다
- 경주에서 이기다
  to win a _____

11 **glue**[glu:] 명 접착제 통 접착제로 붙이다
- 접착제가 마르기를 기다려라.
  Wait for the _____ to dry.

12 **follow**[fάlou] 따르다
  ▶following 혱 다음의 몡 다음에 오는 것

· 나를 따르라! F_____ me!

13 **invent**[invént] 발명하다

· 로봇을 발명하다 to _____ a robot

14 **close** 툉 [klouz] 닫다(↔open)
  혱 붂 [klous] 가까운, 가까이

· 창문을 닫아라.
  C_____ the window.

15 **welcome**[wélkəm] 툉 환영하다
  혱 환영받는 몡 환영 캄 환영!
  * You're welcome. 천만에요.

· 한국에 온 걸 환영합니다.
  W_____ to Korea.

16 **upset**[ʌpsét] 혱 속상한
  툉 (upset-upset) 속상하게 하다

· 매우 속상하다
  to be very _____

17 **surprised**[sərpráizd] 놀란
  ▶surprise 툉 놀라게 하다

· 그 소식에 놀라다
  to be _____ at the news

18 **smart**[smɑːrt] 영리한[똑똑한]

· 영리한 소녀 a _____ girl

19 **pretty**[príti] 혱 예쁜[귀여운]
  붂 꽤, 아주[매우]

· 예쁜 소녀 a _____ girl

20 **early**[ɔ́ːrli] 혱 초기의, 이른(↔late) 붂 일찍

· 일찍 일어나다 to get up _____

Today's Dessert

Accidents will happen.
(아무리 조심해도) 사고는 일어나게 마련이다.

A 영어는 우리말로, 우리말은 영어로!

1. garage	11. 숙녀, 여성
2. boat	12. 딸
3. heat	13. 음악가
4. race	14. 공장
5. glue	15. 소풍
6. close	16. 사고
7. welcome	17. 따르다
8. upset	18. 발명하다
9. pretty	19. 놀란
10. early	20. 영리한[똑똑한]

B 단어와 단어의 만남

1. a fishing boat
2. the heat of the sun
3. a smart lady
4. 자동차 공장 a car f_____
5. 자동차 사고 a car a_____
6. 이른 아침 e_____ morning

C 보기 단어들 뜻 씹어 보고 들어갈 곳에 쏙!

보기	garage glue picnic

1. Did you put the car in the _____? 차를 차고에 넣었니?
2. My class will go on a _____ next week. 우리 반은 다음 주에 소풍을 갈 거다.
3. Join the two pieces together using strong _____.
   강력한 접착제를 사용하여 두 부품을 연결해라.

D 같은 관계 맺어 주기

1. father : mother = son : d_____
2. science : scientist = music : m_____

정답 **A** 앞면 참조 **B** 1. 어선 2. 태양의 열기 3. 똑똑한 여성 4. factory 5. accident 6. early **C** 1. garage 2. picnic
3. glue **D** 1. daughter 2. musician

E 보기 단어들 뜻 음미해 보고 빈칸 속에 퐁당!

| |보기| | follow | heat | invent |

1. Who _____ed the airplane? 누가 비행기를 발명했니?

2. He _____ed the doctor's advice. 그는 의사의 조언을 따랐다.

3. The sun _____s water in lakes, rivers and seas.
   태양은 호수와 강과 바다의 물을 데운다.

F 빈칸에 들어갈 알맞은 단어는?

1. W_____ to my house. 저희 집에 오신 것을 환영합니다.

2. Don't be u_____. 속상해 하지 마.

3. I was s_____ to hear that. 나는 그 말을 듣고 놀랐다.

4. He always gets up e_____. 그는 언제나 일찍 일어난다.

G 같은 모양, 다른 의미

1. He won the race. / people of all races

2. Close your eyes. / Our house is close to the school.

3. It's pretty good. / He has a pretty daughter.

⊙반갑다 기능어야! **about**

1. ~에 관하여[대하여]
   They talk **about** their school life. 그들은 자신들의 학교생활에 대해 이야기한다.
   We should care **about** the environment.
   우리는 환경에 대해 관심을 가져야 한다.

   * **How[What] about ~ ?: ~은 어떤가?**
     How[What] about this/tomorrow? 이것/내일은 어때?
     How[What] about helping each other? 서로 돕는 게 어때?

2. 약[대략]
   We waited for **about** half an hour. 우리는 약 반 시간 동안 기다렸다.

H 반갑다 기능어야! 익힌 후, 빈칸에 알맞은 기능어 넣기

1. We talked _____ different topics.
   우리는 다른 주제들에 대해서 이야기했다.

2. How[What] _____ you? 너는 어떠니?

정답 **E** 1. invent 2. follow 3. heat **F** 1. Welcome 2. upset 3. surprised 4. early **G** 1. 그는 경주에서 이겼다.(경주) / 모든 인종의 사람들(인종) 2. 눈을 감아라.(닫다) / 우리 집은 학교에서 가깝다.(가까운) 3. 그것은 아주 좋다.(아주[매우]) / 그는 예쁜 딸이 있다.(예쁜) **H** 1. about 2. about

DAY 29

명사

01 husband [hʌ́zbənd] 남편
- 그녀의 남편 her _____

02 clerk [kləːrk] 사무원, 점원
- 사무실 사무원 an office _____

03 ear [iər] 귀
▶ **earring** 명 귀걸이
- 나의 오른쪽 귀 my right _____

04 foot [fut] (복수 **feet**) ① 발
② (길이 단위) 피트
- 머리끝에서 발끝까지
  from head to _____

05 lion [láiən] 사자
- 아프리카의 사자들 African _____s

06 salt [sɔːlt] 소금
- 소금물 _____ water

07 cloud [klaud] 구름
▶ **cloudy** 형 흐린, 구름이 많은
- 먹구름 a dark _____

08 traffic [trǽfik] 교통(량)
- 교통 신호등 a _____ light

09 bill [bil] ① 청구서[계산서] ② 지폐 ③ 법안
- 전화 요금 청구서
  the phone _____

10 basketball [bǽskitbɔ̀ːl] 농구(공)
- 농구 선수 a _____ player

11 sentence [séntəns] 문장
- 짧은 문장 a short _____

명사 · 동사

12 drink [driŋk] 동 (drank-drunk) 마시다
명 마실 것[음료]
- 물을 마시다 to _____ water

118

13 **stand**[stænd]**-stood-stood** 서다
* **stand up** 일어서다

• 줄을 서다 to _____ in line

14 **hold**[hould]**-held-held** ① 잡고 있다
② 열다[개최하다]

• 가방을 들고 있다
to _____ a bag

15 **agree**[əgríː] 동의하다[의견이 일치하다]
(↔**disagree**)

• 당신에게 동의합니다.
I _____ with you.

agree   **disagree**

16 **black**[blæk] 형 명 검정색(의)

• 검은 눈동자 _____ eyes

17 **dark**[dɑːrk] 형 어두운 명 어둠

• 어두운 거리 a _____ street

18 **fat**[fæt] 형 살찐[뚱뚱한] 명 지방

• 살찐 몸 a _____ body

19 **afraid**[əfréid] 두려워[무서워]하는,
걱정하는
* **be afraid of** ~을 두려워하다

• 어둠을 무서워하다
to be _____ of the dark

20 **still**[stil] 부 ① 아직도 ② 그럼에도 불구하고
형 가만히 있는
* **still life** 정물화

• 난 아직도 배가 고프다.
I'm _____ hungry.

Today's
Dessert
Every shoe fits not every foot.
어느 신도 어느 발에나 맞는 것은 아니다.

A 영어는 우리말로, 우리말은 영어로!

1. clerk	11. 남편
2. bill	12. 귀
3. drink	13. 발, 피트
4. hold	14. 사자
5. agree	15. 소금
6. black	16. 구름
7. dark	17. 교통(량)
8. fat	18. 농구(공)
9. afraid	19. 문장
10. still	20. 서다

B 단어와 단어의 만남

1. a store clerk
2. his large ears
3. salt water
4. traffic rules
5. food and drink
6. a dark cloud
7. 그녀의 남편 her h_____
8. 나의 왼발 my left f_____
9. 아프리카의 사자들 African l_____s
10. 농구팀 a b_____ team
11. 짧은 문장 a short s_____
12. 검은 고양이 a b_____ cat

C 보기 단어들 뜻 음미해 보고 빈칸 속에 퐁당!

보기	agree drink stand

1. I don't _____ coffee. 나는 커피를 마시지 않는다.
2. We were _____ing at the bus stop. 우리는 버스 정류장에 서 있었다.
3. They don't _____ with each other. 그들은 서로 의견이 맞지 않는다.

정답 **A** 앞면 참조 **B** 1. 가게 점원 2. 그의 큰 귀 3. 소금물 4. 교통 규칙 5. 음식 6. 먹구름 7. husband 8. foot 9. lion 10. basketball 11. sentence 12. black **C** 1. drink 2. stand 3. agree

D 알맞은 형태 쓰기

1. foot – (복수형)_____

2. drink – (과거형)_____ – (과거분사형)_____

3. hold – (과거형)_____ – (과거분사형)_____

4. stand – (과거형)_____ – (과거분사형)_____

E 빈칸에 들어갈 알맞은 단어는?

1. Don't be a_____ of asking questions. 질문하는 걸 두려워하지 마.

2. She is worried about getting f_____. 그녀는 살찌는 것에 대해 걱정한다.

F 같은 모양, 다른 의미

1. the phone bill / a ten-dollar bill

2. They held hands.

   The World Cup is held every four years.

3. He is still waiting for her.

   You can't sit still for one minute.

반갑다 기능어야!

at

1. 장소(~의 지점에)
   to arrive **at** the airport 공항에 도착하다   **at** home 집에(서)
   at the station/bus stop/airport/party 역/버스 정류장/공항/파티에(서)

2. 시간 (~의 시점에)
   at 11:50 11시 50분에   **at** night 밤에   **at** the age of 12 12세에

* **look at** ~을 쳐다보다   * **be surprised at** ~에 놀라다

* **be good/bad[poor] at** ~에 능숙하다/서툴다
   He's **good at** math. 그는 수학을 잘한다.

G 반갑다 기능어야! 익힌 후, 빈칸에 알맞은 기능어 넣기

1. He waited for her _____ the bus stop.

   그는 버스 정류장에서 그녀를 기다렸다.

2. I have breakfast _____ 8 o'clock. 난 8시에 아침을 먹는다.

정답 **D** 1. feet 2. drank, drunk 3. held, held 4. stood, stood **E** 1. afraid 2. fat **F** 1. 전화 요금 청구서(청구서) / 10달러짜리 지폐(지폐) 2. 그들은 손을 잡고 있었다.(잡고 있다) / 월드컵은 4년마다 열린다.(열다) 3. 그는 아직도 그녀를 기다리고 있다.(아직도) / 넌 1분도 가만히 앉아 있지 못하는구나.(가만히 있는) **G** 1. at 2. at

DAY 30

명사

01 **artist**[ɑ́ːrtist] 예술가, 미술가

• 위대한 예술가 a great _____

02 **tooth**[tuːθ] (복수 **teeth**) 이[치아]
▶**toothpaste** 명 치약
▶**toothbrush** 명 칫솔
▶**toothpick** 명 이쑤시개

• 이를 닦다
to brush[clean] your _____(복수형)

03 **turtle**[tə́ːrtl] (바다)거북
[비교] **tortoise** (육지) 거북

• 거북선 a _____ ship

04 **soup**[suːp] 수프

• 뜨거운 수프 hot _____

05 **medicine**[médəsin] 약, 의학

• 약을 먹다
to take _____

06 **garden**[gɑ́ːrdn] 뜰[정원]

• 앞/뒤뜰 a front/back _____

07 **market**[mɑ́ːrkit] 시장
＊**flea market** 벼룩시장

• 과일/꽃 시장 a fruit/flower _____

08 **spaceship**[spéisʃip] 우주선

• 우주선을 조종하다 to fly a _____

09 **ticket**[tíkit] 표[승차권/입장권]

• 음악회 입장권 a concert _____

10 **hole**[houl] 구멍

• 작은 구멍 a small _____

11 **safety**[séifti] 안전

• 안전제일 _____ first

12 **type**[taip] 몡 유형[종류] 통 타자를 치다

· 다른 학습 유형들
  different learning _____s

13 **set**[set] 통 (set-set) 두다[놓다], 세우다,
(해가) 지다 몡 세트
  * **set the table** 밥상을 차리다

· 목표를 세우다 to _____ a goal

14 **pick**[pik] 고르다, 따다, 뽑다
  * **pick up** 집다[줍다], 차에 태우다

· 과일을 따다 to _____ fruit

15 **teach**[ti:tʃ]-**taught-taught** 가르치다

· 그들에게 과학을 가르치다
  to _____ them science

16 **recycle**[ri:sáikl] 재활용하다
  ▶**recycling** 몡 재활용(품)

· 종이를 재활용하다 to _____ paper

17 **sunny**[sʌ́ni] 햇빛이 밝은

· 햇빛이 밝은 오후 a _____ afternoon

18 **heavy**[hévi] ① 무거운(↔light) ② 심한

heavy　　　**light**

· 무거운 가방 a _____ bag

19 **proud**[praud] 자랑스러운
  * **be proud of** ~을 자랑스럽게 여기다

· 난 네가 자랑스러워.
  I'm _____ of you.

20 **soon**[su:n] 곧, 빨리

· 곧 오다 to come _____

Today's Dessert

Soon got, soon gone. 빨리 얻은 것은 빨리 없어진다.
The sooner, the better. 빠르면 빠를수록 좋다.

A 영어는 우리말로, 우리말은 영어로!

1.	artist	11.	(바다)거북
2.	tooth	12.	수프
3.	garden	13.	약, 의학
4.	ticket	14.	시장
5.	type	15.	우주선
6.	set	16.	구멍
7.	pick	17.	안전
8.	sunny	18.	가르치다
9.	heavy	19.	재활용하다
10.	proud	20.	곧, 빨리

B 단어와 단어의 만남

1. a front garden
2. a fish market
3. a sunny day
4. a heavy bag

5. 야채수프 vegetable s_____
6. 열차표 a train t_____
7. 작은 구멍 a small h_____
8. 안전띠 a s_____ belt

C 같은 관계 맺어 주기

1. foot : feet = tooth : t_____
2. music : musician = art : a_____
3. draw : drew : drawn = set : s_____ : s_____

D 빈칸에 들어갈 알맞은 단어는?

1. You should be p_____ of yourself. 너는 너 자신을 자랑스럽게 여겨야 해.
2. The summer vacation is coming s_____. 여름 방학이 곧 올 거야.

정답 **A** 앞면 참조 **B** 1. 앞뜰 2. 어시장[생선 시장] 3. 햇빛이 밝은 날 4. 무거운 가방 5. soup 6. ticket 7. hole
8. safety **C** 1. teeth 2. artist 3. set, set **D** 1. proud 2. soon

E 보기 단어들 뜻 씹어 보고 들어갈 곳에 쏙!

| 보기 | medicine   spaceship   tooth(teeth)   turtle |

1. The ship looks like a _____ . 그 배는 거북처럼 보인다.

2. Remember to take your _____ . 약 먹는 걸 기억해라.

3. Brush your _____ three times a day. 하루에 세 번 이를 닦아라.

4. Sometime we will travel into space by _____ .
   언젠가 우리는 우주선을 타고 우주로 여행할 것이다.

F 보기 단어들 뜻 음미해 보고 빈칸 속에 풍덩!

| 보기 | pick   recycle   set   teach |

1. He _____es me math. 그는 내게 수학을 가르쳐 준다.

2. We should _____ paper. 우리는 종이를 재활용해야 한다.

3. Don't _____ the flowers. 꽃을 따지 마시오.

4. The sun _____s in the west. 해는 서쪽으로 진다.

G 같은 모양, 다른 의미

How fast can you type?

What type of music do you like?

⊙반갑다 기능어야!

in

1. 장소·방향(안에[으로]): **in** the house/room 집/방 안에[으로]
   They live **in** Seoul/Korea. 그들은 서울/한국에 산다.

2. 시간(~ 동안에): **in** March 3월에   **in** 2030 2030년에
   in spring/summer/fall/winter 봄/여름/가을/겨울에
   in the morning/afternoon/evening 아침/오후/저녁에

   * **in this way** 이런 식으로   * **in English** 영어로   * **in danger** 위험에 빠진

H 반갑다 기능어야! 익힌 후, 빈칸에 알맞은 기능어 넣기

1. Don't run _____ the classroom. 교실에서 뛰지 마라.

2. We have a long vacation _____ summer.
   우리는 여름에 긴 방학을 가진다.

정답 **E** 1. turtle 2. medicine 3. teeth 4. spaceship   **F** 1. teach 2. recycle 3. pick 4. set   **G** 넌 얼마나 빨리 타자를 칠 수 있니?(타자를 치다) / 넌 어떤 종류의 음악을 좋아하니?(유형[종류])   **H** 1. in 2. in

명사

01 wife[waif](복수 **wives**) 아내
· 그의 아내 his _____

02 mouse[maus](복수 **mice**) 쥐, (컴퓨터의) 마우스
· 쥐를 잡다 to catch a _____

03 desert[dézərt] 사막
· 사하라 사막 the Sahara _____

04 million[míljən] 100만
  * **millions of** 수백만의
· 4백만 명의 사람들
  four _____ people

05 dollar[dálər] (화폐 단위) 달러
  [비교] **cent** 몡 센트(1 cent = 1/100 dollar)
· 700만 달러
  seven million _____s

06 coin[kɔin] 동전
· 동전을 모으다 to collect _____s

07 bank[bæŋk] ① 은행 ② 둑
  ▶**piggy bank** 돼지 저금통
· 은행에 가다 to go to the _____

08 museum[mju:zí:əm] 박물관[미술관]
· 현대 미술관
  the _____ of Modern Art

09 service[sə́:rvis] 서비스[봉사]
· 서비스 센터 a _____ center

10 power[páuər] 힘, 권력, 동력
· 강한 의지력 great will _____

명사 · 동사

11 board[bɔ:rd] 몡 판, 게시판 동 탑승하다
· 교실 칠판[게시판]
  a _____ in the classroom

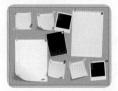

12 smell[smel] 몡 냄새
  동 냄새나다[냄새를 맡다]
· 그건 좋은 냄새가 난다.
  It _____s good.

13 **cut**[kʌt] 동 (cut-cut) 베다[자르다]
명 (베인) 상처, 자르기
* **cut down** 베어 넘어뜨리다

• 사과를 반으로 자르다
to _____ an apple in half

동사

14 **collect**[kəlékt] 모으다[수집하다]
▶**collection** 명 수집(품)

• 재활용품을 모으다 to _____ recycling

15 **finish**[fíniʃ] 끝내다[끝나다]

• 숙제를 끝내다
to _____ the homework

명사 · 형용사

16 **east**[iːst] 명 동쪽 형 동쪽의 부 동쪽으로
▶**eastern** 형 동쪽의

• 어느 쪽이 동쪽이니?
Which way is _____?

17 **yellow**[jélou] 형 명 노란색(의)

• 노란 셔츠 a _____ shirt

형용사

18 **rich**[ritʃ] 부유한(↔poor), 풍부한
* **the rich** 부자들

• 부자 a _____ man

19 **angry**[ǽngri] 화난[성난]

• 화나다 to get _____

부사

20 **usually**[júʒuəli] 보통

• 난 보통 걸어서 학교에 간다.
I _____ walk to school.

Today's Dessert

Knowledge is power.
아는 것이 힘이다.

127

A 영어는 우리말로, 우리말은 영어로!

1. mouse	11. 아내
2. bank	12. 사막
3. service	13. 100만
4. power	14. 달러
5. board	15. 동전
6. smell	16. 박물관[미술관]
7. cut	17. 모으다[수집하다]
8. east	18. 끝내다[끝나다]
9. yellow	19. 부유한, 풍부한
10. usually	20. 화난[성난]

B 단어와 단어의 만남

1. a ten-dollar bill
2. an art museum
3. the community service
4. the east of the village
5. rich people
6. 사하라 사막 the Sahara d_____
7. 동전과 지폐 c_____s and bills
8. 풍력 wind p_____
9. 맛있는 냄새 a delicious s_____
10. 노란 꽃들 y_____ flowers

C 보기 단어들 뜻 음미해 보고 빈칸 속에 퐁당!

보기	collect　　cut　　finish　　smell

1. I stopped to _____ a flower. 나는 꽃향기를 맡으려고 멈춰 섰다.
2. I _____ my hand on that glass. 나는 그 유리에 손을 베었다.
3. Did you _____ reading that book? 너 그 책 읽는 것을 끝냈니?
4. We can _____ papers for recycling. 우리는 재활용을 위해 신문지를 모을 수 있다.

정답　**A** 앞면 참조　**B** 1. 10달러 지폐 2. 미술관 3. 지역 사회 봉사 (활동) 4. 그 마을의 동쪽 5. 부자들 6. desert 7. coin
8. power 9. smell 10. yellow　**C** 1. smell 2. cut 3. finish 4. collect

D 같은 관계 맺어 주기

1. 1,000 : thousand = 1,000,000 : m_____

2. king : queen = husband : w_____

3. wife : wives = mouse : m_____

4. bear : bore : born = cut : c_____ : c_____

E 빈칸에 들어갈 알맞은 단어는?

1. Fruits are r_____ in vitamin C. 과일은 비타민 C가 풍부하다.

2. Please don't be a_____ with me. 제발 내게 화내지 마세요.

3. I u_____ have three meals a day. 나는 보통 하루에 세끼를 먹는다.

F 같은 모양, 다른 의미

1. I need to go to the <u>bank</u>.

   They walked home along the river <u>bank</u>.

2. They <u>board</u>ed the plane.

   The exam results went up on the <u>board</u>.

⊙반갑다 기능어야!

on

1. 장소(~ 위에)

   a clock **on** the table 탁자 위에 있는 시계   to live **on** the earth 지구에서 살다

   ＊to get **on** the bus/subway/train/plane 버스/지하철/열차/비행기에 타다

   ＊**on** foot 걸어서

   ＊to put **on** your coat/pants/shoes/gloves 코트/바지/신/장갑을 입다/신다/끼다

2. 시간(~ 날에)

   on May 5 5월 5일에   **on** Monday/Sunday 월요일/일요일에

   on my birthday 내 생일날에

G 반갑다 기능어야! 익힌 후, 빈칸에 알맞은 기능어 넣기

1. Look at all the books _____ your desk!

   네 책상 위에 있는 모든 책들 좀 봐!

2. What did you do _____ Sunday? 일요일에 무엇을 했니?

정답 **D** 1. million 2. wife 3. mice 4. cut, cut **E** 1. rich 2. angry 3. usually **F** 1. 난 은행에 갈 필요가 있다.(은행)
/ 그들은 강둑을 따라 집으로 걸어갔다.(둑) 2. 그들은 비행기에 탑승했다.(탑승하다) / 시험 결과가 게시판에 게시되었다.(게시판)
G 1. on 2. on

DAY 32

명사

01 **cousin** [kʌ́zn] 사촌

02 **mouth** [mauθ] 입

03 **chocolate** [tʃɔ́ːkələt] 초콜릿

04 **trash** [træʃ] 쓰레기

05 **pocket** [pɑ́kit] 호주머니[포켓]

06 **page** [peidʒ] 페이지[쪽]

07 **list** [list] 목록, 명단
  * **checklist** 명 대조표

08 **pleasure** [pléʒər] 기쁨[즐거움]

09 **luck** [lʌk] (행)운

Good Luck

- 내 사촌 my _____

- 입을 벌려라. Open your _____.

- 초콜릿 케이크 a _____ cake

- 쓰레기를 줍다
  to pick up _____

- 외투 호주머니 a coat _____

- 100쪽을 보시오. See _____ 100.

- 쇼핑 목록 a shopping _____

- 나의 가장 큰 기쁨
  my greatest _____

- 행운을 빌어! Good _____!

명사 · 동사

10 **seat** [siːt] 명 좌석[자리] 동 앉히다
  [비교] **sit** 동 앉다

11 **tie** [tai] 명 ① 넥타이 ② 동점
  동 ① 묶다[매다] ② 동점이 되다

12 **block** [blɑk] 명 블록[구획]
  동 막다[방해하다]

- 창가 쪽 좌석 a window _____

- 넥타이를 매고 있다
  to wear a _____

- 그것은 두 블록 떨어져 있다.
  It's two _____s away.

¹³ **smoke**[smouk] 명 연기
통 담배를 피우다, 연기를 내다

• 짙은 검은 연기 thick black _____

동사

¹⁴ **invite**[inváit] 초대하다
▶ **invitation** 명 초대

• 그녀를 내 생일 파티에 초대하다
to _____ her to my birthday party

¹⁵ **introduce**[intrədjúːs] 소개하다

• 그를 모두에게 소개하다
to _____ him to everyone

형용사

¹⁶ **real**[ríːəl] 진짜[현실]의
▶ **really** 부 진짜[정말]

• 진짜 이유 _____ reason

¹⁷ **useful**[júːsfəl] 유용한[쓸모 있는]
(↔useless)
▶ **use** 명 사용[이용]

• 유용한 정보 _____ information

¹⁸ **strange**[streindʒ] ① 이상한 ② 낯선

• 이상한 꿈을 꾸다
to have a _____ dream

¹⁹ **several**[sévərəl] 몇몇의

• 몇 개의 쿠키 _____ cookies

부사

²⁰ **away**[əwéi] 떨어져, 떠나서

• 서울에서 100km 떨어져
100 kilometers _____ from Seoul

Today's
Dessert

There is no pleasure without pain.
고통 없는 기쁨은 없다.

131

A 영어는 우리말로, 우리말은 영어로!

1. pocket	11. 사촌
2. page	12. 입
3. seat	13. 초콜릿
4. tie	14. 쓰레기
5. block	15. 목록, 명단
6. smoke	16. 기쁨[즐거움]
7. real	17. (행)운
8. useful	18. 초대하다
9. several	19. 소개하다
10. away	20. 이상한, 낯선

B 단어와 단어의 만남

1. a big mouth
2. a shopping list
3. Good luck!
4. a useful book
5. a strange dream

6. 그녀의 사촌 her c_____
7. 초콜릿 케이크 a c_____ cake
8. 큰 기쁨 great p_____
9. 좌석 벨트 a s_____ belt
10. 낯선 사람 a s_____ man

C 보기 단어들 뜻 씹어 보고 들어갈 곳에 쏙!

|보기| block   page   pocket   tie   trash

1. Turn to _____ 64. 64쪽을 펴라.
2. It's three _____s away. 그것은 세 블록 떨어져 있다.
3. He wears a shirt and _____ at work. 그는 직장에서 셔츠에 넥타이를 매고 있다.
4. He took his hands out of his _____s. 그는 호주머니에서 손을 뺐다.
5. We must not throw _____ on the street.
   우리는 거리에 쓰레기를 버리지 말아야 한다.

정답 **A** 앞면 참조 **B** 1. 큰 입 2. 쇼핑 목록 3. 행운을 빌어! 4. 유용한 책 5. 이상한 꿈 6. cousin 7. chocolate 8. pleasure 9. seat 10. strange **C** 1. page 2. block 3. tie 4. pocket 5. trash

D 보기 단어들 뜻 음미해 보고 빈칸 속에 퐁당!

| 보기 | block   introduce   invite

1. Let me _____ my family to you. 당신에게 우리 가족을 소개하겠습니다.

2. A fallen tree is _____ing the road. 쓰러진 나무가 길을 막고 있다.

3. I _____d my friends to my birthday party.
   난 친구들을 내 생일 파티에 초대했다.

E 빈칸에 들어갈 알맞은 단어는?

1. Tell me the r_____ reason. 내게 진짜 이유를 말해 봐.

2. I visited him in Busan s_____ times. 난 부산에 사는 그를 몇 번 방문했다.

3. The school is 2 kilometers a_____ from here.
   학교는 여기서 2km 떨어져 있다.

F 같은 모양, 다른 의미

1. Two teams <u>tied</u>.

   His horse was <u>tied</u> to a tree.

2. Don't <u>smoke</u> here.

   He smelled the <u>smoke</u>.

⊙반갑다
기능어야!

for

1. ~을 위해, ~을 향해
   He works **for** a bank. 그는 은행을 위해 일한다[은행에 근무한다].
   I'm looking **for** a backpack. 난 배낭을 찾고 있다.
   I'll leave **for** London. 난 런던을 향해 떠날 거다.

2. ~ 동안
   for three days 3일 동안   **for** a while 잠시 동안   **for** a long time 오랫동안

3. ~ 때문에
   Thank you **for** the nice dinner. 멋진 저녁 식사에 감사합니다.
   Korea is famous **for** *Taekwondo*. 한국은 태권도 때문에[태권도로] 유명하다.

G 반갑다 기능어야! 익힌 후, 빈칸에 알맞은 기능어 넣기

1. I want to do something good _____ others.
   난 다른 사람들을 위해 뭔가 좋은 일을 하고 싶어.

2. I plan to stay here _____ a week.
   난 1주일 동안 여기에 머무를 계획이야.

정답 **D** 1. introduce 2. block 3. invite   **E** 1. real 2. several 3. away   **F** 1. 두 팀이 동점이 되었다.(동점이 되다) /
그의 말은 나무에 묶여 있었다.(묶다) 2. 여기서 담배 피우지 마.(담배 피우다) / 그는 연기 냄새를 맡았다.(연기)   **G** 1. for 2. for

DAY 33

명사

01 **nurse**[nə:rs] 간호사
- 친절한 간호사 a kind _____

02 **candy**[kǽndi] 사탕[캔디]
- 사탕 한 상자 a box of _____

03 **nation**[néiʃən] 국가, 민족
▶**national** 휑 국가[민족]의
- 부유한 국가 a rich _____

04 **law**[lɔ:] 법(률)
▶**lawyer** 똉 변호사
- 법을 어기다 to break the _____

05 **address**[ədrés] ① 주소 ② 연설
- 내 이메일 주소 my email _____

06 **map**[mæp] 지도
- 세계 지도 a _____ of the world

07 **magazine**[mǽgəzi:n] 잡지
- 패션 잡지 a fashion _____

08 **moment**[móumənt] 때[순간], 잠시
- 그때 at that _____

09 **peace**[pi:s] 평화
▶**peaceful** 휑 평화로운
- 세계 평화 world _____

명사 · 동사

10 **circle**[sə́:rkl] 똉 ① 원 ② 집단
똥 원을 그리다, 돌다
- 원을 그리다 to draw a _____

11 **drop**[drɑp] 똥 떨어뜨리다[떨어지다]
똉 ① 방울 ② 떨어짐
- 유리잔을 떨어뜨리다
to _____ a glass

12 **paint**[peint] 똥 그리다, 페인트칠하다
똉 페인트, 그림물감
▶**painter** 똉 화가 ▶**painting** 똉 그림
- 문을 녹색으로 페인트칠하다
to _____ the door green

동사

13 **throw**[θrou]**-threw-thrown** 던지다
  * **throw away** 내던지다, 버리다

  • 공을 던지다 to _____ a ball

14 **catch**[kætʃ]**-caught-caught**
  ① (붙)잡다 ② (병에) 걸리다

  • 공을 잡다 to _____ a ball

15 **hurt**[həːrt]**-hurt-hurt** 다치게 하다,
  아프다 ⟨형⟩ 다친 ⟨명⟩ 상처

  • 너 다쳤니?
  Did you _____ yourself?

명사 · 형용사

16 **key**[kiː] ⟨명⟩ 열쇠 ⟨형⟩ 가장 중요한

  • 자동차 열쇠들 the car _____s

17 **general**[dʒénərəl] ⟨명⟩ 육군[공군] 장군
  ⟨형⟩ 일반적인
  * **in general** 일반적으로

  • 위대한 장군 a great _____

형용사

18 **funny**[fʌ́ni] 웃기는[재미있는], 이상한

  • 웃기는 이야기 a _____ story

19 **dangerous**[déindʒərəs] 위험한
  ▶**danger** ⟨명⟩ 위험

  • 위험한 개 a _____ dog

형용사 · 부사

20 **loud**[laud] ⟨형⟩ 큰 소리의[시끄러운]
  (↔quiet) ⟨부⟩ 큰 소리로(=**loudly**)

  • 큰 목소리로 in a _____ voice

Today's
Dessert

Many drops make shower.
많은 물방울이 소나기를 이룬다.

A 영어는 우리말로, 우리말은 영어로!

1. moment	11. 간호사
2. circle	12. 사탕[캔디]
3. drop	13. 국가, 민족
4. paint	14. 법(률)
5. catch	15. 주소, 연설
6. hurt	16. 지도
7. key	17. 잡지
8. general	18. 평화
9. funny	19. 던지다
10. loud	20. 위험한

B 단어와 단어의 만남

1. a box of candy
2. a rich nation
3. a fashion magazine
4. world peace
5. a funny story
6. loud music

7. 친절한 간호사 a kind n_____
8. 내 이메일 주소 my email a_____
9. 대통령 연설 the president's a_____
10. 도로 지도 a road m_____
11. 빗방울 a d_____ of rain
12. 위험한 장소 a d_____ place

C 보기 단어들 뜻 씹어 보고 들어갈 곳에 쏙!

보기	circle law moment

1. We sat in a _____. 우리는 원형으로[둥글게] 앉았다.
2. He thought it over for a _____. 그는 잠시 그것에 대해 숙고했다.
3. Drunk driving is against the _____. 음주 운전은 법에 위배된다.

정답 **A** 앞면 참조 **B** 1. 사탕 한 상자 2. 부유한 국가 3. 패션 잡지 4. 세계 평화 5. 웃기는 이야기 6. 시끄러운 음악 7. nurse 8. address 9. address 10. map 11. drop 12. dangerous **C** 1. circle 2. moment 3. law

D 알맞은 형태 쓰기

1. throw - (과거형)_____ - (과거분사형)_____

2. catch - (과거형)_____ - (과거분사형)_____

3. hurt - (과거형)_____ - (과거분사형)_____

E 보기 단어들 뜻 음미해 보고 빈칸 속에 퐁당!

| 보기 | drop   hurt   paint   throw(threw)

1. He _____ the ball so hard. 그는 매우 세게 공을 던졌다.

2. We _____ed the door green. 우리는 문을 녹색으로 페인트칠했다.

3. My shoes are _____ing my feet. 내 신이 발을 아프게 하고 있다.

4. The apples _____ed from the trees. 사과가 나무에서 떨어졌다.

F 같은 모양, 다른 의미

1. the car keys / the key point

2. a great general / the general opinion

3. Be careful not to catch a cold.

   The cat tries to catch a mouse.

반갑다 기능어야!

against

~에 반(대)해, ~에 맞서

a war **against** right[justice] 정의에 반하는 전쟁
Are you for or **against** it? 넌 그것에 찬성이니 반대니?
It's **against** the law. 그건 위법이야.
Yi Sunsin protected our country **against** the Japanese invasion.
이순신 장군은 일본의 침략에 맞서 우리나라를 지켰다.

G 반갑다 기능어야! 익힌 후, 빈칸에 알맞은 기능어 넣기

1. Smoking in public places is _____ the law.

   공공장소에서의 흡연은 위법이다.

2. We played _____ them. 우리는 그들과 시합을 했다.

정답 **D** 1. threw, thrown 2. caught, caught 3. hurt, hurt **E** 1. threw 2. paint 3. hurt 4. drop(dropped)
F 1. 자동차 열쇠들(열쇠) / 요점(가장 중요한) 2. 위대한 장군(장군) / 일반적인 의견(일반적인) 3. 감기에 걸리지 않도록 조심해라.(병에 걸리다) / 고양이가 쥐를 잡으려 한다.(잡다) **G** 1. against 2. against

명사

01 classmate[klǽsmèit] 반 친구[급우]

• 나의 새로운 반 친구 my new _____

02 firefighter[fireman]
[fáiərfàitə(r)] 소방관

• 용감한 소방관 a brave _____

03 reporter[ripɔ́ːrtər] 기자
▶report 몡 동 보고[보도](하다)

• 뉴스 기자 a news _____

04 ghost[goust] 유령

• 핼러윈 유령들 Halloween _____s

05 sugar[ʃúgər] 설탕

• 설탕을 넣지 않은[무가당] 주스
_____-free juice

06 chopstick[tʃápstìk] 젓가락

• 젓가락을 사용하다 to use _____s

07 sock[sɑk] 양말

• 양말 한 켤레 a pair of _____s

08 postcard[póustkàːrd] 엽서

• 그에게 엽서를 보내다
to send him a _____

09 date[deit] ① 날짜 ② 데이트

• 날짜와 시간 the _____ and time

10 airport[ɛ́ərpɔ̀ːrt] 공항

• 국제공항 an international _____

11 system[sístəm] 체계, 시스템

• 지하철 체계 the subway _____

명사 · 동사

12 mistake[mistéik] 몡 실수
동 (mistook-mistaken) 실수하다

• 실수하다 to make a _____

13 **cover**[kʌ́vər] 동 덮다 명 덮개

· 눈으로 덮이다
  to be _____ed with snow

14 **laugh**[læf] 동 웃다, 비웃다 명 웃음
  ▶**laughter** 명 웃음(소리)

· 큰 소리로 웃다 to _____ loudly

15 **travel**[trǽvəl] 동 여행하다 명 여행

· 세계 일주 여행을 하다
  to _____ around the world

16 **drive**[draiv] 동 (**drove-driven**)
  운전하다, 몰다 명 드라이브

· 차를 운전하다 to _____ a car

형용사

17 **slow**[slou] 느린(↔**fast/quick**)

· 느린 주자 a _____ runner

18 **excited**[iksáitid] 흥분한
  ▶**excite** 동 흥분시키다
  ▶**exciting** 형 흥분시키는[흥미진진한]

· 흥분하다 to get _____

19 **possible**[pásəbl] 가능한
  (↔**impossible**)
  * **as ~ as possible** 가능한 한 ~

· 그건 가능하다. It's _____.

IMPOSSIBLE

부사

20 **once**[wʌns] ① 한 번 ② (과거) 언젠가
  접 일단 ~하면
  * **at once** 즉시, 동시에
  * **once upon a time** 옛날에

· 한 달에 한 번 _____ a month

139

A 영어는 우리말로, 우리말은 영어로!

1.	date	11.	반 친구[급우]
2.	system	12.	소방관
3.	mistake	13.	기자
4.	cover	14.	유령
5.	laugh	15.	설탕
6.	travel	16.	젓가락
7.	drive	17.	양말
8.	excited	18.	엽서
9.	possible	19.	공항
10.	once	20.	느린

B 단어와 단어의 만남

1. my new classmate
2. a news reporter
3. the subway system
4. a big mistake
5. 유령 이야기 a g_____ story
6. 양말 한 켤레 a pair of s_____s
7. 국제공항 an international a_____
8. 느린 주자 a s_____ runner

C 보기 단어들 뜻 씹어 보고 들어갈 곳에 쏙!

보기	chopstick date firefighter postcard sugar

1. What's today's _____? 오늘이 며칠이니?
2. She sent me a _____. 그녀가 내게 엽서 한 장을 보냈다.
3. He picks up food with _____s. 그는 젓가락으로 음식을 집는다.
4. Do you take _____ in your coffee? 너는 커피에 설탕을 타니?
5. The _____ saved him from the fire. 그 소방관이 그를 화재에서 구해 주었다.

정답 **A** 앞면 참조 **B** 1. 나의 새로운 반 친구 2. 뉴스 기자 3. 지하철 체계 4. 큰 실수 5. ghost 6. sock 7. airport 8. slow **C** 1. date 2. postcard 3. chopstick 4. sugar 5. firefighter

D 알맞은 형태 쓰기

1. mistake –(과거형)_____ –(과거분사형)_____

2. drive –(과거형)_____ –(과거분사형)_____

E 보기 단어들 뜻 음미해 보고 빈칸 속에 퐁당!

| 보기 | cover   drive   laugh   travel

1. She _____s the truck. 그녀는 트럭을 운전한다.

2. You never _____ at my jokes! 넌 내 농담에 전혀 웃지 않는구나!

3. I want to _____ around the world. 나는 세계 일주 여행을 하고 싶다.

4. Snow _____s the top of the mountain. 눈이 산꼭대기를 덮고 있다.

F 빈칸에 들어갈 알맞은 단어는?

1. I am very e_____ about our trip. 난 여행 가는 것에 대해 매우 흥분된다.

2. It is p_____ to get there by bus. 버스를 타고 거기에 가는 것은 가능하다.

G 같은 모양, 다른 의미

She was <u>once</u> a teacher.

He visits his hometown <u>once</u> a year.

반갑다 기능어야! **by**

1. ~에 의해(수동태): Honey is made **by** bees. 꿀은 벌에 의해 만들어진다.

2. ~로: Let's go **by** bus/subway/taxi. 버스/지하철/택시를 타고 가자.
   Don't judge a book **by** its cover. 책을 표지로 판단하지 마라.

3. 옆에: He sat down **by** the wall. 그는 담벼락 옆에 앉았다.

4. ~까지: You must get there **by** nine. 넌 거기에 9시까지 도착해야 해.

H 반갑다 기능어야! 익힌 후, 빈칸에 알맞은 기능어 넣기

1. It takes ten minutes _____ bus. 버스로 10분 걸린다.

2. Come to the bus stop _____ eight. 8시까지 버스 정류장으로 오너라.

정답 **D** 1. mistook, mistaken 2. drove, driven **E** 1. drive 2. laugh 3. travel 4. cover **F** 1. excited 2. possible
G 그녀는 이전에 선생님이었다.((과거) 언젠가) / 그는 1년에 한 번 고향을 방문한다.(한 번) **H** 1. by 2. by

DAY 35

명사

01 **aunt**[ænt] 큰[작은] 어머니/외숙모/고모/이모
- 내 이모[고모]의 집
  my _____'s house

02 **grandchild**[grǽntʃàild]
(복수 grandchildren) 손주
[비교] **grandson** 명 손자
　　　granddaughter 명 손녀
- 그는 열 명의 손주가 있다.
  He has 10 _____(복수형).

03 **foreigner**[fɔ́(ː)rənər] 외국인
▶**foreign** 형 외국의
- 외국인에게 말을 걸다
  to talk to a _____

04 **pencil**[pénsəl] 연필
- 연필로 쓴 노트
  a note written in _____

05 **coat**[kout] 외투[코트]
▶**raincoat** 명 비옷
- 긴 겨울 외투
  a long winter _____

06 **grass**[græs] 풀[잔디], (the ~) 풀밭[잔디밭]
- 푸른 풀밭 the green _____

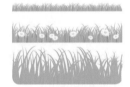

07 **stone**[stoun] 돌
- 돌을 던지다 to throw a _____

08 **yard**[jɑːrd] 마당[뜰]
- 앞/뒷마당 a front/back _____

09 **recipe**[résəpì] 조리[요리]법
[비교] **receipt** 명 영수증
- 닭고기 수프 조리법
  a _____ for chicken soup

10 **memory**[méməri] 기억(력), 추억
- 기억력이 좋다
  to have a good _____

명사 · 동사

11 **trouble**[trʌ́bl] 명 곤란[곤경]
동 괴롭히다
- 곤경에 처하다 to be in _____

¹² **trick**[trik] 몡 속임수, 장난, 마술 동 속이다

・마술 magic _____ s

¹³ **guess**[ges] 동 추측하다, 알아맞히다
몡 추측

・아이들의 수를 알아맞혀 보세요.
G_____ the number of kids.

¹⁴ **pass**[pæs] 동 ① 지나가다 ② 건네주다
③ 합격하다 몡 패스, 통행(증)
* **pass away** 돌아가시다

・그녀의 집을 지나가다
to _____ her house

동사

¹⁵ **add**[æd] 더하다

・4와 5를 더해라. A_____ 4 and 5.

¹⁶ **kill**[kil] 죽이다

・동물들을 죽이다 to _____ animals

형용사

¹⁷ **global**[glóubəl] 세계[지구]의

・지구 온난화 _____ warming

¹⁸ **exciting**[iksáitiŋ] 흥분시키는[흥미진진한]
▶**excite** 동 흥분시키다 ▶**excited** 형 흥분한

・흥미진진한 경기 an _____ game

¹⁹ **terrible**[térəbl] 끔찍한[지독한]
▶**terribly** 부 지독하게

・끔찍한 사고 a _____ accident

부사

²⁰ **later**[léitər] 나중에, 후에 형 더 뒤[나중]의

・3개월 후에 three months _____

Today's Dessert

Water will wear away stone.
낙숫물이 댓돌을 뚫는다.

A　영어는 우리말로, 우리말은 영어로!

1.	aunt	11.	외국인
2.	grandchild	12.	연필
3.	coat	13.	돌
4.	grass	14.	마당[뜰]
5.	trouble	15.	조리[요리]법
6.	trick	16.	기억(력), 추억
7.	guess	17.	더하다
8.	pass	18.	죽이다
9.	terrible	19.	세계[지구]의
10.	later	20.	흥분시키는[흥미진진한]

B　단어와 단어의 만남

1. my aunt's house
2. his only grandchild
3. a back yard
4. a magic trick
5. global problems

6. 긴 외투 a long c＿＿＿＿
7. 푸른 풀밭 the green g＿＿＿＿
8. 돌담 a s＿＿＿＿ wall
9. 요리책 a r＿＿＿＿ book
10. 흥미진진한 여행 an e＿＿＿＿ trip

C　보기 단어들 뜻 씹어 보고 들어갈 곳에 쏙!

| 보기 |　foreigner　　　memory　　　pencil　　　trouble

1. He is in big ＿＿＿＿. 그는 커다란 곤경에 처해 있다.
2. I have a good ＿＿＿＿. 나는 기억력이 좋다.
3. The note was written in ＿＿＿＿. 노트는 연필로 쓰여 있었다.
4. Can you speak to ＿＿＿＿s in English? 너는 외국인과 영어로 말할 수 있니?

정답　**A** 앞면 참조　**B** 1. 내 이모[고모]의 집 2. 그의 유일한 손주 3. 뒷마당 4. 마술 5. 세계적인 문제들 6. coat 7. grass
8. stone 9. recipe 10. exciting　**C** 1. trouble 2. memory 3. pencil 4. foreigner

D 보기 단어들 뜻 음미해 보고 빈칸 속에 퐁당!

| 보기 | add   guess   kill |

1. Can you _____ what happened? 무슨 일이 일어났는지 추측할 수 있겠니?

2. Do you want to _____ your name to the list?
   당신의 이름을 명단에 더하기를 원하나요?

3. Many people are _____ed and hurt in traffic accidents every year.
   많은 사람들이 매년 교통사고로 죽거나 다친다.

E 빈칸에 들어갈 알맞은 단어는?

1. What t_____ news! 정말 끔찍한 소식이구나!

2. See you l_____. 나중에 보자.

F 같은 모양, 다른 의미

Will you <u>pass</u> me the book?

Did you <u>pass</u> all your exams?

He gave me a smile as he <u>passed</u>.

반갑다 기능어야!

with/without/within

- **with**
  1. ~와 함께: I want to study **with** you. 난 너와 함께 공부하고 싶어.
  2. ~로(써): I wash my hair **with** soap[shampoo]. 난 비누[샴푸]로 머리를 감는다.
  3. ~한 채: **with** your eyes closed 눈을 감은 채
- **without: ~ 없이**
  We can't live **without** water. 우리는 물 없이 살 수 없다.
- **within: ~ 이내[안]에**
  within 24 hours/a week 24시간/1주일 이내에

G 반갑다 기능어야! 익힌 후, 빈칸에 알맞은 기능어 넣기

1. I played soccer _____ my classmates.
   난 반 친구들과 함께 축구를 했다.

2. _____ rules, people cannot get along with others.
   규칙이 없다면 사람들은 다른 사람들과 사이좋게 지낼 수 없다.

정답   **D** 1. guess 2. add 3. kill   **E** 1. terrible 2. later   **F** 그 책 좀 건네줄래?(건네주다) / 넌 모든 시험에 합격했니?(합격하다) / 그는 지나갈 때 내게 미소를 지었다.(지나가다)   **G** 1. with 2. Without

명사

01 leader[líːdər] 지도자
▶lead 통 이끌다
• 새로운 지도자 a new _____

02 engineer[èndʒiníər] 기사[기술자]
• 소프트웨어 기술자 a software _____

03 tiger[táigər] 호랑이
• 사자와 호랑이 a lion and a _____

04 zoo[zuː] 동물원
• 동물원의 동물들 animals in the _____

05 bath[bæθ] 목욕
• 목욕하다 to take[have] a _____

06 shower[ʃáuər] ① 샤워 ② 소나기
• 샤워하다 to take a _____

07 effort[éfərt] 노력
• 노력하다 to make an _____

08 business[bíznis] 사업, 일[업무]
• 업무 여행[출장] a _____ trip

09 fault[fɔːlt] 잘못, 결점
• 그건 모두 내 잘못이야.
It's all my _____.

명사 · 동사

10 kid[kid] 명 아이(=child) 통 농담하다,
놀리다
• 어린 아이 a little _____

11 flood[flʌd] 통 물에 잠기게 하다,
흘러넘치다 명 홍수
• 홍수에 떠내려간 집들
homes washed away by _____

12 excuse[ikskjúːz] 통 ① 용서하다
② 변명하다 명 변명
• 노력하라, 변명하지 말고.
Make an effort, not an _____.

13 **seem**[si:m] 보이다, ~인 것 같다

- 너는 행복해 보여. You _____ happy.

14 **climb**[klaim] 오르다[등반하다]

- 암벽을 오르다 to _____ a rock wall

명사 · 형용사

15 **gold**[gould] 명 형 금(빛)(의)

- 금메달 a _____ medal

16 **Olympic**[əlímpik] 형 올림픽의
명 (the -s) 올림픽 경기

- 올림픽 경기 the _____ Games

17 **square**[skwɛər] 형 ① 정사각형의
② 제곱의 명 ① 정사각형 ② 광장 ③ 제곱

- 정사각형 탁자 a _____ table

square **star** **triangle** **circle**

형용사

18 **main**[mein] 주된[가장 중요한]

- 주된 이유 the _____ reason

19 **safe**[seif] 안전한(↔dangerous)
▶**safety** 명 안전

- 안전한 장소 a _____ place

부사

20 **however**[hauévər] 그러나[그렇지만]

- 그러나 그는 포기하지 않았다.
  H_____, he did not give up.

Everybody's business is nobody's business.
모두의 일은 아무의 일도 아니다.(공동 책임은 무책임)

A 영어는 우리말로, 우리말은 영어로!

1. business	11. 지도자
2. kid	12. 기사[기술자]
3. flood	13. 호랑이
4. excuse	14. 동물원
5. seem	15. 목욕
6. gold	16. 샤워, 소나기
7. Olympic	17. 노력
8. square	18. 잘못, 결점
9. main	19. 오르다[등반하다]
10. however	20. 안전한

B 단어와 단어의 만남

1. a software engineer
2. a lion and a tiger
3. an Olympic gold medal
4. the main point
5. 새로운 지도자 a new l_____
6. 홍수 조절 f_____ control
7. 정사각형 방 a s_____ room
8. 안전한 장소 a s_____ place

C 보기 단어들 뜻 씹어 보고 들어갈 곳에 쏙!

| 보기 | bath   business   effort   fault   zoo |

1. It's all my _____. 그건 모두 내 잘못이야.
2. He went to Japan on _____. 그는 업무로 일본에 갔다.
3. I took a _____ this morning. 나는 오늘 아침에 목욕을 했다.
4. The children enjoy going to the _____. 아이들은 동물원에 가는 것을 즐긴다.
5. They made every _____ to help others.
   그들은 다른 사람들을 돕기 위해 온갖 노력을 다했다.

정답 **A** 앞면 참조 **B** 1. 소프트웨어 기술자 2. 사자와 호랑이 3. 올림픽 금메달 4. 요점 5. leader 6. flood 7. square 8. safe **C** 1. fault 2. business 3. bath 4. zoo 5. effort

148

D 보기 단어들 뜻 음미해 보고 빈칸 속에 퐁당!

| 보기 | climb   excuse   flood   seem

1. _____ me. 용서하세요[실례합니다].
2. They _____ed tired. 그들은 피곤한 거 같았다.
3. I will _____ Mt. Halla this winter. 난 올겨울에 한라산에 오를 거야.
4. His town was _____ed last night. 그의 읍은 어젯밤에 홍수가 났다.

E 빈칸에 들어갈 알맞은 단어는?

He was very sick. H_____, he went to school.

그는 매우 아팠다. 그렇지만 그는 학교에 갔다.

F 같은 모양, 다른 의미

1. I take a <u>shower</u> every morning.
   We were caught in the <u>shower</u>.
2. I'm just <u>kid</u>ding.
   Do you have any <u>kid</u>s?

반갑다 기능어야!

after

1. 후에
   after a while 잠시 후에   **after** school 방과 후에
   He did the dishes **after** dinner. 그는 저녁 식사 후에 설거지를 했다.
   I'll call you **after** I've finished my homework. 숙제를 끝낸 후에 전화할게.

2. 뒤에
   The police are running **after** him. 경찰이 그의 뒤를 쫓고 있다.

G 반갑다 기능어야! 익힌 후, 빈칸에 알맞은 기능어 넣기

1. We cleaned up our picnic place _____ lunch.
   우리는 점심을 먹은 후에 소풍 장소를 청소했다.
2. _____ I played basketball, I took a shower.
   난 농구를 한 후에 샤워를 했다.

정답 **D** 1. Excuse 2. seem 3. climb 4. flood **E** However **F** 1. 나는 매일 아침 샤워를 한다.(샤워) / 우리는 소나기를 만났다.(소나기) 2. 난 그냥 농담하는 거야.(농담하다) / 당신은 아이가 있나요?(아이) **G** 1. after 2. After

149

명사

01 **angel**[éindʒəl] 천사

• 어린 천사 a little _____

02 **tourist**[túərist] 관광객

• 외국 관광객 a foreign _____

03 **noodle**[núːdl] 국수[면]

• 베트남 국수 Vietnamese _____s

04 **meat**[miːt] (식용 짐승의) 고기

• 고기를 먹다 to eat _____

05 **button**[bʌ́tn] 단추[버튼]

• 셔츠 단추들 shirt _____s

06 **taxi**[tǽksi] 택시

• 택시를 타다 to take[get] a _____

07 **poem**[póuəm] 시
▶**poetry** 명 (집합적) 시 ▶**poet** 명 시인

• 시를 쓰다 to write a _____

08 **beauty**[bjúːti] ① 아름다움 ② 미인
▶**beautiful** 형 아름다운

• 자연의 아름다움 the _____ of nature

09 **band**[bænd] ① 악단[악대] ② 밴드[띠]

• 재즈 악단 a jazz _____

10 **noise**[nɔiz] 시끄러운 소리[소음]
▶**noisy** 형 시끄러운

• 교통 소음 the _____ of the traffic

명사 · 동사

11 **bat**[bæt] 명 ① 박쥐 ② (야구) 배트
동 배트로 공을 치다
▶**batter** 명 (야구) 타자

• 야구 배트 a baseball _____

12 **waste**[weist] 명 ① 낭비 ② 쓰레기
동 낭비하다

• 시간과 돈을 낭비하지 마.
Don't _____ time and money.

¹³ **pay**[pei] 图 **(paid-paid)** 지불하다
　명 봉급
　▶**payment** 명 지불(금)
　* **pay attention to N** ~에 주의하다

・표값을 지불하다
to ＿＿＿＿ for the tickets

동사

¹⁴ **arrive**[əráiv] 도착하다

・늦게 도착하다 to ＿＿＿＿ late

¹⁵ **forget**[fərgét]-forgot-forgotten 잊다

・그의 이름을 잊어버리다
to ＿＿＿＿ his name

MEMORIES

형용사 · 동사

¹⁶ **cool**[ku:l] 형 ① 시원한 ② 냉정한 ③ 멋진
　동 식다[식히다]

・시원한 음료 a ＿＿＿＿ drink

¹⁷ **clear**[kliər] 형 ① 명확한 ② 맑은
　동 치우다

・맑은 하늘 a ＿＿＿＿ sky

형용사

¹⁸ **quiet**[kwáiət] 조용한(↔noisy)

・조용히 해! Be ＿＿＿＿!

quiet　　**noisy**

¹⁹ **modern**[mádərn] 현대의[현대적인]

・현대사 ＿＿＿＿ history

부사

²⁰ **ago**[əgóu] ~ 전에
　* **a long time ago** 오래전에, 옛날에

・몇 분 전에
a few minutes ＿＿＿＿

Today's Dessert
Hunger is good kitchen meat.
배고픔이 좋은 주방의 고기(양념)이다.(시장이 반찬이다.)

A   영어는 우리말로, 우리말은 영어로!

1.	meat	11.	천사
2.	beauty	12.	관광객
3.	band	13.	국수[면]
4.	noise	14.	단추[버튼]
5.	bat	15.	택시
6.	waste	16.	시
7.	pay	17.	잊다
8.	arrive	18.	조용한
9.	cool	19.	현대의[현대적인]
10.	clear	20.	~ 전에

B   단어와 단어의 만남

1. rice noodles
2. a beauty contest
3. a baseball bat
4. a cool drink
5. modern life

6. 어린 천사 a little a_____
7. 외국 관광객 a foreign t_____
8. 셔츠 단추 a shirt b_____
9. 조용한 장소 a q_____ place
10. 한 달 전에 a month a_____

C   보기 단어들 뜻 씹어 보고 들어갈 곳에 쏙!

| 보기 | bat   meat   noise   poem   taxi |

1. I don't eat much _____. 나는 고기를 많이 먹지 않는다.
2. I took a _____ to the airport. 나는 공항에 택시를 타고 갔다.
3. Don't make too much _____. 너무 시끄럽게 하지 마.
4. A _____ flies around at night. 박쥐는 밤에 날아다닌다.
5. She wrote a _____ about her parents. 그녀는 부모님에 대한 시를 썼다.

정답 **A** 앞면 참조 **B** 1. 쌀국수 2. 미인 대회 3. 야구 배트 4. 시원한 음료 5. 현대 생활 6. angel 7. tourist 8. button 9. quiet 10. ago **C** 1. meat 2. taxi 3. noise 4. bat 5. poem

D 알맞은 형태 쓰기

1. pay−(과거형)_____ −(과거분사형)_____

2. forget−(과거형)_____ −(과거분사형)_____

E 보기 단어들 뜻 음미해 보고 빈칸 속에 퐁당!

| 보기 | arrive   cool   forget   pay

1. _____ the soup before eating it. 수프를 먹기 전에 식혀라.

2. Let's try to _____ the bad things. 나쁜 일들은 잊으려 노력하자.

3. They will _____ in New York at noon. 그들은 정오에 뉴욕에 도착할 것이다.

4. How much did you _____ for that watch?
   너는 그 시계값으로 얼마를 지불했니?

F 같은 모양, 다른 의미

1. a jazz band / a rubber band

2. It's just a waste of time.
   Most waste can be recycled.

3. The sky is clear and blue.
   The question isn't very clear.

반갑다 기능어야!

before

1. 전에
   Say goodbye **before** you go. 가기 전에 작별 인사를 해.
   Before 6 o'clock, everything was sold out. 6시 전에 모든 게 다 팔렸다.
   the day **before** yesterday 그저께

2. 앞에
   We have a bright future **before** us. 우리 앞에 밝은 미래가 있다.

G 반갑다 기능어야! 익힌 후, 빈칸에 알맞은 기능어 넣기

1. Do it _____ you forget. 잊기 전에 그것을 해라.

2. You should wash your hands _____ meals.
   식사 전에 손을 씻어야 한다.

정답 **D** 1. paid, paid 2. forgot, forgotten **E** 1. Cool 2. forget 3. arrive 4. pay **F** 1. 재즈 악단(악단) / 고무 밴드 (띠) 2. 그건 단지 시간 낭비일 뿐이다.(낭비) / 대부분의 쓰레기는 재활용될 수 있다.(쓰레기) 3. 하늘이 맑고 푸르다.(맑은) / 그 질문 은 그리 명확하지 않다.(명확한) **G** 1. before 2. before

DAY 38

명사

01 **police**[pəlíːs] (복수 취급) 경찰 · 경찰관 a _____ officer

02 **pilot**[páilət] 조종사 · 비행기 조종사 an airline _____

03 **fan**[fæn] ① 팬[~광] ② 선풍기, 부채 · 축구 팬 a football _____

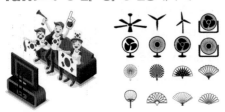

04 **cow**[kau] 암소[젖소] · 농장의 젖소들 _____s on the farm

05 **towel**[táuəl] 수건[타월] · 목욕 수건 a bath _____

06 **candle**[kǽndl] (양)초 · 초를 켜다 to light a _____

07 **living room** 거실 · 거실에서 in the _____

08 **floor**[flɔːr] ① 바닥 ② (건물의) 층 · 부엌 바닥 the kitchen _____

09 **hall**[hɔːl] 현관[복도], 홀[회관] · 콘서트홀 a concert _____
   * **city hall** 시청

10 **hometown**[hóumtàun] 고향 · 고향을 떠나다
   to leave your _____

11 **pair**[pɛər] 쌍[벌/켤레] · 구두 한 켤레 a _____ of shoes

명사 · 형용사

12 **principal**[prínsəpəl] 명 교장, 장 · 새 교장 선생님 a new _____
   형 주요한

13 **sweet**[swiːt] 형 단, 친절한 명 단것 · 단 케이크 a _____ cake

154

14 **act**[ækt] 동 ① 행동하다 ② 연기하다
   명 ① 행동[행위] ② 연기 ③ (연극의) 막

15 **touch**[tʌtʃ] 동 ① 만지다 ② 감동시키다
   명 접촉

· 영화에서 연기하다
  to _____ in movies

· 그림들을 만지지 마시오.
  Don't _____ the pictures.

16 **imagine**[imǽdʒin] 상상하다
   ▶**imagination** 명 상상(력)

· 새로운 세계들을 상상하다
  to _____ new worlds

17 **prepare**[pripέər] 준비하다

· 시험을 준비하다 to _____ for the exam

18 **rainy**[réini] 비가 많이 오는

19 **regular**[réɡjulər] ① 규칙적인
   (↔**irregular**) ② 보통의
   ▶**regularly** 부 규칙적으로

· 비가 많이 오는 날 a _____ day

· 규칙적인 운동 _____ exercise

20 **off**[ɔːf] 떨어져[멀리]

· 코트를 벗어라.
  Take your coat _____.

Today's Dessert

Keep something for a rainy day.
It is best to prepare for a rainy day.
비 오는 날을 위해 저축하라[준비하라].(유비무환(有備無患))

A 영어는 우리말로, 우리말은 영어로!

1. fan	11. 경찰
2. floor	12. 조종사
3. hall	13. 암소[젖소]
4. pair	14. 수건[타월]
5. principal	15. (양)초
6. sweet	16. 거실
7. act	17. 고향
8. touch	18. 상상하다
9. rainy	19. 준비하다
10. off	20. 규칙적인, 보통의

B 단어와 단어의 만남

1. a bath towel
2. in the living room
3. a concert hall
4. a pair of shoes
5. sweet foods

6. 경찰서 a p_____ station
7. 새 교장 선생님 a new p_____
8. 친절한 행동 an a_____ of kindness
9. 비가 많이 오는 날 a r_____ day
10. 규칙적인 운동 r_____ exercise

C 보기 단어들 뜻 씹어 보고 들어갈 곳에 쏙!

| 보기 | candle   cow   hometown   pilot |

1. A _____ flies the plane. 조종사는 비행기를 조종한다.
2. He came back to his _____. 그는 고향으로 돌아왔다.
3. A _____ gives us milk or beef. 젖소는 우리에게 우유나 쇠고기를 준다.
4. I put 10 _____s on the birthday cake. 난 생일 케이크에 양초 10개를 꽂았다.

정답 **A** 앞면 참조 **B** 1. 목욕 수건 2. 거실에서 3. 콘서트홀 4. 구두 한 켤레 5. 단 음식들 6. police 7. principal 8. act
9. rainy 10. regular **C** 1. pilot 2. hometown 3. cow 4. candle

D 보기 단어들 뜻 음미해 보고 빈칸 속에 퐁당!

| 보기 | imagine   prepare   touch

1. Don't _____ the paint. 페인트칠을 만지지 마세요.

2. _____ for the worst and hope for the best. 최악을 준비하고 최상을 희망해라.

3. Can you _____ your life without the computer?
   넌 컴퓨터 없는 생활을 상상할 수 있니?

E 빈칸에 들어갈 알맞은 단어는?

1. Eating s_____s is bad for your teeth. 단것을 먹는 것은 치아에 나쁘다.

2. Keep o_____ the grass. 잔디밭에 들어가지 마시오.

F 같은 모양, 다른 의미

1. a football fan / Korean fan dance

2. They sat on the floor.

   His office is on the third floor.

3. Stop acting like a baby.

   He acts in plays or movies.

◎반갑다 기능어야!

during

~ 동안 내내, ~ 동안의 어느 때에(특정 기간)
during summer vacation 여름 방학 동안
You should not make a noise **during** class time.
수업 시간 동안에 시끄럽게 해서는 안 된다.
She met him **during** her stay in Paris. 그녀는 파리에 머무는 동안 그를 만났다.

＊[비교] **for**: 불특정 기간
I stayed in London **for** *a week*. 난 1주일 동안 런던에 머물렀다.

G 반갑다 기능어야! 익힌 후, 빈칸에 알맞은 기능어 넣기

I want to have a wonderful time _____ summer vacation.

난 여름 방학 동안 멋진 시간을 보내고 싶어.

정답 **D** 1. touch 2. Prepare 3. imagine **E** 1. sweet 2. off **F** 1. 축구 팬(팬[~광]) / 한국 부채춤(부채) 2. 그들은 바닥에 앉았다.(바닥) / 그의 사무실은 3층에 있다.(층) 3. 아기처럼 행동하는 걸 그만해라.(행동하다) / 그는 연극이나 영화에서 연기를 한다.(연기하다) **G** during

DAY 39

명사

01 **monkey**[mʌ́ŋki] 원숭이

02 **turkey**[tə́ːrki] ① 칠면조 (고기)
② (Turkey) 터키 공화국

03 **wing**[wiŋ] 날개

04 **robot**[róubət] 로봇

05 **coffee**[kɔ́ːfi] 커피

06 **butter**[bʌ́tər] 버터

07 **soap**[soup] 비누

08 **basket**[bǽskit] 바구니

09 **dictionary**[díkʃənèri] 사전

10 **bookstore**[búkstɔ̀ːr] 서점

11 **bridge**[bridʒ] (건너는) 다리

- 나무를 오르는 원숭이들
  the _____s climbing the trees

- 칠면조 고기를 먹다
  to eat _____

- 새의 날개 a bird's _____s

- 로봇에 의해 만들어진 자동차들
  cars built by _____s

- 커피 한 잔 a cup of _____

- 버터 바른 빵 한 조각
  a piece of bread and _____

- 비누 한 개
  a bar[piece] of _____

- 과일로 가득 찬 바구니
  a _____ full of fruit

- 영어 사전 an English _____

- 인터넷 서점 an Internet _____

- 바다 위의 다리
  the _____ over the sea

¹² **lie**[lai] 동 ① (lay-lain-lying) 누워 있다, 있다 ② (lied-lied-lying) 거짓말하다 명 거짓말

- 잔디밭에 누워 있다
to _____ on the grass

¹³ **cross**[krɔːs] 동 건너다[가로지르다], 교차시키다 명 십자가

- 도로를 건너다 to _____ a road

¹⁴ **hit**[hit] 동 (hit-hit) 치다[때리다] 명 대인기[히트]

- 공을 치다 to _____ a ball

¹⁵ **shout**[ʃaut] 동 외치다[소리치다] 명 외침

- 도와달라고 소리치다 to _____ for help

¹⁶ **fresh**[freʃ] 신선한, 새로운

- 신선한 생선 _____ fish

¹⁷ **huge**[hjuːdʒ] 거대한

- 거대한 바위 a _____ rock

¹⁸ **international**[ìntərnǽʃənl] 국제의, 국제적인

- 국제어 an _____ language

¹⁹ **low**[lou] 형 낮은(↔high) 부 낮게

- 낮은 담 a _____ wall

²⁰ **far**[fɑːr] (비교 farther[further], 최상 farthest[furthest]) 부 ① 멀리 ② (비교급 강조) 훨씬 형 먼(↔near)

- 그곳은 여기서 멀다.
It's _____ from here.

Today's Dessert

Do not put all your eggs in one basket.
모든 계란을 한 바구니에 담지 마라.(위험은 분산하라.)

A 영어는 우리말로, 우리말은 영어로!

1.	turkey	11.	원숭이
2.	robot	12.	날개
3.	bridge	13.	커피
4.	lie	14.	버터
5.	cross	15.	비누
6.	hit	16.	바구니
7.	shout	17.	사전
8.	international	18.	서점
9.	low	19.	신선한, 새로운
10.	far	20.	거대한

B 단어와 단어의 만남

1. a robot's arm
2. a cup of coffee
3. a shopping basket
4. an Internet bookstore
5. fresh air

6. 닭 날개 chicken w_____s
7. 영어 사전 an English d_____
8. 거대한 바위 a h_____ rock
9. 국제 경기 an i_____ game
10. 낮은 담 a l_____ wall

C 보기 단어들 뜻 씹어 보고 들어갈 곳에 쏙!

| 보기 | bridge   monkey   soap   turkey |

1. _____s like to eat bananas. 원숭이는 바나나를 즐겨 먹는다.
2. He washes his hair with _____. 그는 비누로 머리를 감는다.
3. We crossed the _____ over the Han river. 우리는 한강 위의 다리를 건넜다.
4. Americans eat _____ on Thanksgiving Day.
   미국인들은 추수 감사절에 칠면조를 먹는다.

정답 **A** 앞면 참조 **B** 1. 로봇의 팔 2. 커피 한 잔 3. 시장바구니 4. 인터넷 서점 5. 신선한 공기 6. wing 7. dictionary 8. huge 9. international 10. low **C** 1. Monkey 2. soap 3. bridge 4. turkey

D 알맞은 형태 쓰기

1. lie(누워 있다) – (과거형)＿＿＿＿＿ – (과거분사형)＿＿＿＿＿ – (현재분사형)＿＿＿＿＿

2. hit – (과거형)＿＿＿＿＿ – (과거분사형)＿＿＿＿＿

3. far – (비교급)＿＿＿＿＿ – (최상급)＿＿＿＿＿

E 보기 단어들 뜻 음미해 보고 빈칸 속에 퐁당!

| 보기 |　cross　　　hit　　　shout

1. I ＿＿＿＿＿ed for help.　나는 도와달라고 소리쳤다.

2. The bus nearly ＿＿＿＿＿ him.　버스가 거의 그를 칠 뻔했다.

3. Be careful when you ＿＿＿＿＿ the street.　길을 건널 때 조심해라.

F 같은 모양, 다른 의미

1. Don't lie to me.

　Lie on your back.

2. How far is it from here?

　Our new car is far better than the old one.

⊙반갑다 기능어야!

since 전치사 · 부사 · 접속사

~ 이후[이래] 쭉

since then　그때 이후로 쭉
It has been raining **since** last night.　지난밤 이래 계속 비가 오고 있다.
I have eaten nothing **since** yesterday.　난 어제 이후로 아무것도 안 먹었다.
He has been busy **since** he arrived.　그는 도착한 이래 쭉 바빴다.
It's been three years **since** I saw her.　내가 그녀를 만난 지 3년이 되었다.

G 반갑다 기능어야! 익힌 후, 빈칸에 알맞은 기능어 넣기

1. We've been waiting here ＿＿＿＿＿ two o'clock.

　우리는 2시 이후로 쭉 여기서 기다려 왔다.

2. I haven't seen her ＿＿＿＿＿ she left here three years ago.

　난 그녀가 3년 전에 여기를 떠난 이래 그녀를 본 적이 없다.

정답　**D** 1. lay, lain, lying　2. hit, hit　3. farther[further], farthest[furthest]　**E** 1. shout　2. hit　3. cross　**F** 1. 내게 거짓말하지 마.(거짓말하다) / 등을 대고 누워 있어라.(누워 있다)　2. 그곳은 여기서 얼마나 멀리 있니?(멀리) / 우리 새 차는 이전 차보다 훨씬 더 좋다.(훨씬)　**G** 1. since　2. since

명사

01 fisherman [fíʃərmən]
(복수 fishermen) 어부, 낚시꾼

• 가난한 어부 a poor _____

02 couple [kʌ́pl] ① (a ~) 한 쌍, 몇몇
② 커플[부부]
* a couple of 몇몇의

• 노부부 an old _____

03 honey [hʌ́ni] ① (벌)꿀
② (호칭) 여보, 아가야

• 꿀은 달다. H_____ is sweet.

04 frog [frɔːg] 개구리

• 개구리의 다리 _____'s legs

05 tail [teil] 꼬리

• 긴 꼬리 a long _____

06 cap [kæp] ① (테 없는) 모자 ② 뚜껑

• 야구 모자 a baseball _____

07 cloth [klɔ(ː)θ] 천[헝겊]
▶ clothes 명 옷[의복]
▶ clothing 명 옷[의류]

• 천 가방 a _____ bag

08 stair [stɛər] 계단

• 계단을 오르다
to climb the _____s

09 playground [pléigràund]
운동장[놀이터]

• 학교 운동장 a school _____

10 title [táitl] ① 제목 ② (스포츠) 타이틀
[선수권]

• 노래 제목 the _____ of a song

11 capital [kǽpətl] ① 수도 ② 대문자
③ 자본

• 한국의 수도 the _____ of Korea

명사 · 동사

12 **master**[mǽstər] 명 ① 달인[대가]
② 주인 ③ 석사 동 숙달하다

· 그 개의 주인 the dog's _____

13 **jump**[dʒʌmp] 동 뛰다[뛰어오르다]
명 점프, 뜀

· 뛰어오르다 to _____ up

14 **mix**[miks] 동 섞다[섞이다] 명 혼합
▶mixture 명 혼합(물)

· 버터와 설탕을 섞다
to _____ butter and sugar

동사

15 **rise**[raiz]-**rose**-**risen** 오르다(↔fall),
(해가) 떠오르다(↔set)

· 10% 오르다 to _____ by 10%

rise   **fall**

16 **receive**[risíːv] 받다(=get)

· 편지를 받다 to _____ a letter

형용사

17 **cute**[kjuːt] 귀여운

· 귀여운 소녀 a _____ girl

18 **lucky**[lʌ́ki] 행운의[운 좋은]
▶luck 명 (행)운 ▶luckily 부 다행히

· 넌 운이 좋구나. You are _____.

19 **perfect**[pə́ːrfikt] 완벽한[완전한]

· 연습이 완벽하게 한다.
Practice makes _____.

부사

20 **finally**[fáinəli] ① 마침내 ② 마지막으로
▶final 형 마지막[최후]의

· 마침내 그는 집에 도착했다.
He _____ got home.

Today's
Dessert

Cut your coat according to your cloth.
너의 천에 맞추어서 코트를 잘라라.(분수에 맞게 살아라.)

A 영어는 우리말로, 우리말은 영어로!

1.	couple	11.	어부, 낚시꾼
2.	honey	12.	개구리
3.	cap	13.	꼬리
4.	title	14.	천[헝겊]
5.	capital	15.	계단
6.	master	16.	운동장[놀이터]
7.	jump	17.	받다
8.	mix	18.	귀여운
9.	rise	19.	행운의[운 좋은]
10.	finally	20.	완벽한[완전한]

B 단어와 단어의 만남

1. an old couple
2. a frog's legs
3. the title of the book
4. a cute puppy
5. a lucky chance

6. 가난한 어부 a poor f_____
7. 긴 꼬리 a long t_____
8. 야구 모자 a baseball c_____
9. 천 가방 a c_____ bag
10. 완벽한 예 a p_____ example

C 보기 단어들 뜻 씹어 보고 들어갈 곳에 쏙!

보기	couple honey playground stair

1. _____ is sweet. 꿀은 달다.
2. He ran up the _____s. 그는 계단을 달려 올라갔다.
3. The children are running in the _____. 아이들이 운동장에서 뛰고 있다.
4. There are a _____ of kids in the room. 방에 아이들이 몇 명 있다.

정답 **A** 앞면 참조 **B** 1. 노부부 2. 개구리의 다리 3. 그 책의 제목 4. 귀여운 강아지 5. 행운의 기회 6. fisherman 7. tail 8. cap 9. cloth 10. perfect **C** 1. Honey 2. stair 3. playground 4. couple

D 알맞은 형태 쓰기

1. fisherman –(복수형)_____
2. rise –(과거형)_____ –(과거분사형)_____

E 보기 단어들 뜻 음미해 보고 빈칸 속에 퐁당!

| 보기 | jump   mix   receive   rise |

1. Did you _____ my letter? 너 내 편지 받았니?
2. She watched the sun _____. 그녀는 해가 떠오르는 걸 지켜보았다.
3. He _____ed over the wall and ran off. 그는 담을 뛰어넘어 달아났다.
4. First _____ the butter and sugar together. 먼저 버터와 설탕을 함께 섞어라.

F 같은 모양, 다른 의미

1. Write your name in capitals.

   What's the capital of France?
2. I try to master English.

   You should be your own master.
3. He finally became the President.

   Finally, I'd like to thank everyone.

⊙반갑다
기능어야!

over/above

• over(↔under)

  1. ~보다 (떨어져) 위에: A swallow is flying **over** a road.

     제비 한 마리가 길 위를 날고 있다.
  2. 이상: **over** one thousand people 1,000명 이상의 사람들

• above(↔below)

  1. ~보다 위에: The water came **above** our knees. 물이 무릎 위로 올라왔다.
  2. 이상: **above** zero[freezing] (기온) 영상

G 반갑다 기능어야! 익힌 후, 빈칸에 알맞은 기능어 넣기

She looked up the sky _____ his head.

그녀는 그의 머리 위의 하늘을 쳐다보았다.

정답 **D** 1. fishermen 2. rose, risen **E** 1. receive 2. rise 3. jump 4. mix **F** 1. 네 이름을 대문자로 써라.(대문자) / 프랑스의 수도는 어디니?(수도) 2. 나는 영어를 숙달하려고 노력한다.(숙달하다) / 너는 너 자신의 주인이 되어야 한다.(주인) 3. 그는 마침내 대통령이 되었다.(마침내) / 마지막으로, 모두에게 감사드리고 싶습니다.(마지막으로) **G** over[above]

DAY 41

명사

01 **grandmother**[grǽndmʌ̀ðər] 할머니
- 할머니의 옷 my _____'s clothes

02 **dentist**[déntist] 치과 의사
  *the dentist[the dentist's] 치과
- 치과 의사의 진찰을 받다
  to see a _____

03 **waiter/waitress**[wéitər/wéitris]
웨이터[남자 식당 종업원]/
웨이트리스[여자 식당 종업원]
- 웨이터가 그의 음식 시중을 들고 있다.
  The _____ is serving him.

04 **pants**[pænts] 바지
- 긴 바지 long _____

05 **vase**[veis] 꽃병
- 꽃병을 깨다
  to break a _____

06 **tea**[ti:] (마시는) 차
- 녹차 green _____

07 **oil**[ɔil] 기름, 석유
- 올리브유 olive _____

08 **brand**[brænd] 상표
- 상표명 a _____ name

09 **gesture**[dʒéstʃər] 제스처[몸짓]
- 몸짓을 하다 to make a _____

10 **kitchen**[kítʃən] 부엌
- 깨끗한 부엌 a clean _____

11 **pool**[pu:l] 수영장, 물웅덩이
  *car pool 카 풀(승용차 함께 타기)
- 수영장 a swimming _____

12 **quarter**[kwɔ́:rtər] 4분의 1
- 4분의 3 three _____s

13 **control**[kəntróul] 몡 지배[통제]
   동 지배[통제/조절]하다

• 시스템을 통제하다
  to _____ a system

14 **judge**[dʒʌdʒ] 몡 재판관
   동 판단[재판]하다

• 현명한 재판관 a wise _____

동사

15 **enter**[éntər] 들어가다, 입학하다

• 교실에 들어가다
  to _____ the classroom

16 **develop**[divéləp] 발전하다, 개발하다
   ▶development 몡 발전, 개발

• 나라를 발전시키다
  to _____ the country

형용사

17 **friendly**[fréndli] 친절한, 친한
   ▶friend 몡 친구

• 친절한 사람 a _____ person

18 **simple**[símpl] 간단한[단순한]

• 간단한 시험 a _____ test

19 **expensive**[ikspénsiv] 비싼
   (↔cheap/inexpensive)

• 비싼 차 an _____ car

부사

20 **maybe**[méibi] 아마(=perhaps)

• 아마도 네가 옳을 거야.
  M_____ you're right.

Today's
Dessert

Don't judge so that you don't be judged.
심판받지 않으려거든 남을 심판하지 말라.

A 영어는 우리말로, 우리말은 영어로!

1. waiter/waitress	11. 할머니
2. gesture	12. 치과 의사
3. pool	13. 바지
4. control	14. 꽃병
5. judge	15. (마시는) 차
6. enter	16. 기름, 석유
7. develop	17. 상표
8. friendly	18. 부엌
9. simple	19. 4분의 1
10. maybe	20. 비싼

B 단어와 단어의 만남

1. a pair of pants
2. a swimming pool
3. a friendly person
4. a simple recipe
5. expensive clothes

6. 녹차 green t_____
7. 올리브유 olive o_____
8. 상표명 a b_____ name
9. 깨끗한 부엌 a clean k_____
10. 산아 제한 birth c_____

C 보기 단어들 뜻 씹어 보고 들어갈 곳에 쏙!

| 보기 | dentist   gesture   vase |

1. I have to go to the _____. 나는 치과에 가야 해.
2. What does the _____ mean? 그 몸짓은 무슨 의미니?
3. She put beautiful flowers in the _____.
   그녀는 꽃병에 아름다운 꽃들을 꽂았다.

정답 **A** 앞면 참조 **B** 1. 바지 한 벌 2. 수영장 3. 친절한 사람 4. 간단한 조리법 5. 비싼 옷 6. tea 7. oil 8. brand 9. kitchen 10. control **C** 1. dentist 2. gesture 3. vase

D 같은 관계 맺어 주기

1. husband : wife = grandfather : g_____
2. prince : princess = waiter : w_____
3. 1/2 : half = 1/4 : q_____

E 보기 단어들 뜻 음미해 보고 빈칸 속에 퐁당!

| 보기 | control   develop   enter

1. They _____ new software. 그들은 새로운 소프트웨어를 개발한다.
2. They _____ the living room with their shoes on.
   그들은 신을 신고 거실에 들어간다.
3. Feelings are _____ed by the right side of the brain.
   감정은 우뇌에 의해 통제된다.

F 빈칸에 들어갈 알맞은 단어는?

M_____ he'll come. 아마 그는 올 거야.

G 같은 모양, 다른 의미

He is a wise judge.
Don't judge a book by its cover.

○반갑다
기능어야!

under/below

· under(↔over)
  1. 아래에: Your pencil case is **under** the table. 너의 필통은 탁자 밑에 있다.
  2. 이하[미만]: children **under** 15 15세 미만 어린이
· below(↔above)
  1. 아래에: an animal that lives **below** ground 땅 밑에 사는 동물
  2. 이하[미만]: 10 degrees **below** zero[freezing] (기온) 영하 10도

H 반갑다 기능어야! 익힌 후, 빈칸에 알맞은 기능어 넣기

1. Several children are playing _____ the trees.
   아이들 몇이 나무 아래에서 놀고 있다.
2. It's 5 degrees _____ zero[freezing]. 영하 5도다.

정답 **D** 1. grandmother 2. waitress 3. quarter **E** 1. develop 2. enter 3. control(controlled) **F** Maybe
G 그는 현명한 재판관이다.(재판관) / 책을 겉표지로 판단하지 마라.(판단하다) **H** 1. under 2. below

명사

01 **dolphin**[dálfin] 돌고래

· 돌고래 쇼 a _____ show

02 **neck**[nek] 목
▶**necklace** 명 목걸이

· 긴 목 a long _____

03 **skirt**[skəːrt] 치마[스커트]

· 긴/짧은 치마 a long/short _____

04 **hat**[hæt] (테 있는) 모자
[비교] **cap** 명 (테 없는) 모자

· 모자를 쓰다/벗다
to put on/take off a _____

05 **mask**[mæsk] 마스크[가면/탈]

· 마스크[가면]를 쓰고 있다
to wear a _____

06 **violin**[vàiəlín] 바이올린
▶**violinist** 명 바이올린 연주자

· 바이올린을 연주하다
to play the _____

07 **wheelchair**[hwíːltʃɛ̀ər] 휠체어

· 휠체어 사용자들 _____ users

08 **bakery**[béikəri] 제과점[빵집]

· 제과점에서 일하다
to work at the _____

09 **stadium**[stéidiəm] 경기장

· 야구 경기장 a baseball _____

10 **quiz**[kwiz] 퀴즈, 간단한 시험

· TV 퀴즈 쇼
a _____ show on TV

11 **temperature**[témpərətʃər]
온도[기온], 체온

· 고온/저온 a high/low _____

¹² **cause**[kɔːz] 몡 원인
동 일으키다[원인이 되다]
[비교] **effect** 몡 결과

· 원인과 결과 _____ and effect

¹³ **brush** [brʌʃ] 몡 솔, 붓 동 솔질하다
▶**toothbrush** 몡 칫솔

· 이를 닦다 to _____ your teeth

¹⁴ **mark**[mɑːrk] 몡 표시[부호], 자국
동 표시하다

· 그 장소를 지도에 표시해라.
M_____ the place on the map.

¹⁵ **return**[ritə́ːrn] 동 (되)돌아가다[오다],
돌려주다 몡 귀환, 반환

· 집으로 되돌아가다 to _____ home

¹⁶ **fill**[fil] (가득) 채우다[차다]

· 연기가 방을 가득 채웠다.
Smoke _____ed the room.

¹⁷ **improve**[imprúːv] 개선되다,
향상시키다

· 영어를 향상시키다
to _____ your English

¹⁸ **dry**[drai] 혱 마른[건조한](↔**wet**)
동 말리다[마르다]

· 건조한 날씨 _____ weather

¹⁹ **complete**[kəmplíːt] 혱 완전한
동 끝내다[완성하다]

· 문장을 완성하다
to _____ the sentence

²⁰ **suddenly**[sʌ́dnli] 갑자기
▶**sudden** 혱 갑작스러운

· 버스가 갑자기 멈추었다.
The bus stopped _____.

Today's Dessert

Drop by drop fills the tub.
한 방울 한 방울이 통을 채운다.(티끌 모아 태산)

A 영어는 우리말로, 우리말은 영어로!

1. mask	11. 돌고래
2. quiz	12. 목
3. cause	13. 치마
4. brush	14. (테 있는) 모자
5. mark	15. 바이올린
6. return	16. 휠체어
7. fill	17. 제과점[빵집]
8. improve	18. 경기장
9. dry	19. 온도[기온], 체온
10. complete	20. 갑자기

B 단어와 단어의 만남

1. a long neck
2. wheelchair users
3. a baseball stadium
4. a math quiz
5. a question mark
6. 돌고래 쇼 a d_____ show
7. 짧은 치마 a short s_____
8. 밀짚모자 a straw h_____
9. 고온 a high t_____
10. 건조한 날씨 d_____ weather

C 보기 단어들 뜻 씹어 보고 들어갈 곳에 쏙!

| 보기 | bakery　brush　mask　violin |

1. Can you play the _____? 너는 바이올린을 연주할 수 있니?
2. There was a _____ across the street. 길 건너에 빵집이 있었다.
3. He painted pictures with his _____es. 그는 붓으로 그림을 그렸다.
4. The doctor wore a _____ over his mouth and nose.
의사는 입과 코를 덮는 마스크를 쓰고 있었다.

정답 **A** 앞면 참조 **B** 1. 긴 목 2. 휠체어 사용자들 3. 야구 경기장 4. 간단한 수학 시험 5. 의문 부호 6. dolphin 7. skirt 8. hat 9. temperature 10. dry **C** 1. violin 2. bakery 3. brush 4. mask

D 보기 단어들 뜻 음미해 보고 빈칸 속에 퐁당!

| 보기 | brush dry fill improve mark return

1. Please _____ this glass for me. 이 잔을 가득 채워 주세요.

2. I need to _____ my English. 나는 내 영어를 향상시킬 필요가 있다.

3. Don't forget to _____ your teeth. 이 닦는 거 잊지 마.

4. He _____ed his name on the first page.
   그는 첫 페이지에 그의 이름을 표시했다.

5. She was _____ing her hair with a towel.
   그녀는 수건으로 머리를 말리고 있었다.

6. When did you _____ home from the trip?
   넌 언제 여행에서 집으로 돌아왔니?

E 빈칸에 들어갈 알맞은 단어는?

He died very s_____. 그는 매우 갑자기 죽었다.

F 같은 모양, 다른 의미

1. What was the <u>cause</u> of the accident?

   Cars and factories <u>cause</u> global warming.

2. the <u>complete</u> works of Shakespeare

   The project should be <u>completed</u> within a year.

⊙반갑다
기능어야!

into/out of

· **into**
  1. 안으로: They went **into** the gift shop. 그들은 선물 가게로 들어갔다.
  2. ~로(변화): The water turns **into** steam. 물은 수증기로 변한다.

· **out of**: 안에서 밖으로
  He came **out of** the house. 그는 집에서 나왔다.
  Get **out of** here! 여기서 나가!

G 반갑다 기능어야! 익힌 후, 빈칸에 알맞은 기능어 넣기

1. Some people put dangerous things _____ the rivers.
   어떤 사람들은 강 속에 위험한 것들을 넣는다.

2. Turn off the lights when you go _____ the room.
   방에서 나갈 때 불을 꺼라.

정답 **D** 1. fill 2. improve 3. brush 4. mark 5. dry 6. return **E** suddenly **F** 1. 사고의 원인은 무엇이었니?(원인) / 자동차와 공장이 지구 온난화를 일으킨다.(일으키다) 2. 셰익스피어 전집(완전한) / 그 프로젝트는 1년 이내에 끝내야 한다.(끝내다)
G 1. into 2. out of

DAY 43

명사

01 textbook [tékstbùk] 교과서[교재]
· 역사 교과서 a history _____

02 notebook [nóutbùk] 공책
· 공책을 펴다 to open the _____

03 backpack [bǽkpæ̀k] 배낭
· 무거운 배낭 a heavy _____

04 juice [dʒuːs] 주스
· 오렌지 주스 orange _____

05 pepper [pépər] ① 후추 ② 고추
· 소금과 후추 salt and _____

06 powder [páudər] 가루[분(말)]
· 코코아 가루 cocoa _____

07 spoon [spuːn] 숟가락[스푼]
· 수저 a _____ and chopsticks

08 lamp [læmp] 등[램프]
· 가로등 a street _____

09 theater [θí(ː)ətər] 극장
· 영화관 a movie _____

10 amusement park 놀이공원
  ▶amusement 몡 재미, 오락[놀이]
· 놀이공원에 가다
  to go to an _____

11 waterfall [wɔ́ːtərfɔ̀ːl] 폭포
· 큰 폭포 a big _____

12 meeting [míːtiŋ] 회의[모임], 만남
· 업무 회의 a business _____

명사 · 동사

13 ring [riŋ] 몡 ① 반지, 고리 ② 종소리
  통 (rang-rung) (종[전화]이) 울리다
· 전화가 울리고 있다.
  The phone is _____ing.

14 **lead**[liːd]-**led-led** 이끌다[데리고 가다/안내하다]
▶**leader** 명 지도자
▶**mislead** 동 잘못 이끌다

• 말을 물가로 데리고 가다
to _____ a horse to the water

15 **share**[ʃɛər] 공유하다[함께 쓰다], 나누다

• 정보를 공유하다
to _____ information

16 **raise**[reiz] ① 올리다 ② 모금하다 ③ 기르다 [비교] **rise** 동 오르다

• 손을 들어라.
R_____ your hand.

17 **round**[raund] 형 ① 둥근 ② 왕복의 명 라운드[회(전)] 부 전 주위에, 돌아서

• 둥근 탁자 a _____ table

18 **male**[meil] 형 명 남성[수컷](의) (↔female)

• 수컷 동물 _____ animals

male　　female

19 **wild**[waild] 형 야생의 명 (the ~) 야생

• 야생 동물들 _____ animals

20 **tonight**[tənáit] 부 명 오늘 밤(에)

• 오늘 밤에 외출하다
to go out _____

Today's Dessert

You can lead a horse to the water, but you can't make him drink.
말을 물가로 데리고 갈 수는 있지만, 물을 마시게 할 수는 없다.

A 영어는 우리말로, 우리말은 영어로!

1.	lamp	11.	교과서[교재]
2.	meeting	12.	공책
3.	ring	13.	배낭
4.	lead	14.	주스
5.	share	15.	후추, 고추
6.	raise	16.	가루[분(말)]
7.	round	17.	숟가락[스푼]
8.	male	18.	극장
9.	wild	19.	놀이공원
10.	tonight	20.	폭포

B 단어와 단어의 만남

1. a heavy backpack
2. red pepper
3. a big waterfall
4. a business meeting
5. wild animals

6. 역사 교과서 history t_____
7. 오렌지 주스 orange j_____
8. 카레 가루 curry p_____
9. 영화관 a movie t_____
10. 수벌[수컷 벌] a m_____ bee

C 보기 단어들 뜻 씹어 보고 들어갈 곳에 쏙!

| 보기 | amusement park   lamp   notebook   pepper   spoon |

1. Turn off the _____. 등을 꺼라.
2. Add _____ to the soup. 수프에 후추를 넣어라.
3. He wrote it down in his _____. 그는 그것을 공책에 적었다.
4. I rode a roller coaster at the _____. 나는 놀이공원에서 롤러코스터를 탔다.
5. Koreans use _____s and chopsticks to eat rice.
   한국인들은 밥을 먹기 위해 수저를 사용한다.

정답 **A** 앞면 참조 **B** 1. 무거운 배낭 2. 붉은 고추 3. 큰 폭포 4. 업무 회의 5. 야생 동물들 6. textbook 7. juice
8. powder 9. theater 10. male **C** 1. lamp 2. pepper 3. notebook 4. amusement park 5. spoon

D 알맞은 형태 쓰기

1. lead – (과거형)_____ – (과거분사형)_____

2. ring – (과거형)_____ – (과거분사형)_____

E 보기 단어들 뜻 음미해 보고 빈칸 속에 퐁당!

| 보기 | lead(led)　　ring　　share |

1. The phone is _____ing. 전화가 울리고 있다.

2. The waiter _____ us to our table. 웨이터가 우리를 식탁으로 안내했다.

3. He _____s a house with three other students.
그는 세 명의 다른 학생들과 집을 함께 쓴다.

F 빈칸에 들어갈 알맞은 단어는?

1. They returned the animal to the w_____. 그들은 그 동물을 야생으로 돌려보냈다.

2. Do you want to go out t_____? 너 오늘 밤에 외출하고 싶니?

G 같은 모양, 다른 의미

1. her round face / the final round

2. Raise your hand. / He raises cows and pigs.

⊙반갑다 기능어야!

through

1. 통(과)해
The train went **through** a tunnel. 열차가 터널을 통과했다.
I buy most things **through** the Internet. 난 대부분의 물건을 인터넷을 통해 산다.

2. 동안 내내: **through** the night 밤새도록

3. ~까지: Monday **through** Friday 월요일부터 금요일까지

H 반갑다 기능어야! 익힌 후, 빈칸에 알맞은 기능어 넣기

1. We can both send and receive messages _____ the Internet.
우리는 인터넷을 통해 메시지를 주고받을 수 있다.

2. A bird flew into our house _____ an open window.
새 한 마리가 열린 창을 통해 집 안으로 날아 들어왔다.

정답　**D** 1. led, led 2. rang, rung　**E** 1. ring 2. led 3. share　**F** 1. wild 2. tonight　**G** 1. 그녀의 둥근 얼굴(둥근) / 마지막 라운드[회](라운드[회]) 2. 손을 들어라.(올리다) / 그는 젖소와 돼지를 기른다.(기르다)　**H** 1. through 2. through

명사

01 **actor/actress**[ǽktər/ǽktris]
남자 배우/여자 배우

- 내가 좋아하는 남자 배우/여자 배우
  my favorite _____ /_____

02 **inventor**[invéntər] 발명가

- 전화기 발명가
  the _____ of the telephone

03 **sheep**[ʃiːp] (복수 sheep) 양

- 목양업자 a _____ farmer

04 **ant**[ænt] 개미

- 개미구멍 an _____ hole

05 **worm**[wəːrm] 벌레
  ▶**bookworm** 명 책벌레

- 작은 벌레 a small _____

06 **pea**[piː] 완두(콩)

- 완두 수프 _____ soup

07 **salad**[sǽləd] 샐러드

- 과일 샐러드 a fruit _____

08 **guitar**[gitɑ́ːr] 기타

- 기타를 치다 to play the _____

09 **bell**[bel] 벨[종]
  ▶**doorbell** 명 초인종

- 벨을 울리다 to ring a _____

10 **tower**[táuər] 탑

- 에펠탑 the Eiffel T_____

11 **peak**[piːk] 산꼭대기[봉우리], 절정

- 에베레스트산 꼭대기
  the _____ of Mt. Everest

12 **church**[tʃəːrtʃ] 교회

- 교회에 가다 to go to _____

명사 · 동사

13 **taste**[teist] 명 ① 맛 ② 취향
동 맛이 나다[맛보다]

・단맛이 나다
to _____ sweet

14 **lift**[lift] 동 (들어) 올리다 명 태우기, 올리기

・상자를 들어 올리다 to _____ a box

동사

15 **serve**[sə:rv] 음식을 제공하다, 시중들다,
봉사하다
▶ **service** 명 서비스[봉사]

・식사를 제공하다
to _____ a meal

16 **marry**[mǽri] ~와 결혼하다
▶ **marrige** 명 결혼

・그녀와 결혼하다 to _____ her

형용사 · 부사

17 **third**[θərd] 형 세 번째의 부 세 번째로
명 세 번째

・그녀의 세 번째 생일
her _____ birthday

18 **deep**[di:p] 형 깊은 부 깊게

・깊은 강 a _____ river

19 **wide**[waid] 형 넓은 부 활짝
▶ **widely** 부 넓게, 널리

・넓은 거리 a _____ street

20 **alone**[əlóun] 부 혼자, 외로이
형 혼자, 외로운

・혼자 살다 to live _____

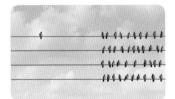

Today's
Dessert

Even a worm will turn.
지렁이도 밟으면 꿈틀한다.

A 영어는 우리말로, 우리말은 영어로!

1.	actor/actress	11.	발명가
2.	bell	12.	양
3.	tower	13.	개미
4.	peak	14.	벌레
5.	taste	15.	완두(콩)
6.	lift	16.	샐러드
7.	serve	17.	기타
8.	third	18.	교회
9.	wide	19.	~와 결혼하다
10.	alone	20.	깊은, 깊게

B 단어와 단어의 만남

1. my favorite actor
2. a guitar player
3. a mountain peak
4. a sweet taste
5. a deep river

6. 개미구멍 an a_____ hole
7. 작은 벌레 a small w_____
8. 완두 수프 p_____ soup
9. 과일 샐러드 a fruit s_____
10. 에펠탑 the Eiffel T_____

C 보기 단어들 뜻 씹어 보고 들어갈 곳에 쏙!

| 보기 | bell   church   inventor   sheep |

1. They raise _____ for wool. 그들은 양털을 얻기 위해 양을 기른다.
2. She goes to _____ on Sundays. 그녀는 일요일마다 교회에 간다.
3. He rang the _____ several times. 그는 벨을 몇 번 울렸다.
4. Who is the _____ of the telephone? 전화를 발명한 사람은 누구니?

정답 **A** 앞면 참조 **B** 1. 내가 좋아하는 남자 배우 2. 기타 연주자 3. 산꼭대기[봉우리] 4. 단맛 5. 깊은 강 6. ant 7. worm 8. pea 9. salad 10. Tower **C** 1. sheep 2. church 3. bell 4. inventor

D 같은 관계 맺어 주기

1. waiter : waitress = actor : a_____

2. mouse : mice = sheep : s_____

3. one : first = three : t_____

E 보기 단어들 뜻 음미해 보고 빈칸 속에 퐁당!

|보기| lift   marry   serve   taste

1. This soup _____s good. 이 수프는 맛이 좋다.

2. She _____ed a German. 그녀는 독일인과 결혼했다.

3. Dinner is _____d at six. 저녁 식사는 6시에 제공된다.

4. Could you _____ your chair a bit? 의자 좀 들어주실 수 있으세요?

F 빈칸에 들어갈 알맞은 단어는?

1. Don't go d_____ in the water. 물속 깊이 가지 마세요.

2. It's 4 cm w_____ and 2 m long. 그것은 넓이가 4센티미터이고 길이가 2미터이다.

3. No one can live a_____. 아무도 혼자 살 수 없다.

4. I felt so a_____. 나는 매우 외로웠다.

반갑다 기능어야!

around

1. 주위[주변/둘레]에
We sat **around** the campfire singing songs.
우리는 캠프파이어 주위에 앉아 노래를 불렀다.
She put her arms **around** his neck. 그녀는 그의 목에 두 팔을 둘렀다.

2. 여기저기: **around** the country/world 나라/세계 곳곳

3. 약, ~쯤: **around** 6 o'clock 6시쯤

G 반갑다 기능어야! 익힌 후, 빈칸에 알맞은 기능어 넣기

1. Is there a bookstore _____ here? 여기 주변에 서점이 있니?

2. She goes to bed _____ ten o'clock. 그녀는 10시경에 잠자리에 든다.

정답 **D** 1. actress 2. sheep 3. third **E** 1. taste 2. marry(married) 3. serve 4. lift **F** 1. deep 2. wide 3. alone 4. alone **G** 1. around 2. around

명사

01 **officer**[ɔ́(:)fisər] 장교, 관리[임원]
• 경찰관 a police _____

02 **elephant**[éləfənt] 코끼리
• 큰 코끼리 a big _____

03 **pan**[pæn] (손잡이 달린 얕은) 냄비[팬]
• 프라이팬 a frying _____

04 **camera**[kǽmərə] 사진기[카메라]
▶**cameraman** 명 촬영기사[카메라맨]
• 디지털 카메라 a digital _____

05 **album**[ǽlbəm] 사진첩[앨범]
• 사진첩 a photo _____

06 **bathroom**[bǽθrù(:)m] 욕실, 화장실
• 화장실이 어디니?
Where's the _____?

07 **elevator**[éləvèitər] 승강기[엘리베이터]
• 승강기를 타다
to take the _____

08 **hill**[hil] 언덕[작은 산]
• 언덕 꼭대기에
on the top of a _____

09 **fever**[fíːvər] 열, 열병
• (고)열이 나다
to have a (high) _____

10 **homeroom**[hóumrù(:)m]
홈룸[소속 반], 조례
• 우리 담임 선생님
our _____ teacher

11 **style**[stail] 스타일[방식]
• 다른 학습 방식들
different learning _____s

12 **paste**[peist] 명 ① 반죽 ② 풀
동 풀로 붙이다

• 고추장 red pepper _____

13 **shake**[ʃeik] 동 (shook-shaken)
흔들(리)다 명 밀크셰이크(milkshake)
* **shake hands** 악수하다

• 병을 흔들다 to _____ the bottle

동사

14 **pull**[pul] (잡아)당기다[끌다](↔push), 뽑다

• 줄을 당기다
to _____ a rope

15 **wake**[weik]**-woke-woken**
잠에서 깨다[깨우다]

• 깨어나! W_____ up!

16 **burn**[bəːrn] (불)타다[태우다]

• 쓰레기를 태우다 to _____ trash

형용사

17 **empty**[émpti] 빈
[비교] **full** 형 가득 찬

• 빈 유리잔 an _____ glass

empty　　**full**

18 **serious**[síəriəs] 진지한, 심각한, 중대한

• 심각한 사고 a _____ accident

19 **traditional**[trədíʃənl] 전통의[전통적인]
▶**tradition** 명 전통

• 전통적 관습 _____ customs

부사

20 **almost**[ɔ́ːlmoust] 거의

• 나는 거의 끝냈다.
I'm _____ finished.

Today's Dessert

Leap[Fall] out of the pan into the fire.
냄비에서 불 속으로 뛰어들기.(작은 어려움을 피하려다 큰 어려움을 만나다.)

A 영어는 우리말로, 우리말은 영어로!

1. officer	11. 코끼리
2. pan	12. 사진기
3. homeroom	13. 사진첩
4. style	14. 욕실, 화장실
5. paste	15. 승강기
6. shake	16. 언덕[작은 산]
7. pull	17. 열, 열병
8. wake	18. 빈
9. burn	19. 전통의[전통적인]
10. serious	20. 거의

B 단어와 단어의 만남

1. a police officer
2. a frying pan
3. a high fever
4. our homeroom teacher
5. a serious accident

6. 큰 코끼리 a big e_____
7. 디지털 카메라 a digital c_____
8. 사진첩 a photo a_____
9. 빈 병 an e_____ bottle
10. 전통 춤 a t_____ dance

C 보기 단어들 뜻 씹어 보고 들어갈 곳에 쏙!

보기	bathroom elevator hill style

1. _____s are not as high as mountains. 언덕은 산만큼 높지 않다.
2. What _____s of clothes do you like? 넌 어떤 스타일의 옷을 좋아하니?
3. Can you tell me where the _____ is? 화장실이 어디 있는지 말해 주시겠습니까?
4. Climb the stairs instead of taking a(n) _____.
   승강기를 타는 대신에 계단을 올라라.

정답 **A** 앞면 참조 **B** 1. 경찰관 2. 프라이팬 3. 고열 4. 우리 담임 선생님 5. 심각한 사고 6. elephant 7. camera 8. album 9. empty 10. traditional **C** 1. Hill 2. style 3. bathroom 4. elevator

알맞은 형태 쓰기

1. shake－(과거형)_____ －(과거분사형)_____

2. wake－(과거형)_____ －(과거분사형)_____

E **보기 단어들 뜻 음미해 보고 빈칸 속에 퐁당!**

| |보기| burn   pull   shake   wake(woke) |

1. He _____ed out the tooth. 그는 이를 뽑았다.

2. Is the fire still _____ing? 불이 아직 타고 있니?

3. _____ the bottle before you open it. 병을 열기 전에 흔들어라.

4. I _____ up at five o'clock this morning. 나는 오늘 아침 5시에 깨어났다.

F **빈칸에 들어갈 알맞은 단어는?**

Dinner's a_____ ready. 저녁이 거의 다 준비되었다.

G **같은 모양, 다른 의미**

Paste pieces of paper together.

Mix the flour and water to a paste.

⊙반갑다
기능어야! **near/beside**

• **near**

  1. 가까이: I live **near** my school. 난 학교 가까이에 산다.

  2. 무렵: **near** the end of the week 주말 무렵

  3. 가까운: in the **near** future 가까운 장래[곧]

• **beside**: ~의 옆에

  She was sitting right **beside** me. 그녀는 내 바로 옆에 앉아 있었다.

H **반갑다 기능어야! 익힌 후, 빈칸에 알맞은 기능어 넣기**

1. We went to the river _____ our city.

   우리는 도시 가까이에 있는 강으로 갔다.

2. He was running _____ me. 그는 내 옆에[나와 나란히] 달리고 있었다.

정답 **D** 1. shook, shaken 2. woke, woken **E** 1. pull 2. burn 3. Shake 4. woke **F** almost **G** 종이 조각들을 함께 풀로 붙여라.(풀로 붙이다) / 밀가루와 물을 섞어 반죽을 만들어라.(반죽) **H** 1. near 2. beside

DAY 46

01 **partner**[pá:rtnər] 파트너[동반자]

- 춤 파트너 a dancing _____

02 **sailor**[séilər] 선원

- 선원이 되다
  to become a _____

03 **stomach**[stʌ́mək] 위, 배
▶ **stomachache** 명 위통, 복통

- 배가 아프다.
  My _____ hurts.

04 **headache**[hédèik] 두통

- 두통이 있다 to have a _____

05 **snake**[sneik] 뱀

- 풀밭에 있는 뱀
  a _____ in the grass

06 **steak**[steik] 스테이크

- 저녁으로 스테이크를 먹다
  to have _____ for dinner

07 **carrot**[kǽrət] 당근

- 당근 주스 _____ juice

08 **rose**[rouz] 장미

- 빨간 장미들 red _____s

09 **glove**[glʌv] 장갑[글러브]

- 야구 글러브 baseball _____s

10 **chair**[tʃɛər] 의자

- 의자에 앉다 to sit on[in] a _____

11 **drama**[drá:mə] 극[드라마]

- TV 드라마 a TV _____

12 **pronunciation**[prənʌ̀nsiéiʃən]
발음

- 네 발음을 확인해라.
  Check your _____.

AEI L O CDGKN FV QW
             STXYZ

BMP U Ee R Th ChJSh

13 **cheer**[tʃiər] 图 환호[응원]하다,
힘을 북돋우다 圀 환호[응원]

· 힘내! C_____ up!

14 **reply**[riplái] 图 대답하다 圀 대답

· 질문에 대답하다
to _____ to a question

15 **discover**[diskʌ́vər] 발견하다

· 새로운 세계를 발견하다
to _____ a new world

16 **continue**[kəntínju:] 계속하다

· 계속해서 일하다 to _____ to work

17 **weak**[wi:k] 약한(↔strong)

· 약한 심장 a _____ heart

18 **thin**[θin] 얇은(↔thick), (몸이) 마른(↔fat),
묽은

· 얇은 책 a _____ book

thin thick　　**thin**　　fat

19 **crazy**[kréizi] ① 미친 ② 열광하는 ③ 화난

· 너 미쳤니? Are you _____?

20 **already**[ɔːlrédi] 이미[벌써]

· 난 이미 답을 알고 있다.
I _____ know the answer.

Today's Dessert

No rose without a thorn.
가시 없는 장미는 없다.

A 영어는 우리말로, 우리말은 영어로!

1. partner	11. 선원
2. stomach	12. 두통
3. steak	13. 뱀
4. glove	14. 당근
5. drama	15. 장미
6. cheer	16. 의자
7. reply	17. 발음
8. thin	18. 발견하다
9. crazy	19. 계속하다
10. already	20. 약한

B 단어와 단어의 만남

1. red roses
2. a TV drama
3. thin paper
4. 당근 주스 c_____ juice
5. 야구 글러브 baseball g_____ s
6. 영어 발음 English p_____

C 보기 단어들 뜻 씹어 보고 들어갈 곳에 쏙!

| 보기 | chair   headache   reply   stomach |

1. Sit on your _____. 네 의자에 앉아라.
2. I have a bad _____. 나는 심한 두통이 있다.
3. He was lying on his _____. 그는 배를 대고 누워 있었다.
4. I haven't received a _____ to my letter. 나는 편지에 대한 답장을 받지 못했다.

D 빈칸에 들어갈 알맞은 단어는?

1. He is tall and t_____. 그는 키가 크고 말랐다.
2. She was too w_____ to move. 그녀는 너무 약해서 움직이지 못했다.
3. You a_____ told me that. 넌 이미 그것을 내게 말했어.

정답 **A** 앞면 참조 **B** 1. 빨간 장미 2. TV 드라마 3. 얇은 종이 4. carrot 5. glove 6. pronunciation **C** 1. chair
2. headache 3. stomach 4. reply **D** 1. thin 2. weak 3. already

E 내 영어 실력?? ▸▸▸ 영영 사전 보는 정도!!!

| 보기 |　partner　　sailor　　snake　　steak

1. someone who works on a ship
2. a thick flat piece of meat or fish
3. a person that you are doing an activity with
4. an animal with a long thin body and no legs

F 보기 단어들 뜻 음미해 보고 빈칸 속에 퐁당!

| 보기 |　cheer　　continue　　discover　　reply

1. The rain _____d to fall all afternoon. 비가 오후 내내 계속해서 내렸다.
2. Columbus _____ed America in 1492.
   콜럼버스는 1492년에 아메리카를 발견했다.
3. "Of course," John _____ed with a smile.
   "물론이지." 존이 미소 지으며 대답했다.
4. They _____ed as the band began to play.
   그들은 악단이 연주를 시작하자 환호했다.

G 같은 모양, 다른 의미

He's crazy about football. / It's driving me crazy!

⊙반갑다 기능어야!

along/across/behind

- **along**: 따라 (쪽), 앞으로
  Go **along** this street to the corner. 모퉁이까지 이 길을 따라가라.
- **across**: 가로질러, 건너서, 맞은편에
  We walked **across** the street. 우리는 걸어서 길을 건넜다.
  The bookstore is **across** the road. 서점은 길 맞은편에 있다.
- **behind**: 뒤에
  There's a garden **behind** her house. 그녀의 집 뒤에는 뜰이 있다.

H 반갑다 기능어야! 익힌 후, 빈칸에 알맞은 기능어 넣기

1. We walked _____ the river. 우리는 강을 따라 걸었다.
2. I can swim _____ this river. 난 이 강을 수영해서 건널 수 있다.
3. He sat _____ me. 그는 내 뒤에 앉았다.

정답　**E** 1. sailor　2. steak　3. partner　4. snake　**F** 1. continue　2. discover　3. reply(replied)　4. cheer　**G** 그는 축구에 열광한다.(열광하는) / 그것은 날 화나게 한다.(화난)　**H** 1. along　2. across　3. behind

DAY 47

명사

01 champion [tʃǽmpiən] 우승자[챔피언]
- 올림픽 우승자 the Olympic _____

02 dinosaur [dáinəsɔ̀ːr] 공룡

- 공룡을 연구하다
  to study _____s

03 doll [dɑl] 인형
- 종이 인형 a paper _____

04 wheat [hwiːt] 밀
- 밀밭 a field of _____

05 corn [kɔːrn] 옥수수
- 옥수수를 재배하다 to grow _____

06 sandwich [sǽndwitʃ] 샌드위치
- 샌드위치를 만들다 to make a _____

07 knife [naif] 칼[나이프]
- 부엌 칼 a kitchen _____

08 fork [fɔːrk] 포크
- (한 벌의) 나이프와 포크
  a knife and _____

09 clothing [klóuðiŋ] 옷[의류]
  ▶clothes 명 옷[의복]
  ▶cloth 명 천[헝겊]
- 옷 가게 a _____ store

10 sweater [swétər] 스웨터
- 스웨터를 입고 있다
  to wear a _____

11 wallet [wɑ́lit] 지갑
- 지갑을 잃어버리다
  to lose a _____

12 department store
[dipɑ́ːrtməntstɔ̀ːr] 백화점
- 유명한 백화점 a famous _____

190

13 **blow**[blou] 통 (blew-blown)
(바람이) 불다 명 강타[타격]

• 바람이 불고 있다.
  The wind is _____ing.

14 **bow**[bau] 통 절하다, 숙이다
명 ① 절 ② [bou] 활, 나비매듭

• 왕에게 절하다
  to _____ to the king

15 **solve**[sɑlv] 풀다[해결하다]

• 문제를 풀다 to _____ a problem

16 **hate**[heit] 몹시 싫어하다[혐오하다](↔love)

• 난 네가 너무 싫어. I _____ you.

17 **correct**[kərékt] 형 올바른
(=right ↔incorrect) 통 바로잡다[고치다]
▶**correctly** 부 올바르게

• 정답
  the _____ answer

18 **thick**[θik] 두꺼운(↔thin), 짙은, 진한

• 두꺼운 외투 a _____ coat

19 **social**[sóuʃəl] 사회의
▶**society** 명 사회

• 사회 문제들 _____ problems

20 **inside**[insáid]
부 전 명 형 안(쪽)(에)(↔outside)

• 안을 들여다보다 to look _____

Today's Dessert

A straw shows which way the wind blows.
지푸라기 하나가 바람이 부는 방향을 보여 준다.

 즐거운 Test

47th

A 영어는 우리말로, 우리말은 영어로!

1. champion	11. 공룡
2. clothing	12. 인형
3. wallet	13. 밀
4. blow	14. 옥수수
5. bow	15. 샌드위치
6. solve	16. 칼[나이프]
7. hate	17. 포크
8. correct	18. 스웨터
9. thick	19. 백화점
10. inside	20. 사회의

B 단어와 단어의 만남

1. a field of wheat
2. a knife and fork
3. a clothing store
4. a thick sweater

5. 올림픽 우승자 the Olympic c_____
6. 햄 샌드위치 a ham s_____
7. 짙은 연기 t_____ smoke
8. 사회 변화 s_____ change

C 보기 단어들 뜻 씹어 보고 들어갈 곳에 쏙!

| 보기 | corn   department store   dinosaur   doll   wallet |

1. She is playing with a _____. 그녀는 인형을 가지고 놀고 있다.
2. We grow _____ on our farm. 우리 농장에서는 옥수수를 재배한다.
3. All _____s died out long ago. 모든 공룡은 오래전에 멸종했다.
4. Let's meet in front of the _____. 백화점 앞에서 만나자.
5. He took a credit card out of his _____. 그는 지갑에서 신용 카드를 꺼냈다.

정답 **A** 앞면 참조 **B** 1. 밀밭 2. (한 벌의) 나이프와 포크 3. 옷 가게 4. 두꺼운 스웨터 5. champion 6. sandwich
7. thick 8. social **C** 1. doll 2. corn 3. dinosaur 4. department store 5. wallet

D 같은 관계 맺어 주기

1. shake : shook : shaken = blow : b_____ : b_____

2. weak : strong = thin : t_____

E 보기 단어들 뜻 음미해 보고 빈칸 속에 퐁당!

| 보기 | blow(blew)   hate   solve

1. I _____ Monday mornings. 나는 월요일 아침이 너무 싫다.

2. She can _____ the problem easily. 그녀는 그 문제를 쉽게 풀 수 있다.

3. A cold wind _____ from the north. 차가운 바람이 북쪽에서 불어왔다.

F 빈칸에 공통으로 들어갈 단어는?

Let's go i_____. 안으로 들어가자.

What's i_____ the box? 상자 안에 무엇이 있니?

G 같은 모양, 다른 의미

1. They bowed to the king.

   a bow and arrow / She wore a bow in her hair.

2. Circle the correct answer. / Correct any mistakes that you find.

⊙반갑다 기능어야!

between/among

- **between**: 사이에(두 지점/둘 사이)
  It's **between** the bank and the school. 그건 은행과 학교 사이에 있어.
  I'll call you **between** 9 and 10 o'clock. 9시와 10시 사이에 전화할게.
  the friendship **between** her and him 그녀와 그 사이의 우정

- **among**: 사이에(셋 이상)
  We walked **among** the trees. 우리는 나무들 사이를 걸었다.
  Who is the best dresser **among** your friends?
  네 친구들 중에 누가 옷을 가장 잘 입니?

H 반갑다 기능어야! 익힌 후, 빈칸에 알맞은 기능어 넣기

1. We watched the soccer game _____ Korea and Japan.
   우리는 한국과 일본 사이의 축구 경기를 보았다.

2. He is popular _____ the girls. 그는 소녀들 사이에 인기가 있다.

정답 **D** 1. blew, blown 2. thick **E** 1. hate 2. solve 3. blew **F** inside **G** 1. 그들은 왕에게 절했다.(절하다) / 활과 화살(활) / 그녀는 머리에 나비매듭을 하고 있었다.(나비매듭) 2. 정답에 동그라미를 치시오.(올바른) / 네가 발견하는 어떤 실수라도 바로잡아라.(바로잡다) **H** 1. between 2. among

DAY 48

명사

01 whale[hweil] 고래
- 큰 고래 a large _____

02 mosquito[məskí:tou] 모기
- 모기를 죽이다 to kill a _____

03 throat[θrout] 목구멍
- 목구멍을 들여다보다
  to look in your _____

04 belt[belt] 벨트[(허리)띠]
- 좌석 벨트 a seat _____

05 boot[bu:t] 장화[부츠]
- 장화를 신고 있다 to wear _____s

06 balloon[bəlú:n] ① 풍선 ② 기구
- 풍선을 불다 to blow up a _____

07 role[roul] 역할
▶ **role-play** 명 역할극
- 역할을 하다 to play a _____

08 grammar[grǽmər] 문법
- 영문법 English _____

09 stress[stres] ① 스트레스[긴장/압박]
② 강조, 강세 ▶ **stressful** 형 스트레스가 많은
- 스트레스를 받고 있다
  to be under _____

명사 · 동사

10 skate[skeit] 명 (-s) 스케이트 (구두)
동 스케이트를 타다
- 스케이트 한 켤레 a pair of _____s

11 puzzle[pʌ́zl] 명 퍼즐[수수께끼]
동 어리둥절하게 하다
▶ **puzzled** 형 어리둥절해하는
▶ **puzzling** 형 어리둥절하게 하는
- 십자말풀이 a crossword _____

12 express[iksprés] 동 표현하다 형 급행의
명 ① 속달 ② 급행(열차)
▶ **expression** 명 표현, 표정
- 너 자신을 표현해라. E_____ yourself.

¹³ **cough** [kɔ(ː)f] 통 기침하다 명 기침

- 기침을 하다 to have a _____

¹⁴ **treat** [triːt] 통 ① 대하다[다루다]
② 치료하다 ③ 대접하다 명 한턱내기

- 그것을 조심해서 다루다
  to _____ it with care

동사

¹⁵ **create** [kriéit] 창조[창출]하다
▶creative 형 창조적인

- 멋진 세계를 창조하다
  to _____ a wonderful world

¹⁶ **divide** [diváid] 나누다[나뉘다]

- 반을 두 집단으로 나누다
  to _____ the class into two groups

명사 · 형용사

¹⁷ **plastic** [plǽstik] 명 플라스틱 (제품)
형 플라스틱의

- 플라스틱으로 만들어지다
  to be made of _____

¹⁸ **fair** [fɛər] 형 공정한[공평한](↔unfair)
명 박람회

- 그건 공정하지 않아.
  It's not _____.

fair

unfair

¹⁹ **folk** [fouk] 형 민속의
명 사람들(=people), (-s) 가족

- 민요 a _____ song

부사

²⁰ **yet** [jet] (부정문) 아직, (의문문) 벌써
접 그렇지만[그럼에도 불구하고]

- 난 아직 끝내지 못했어.
  I haven't finished _____.

Today's Dessert

Don't judge a man until you've walked in his boots.
남의 장화를 신어보지[입장이 되어보지] 않고서 그 사람을 판단하지 마라.

A 영어는 우리말로, 우리말은 영어로!

1. stress	11. 고래
2. skate	12. 모기
3. puzzle	13. 목구멍
4. express	14. 벨트[(허리)띠]
5. treat	15. 장화[부츠]
6. create	16. 풍선, 기구
7. plastic	17. 역할
8. fair	18. 문법
9. folk	19. 기침하다, 기침
10. yet	20. 나누다[나뉘다]

B 단어와 단어의 만남

1. a large whale
2. a pair of winter boots
3. an express bus
4. a plastic cup
5. fair play

6. 모기장 a m_____ net
7. 좌석 벨트 a seat b_____
8. 영문법 English g_____
9. 도서 박람회 a book f_____
10. 민속촌 a f_____ village

C 보기 단어들 뜻 씹어 보고 들어갈 곳에 쏙!

보기	balloon　　role　　stress　　throat

1. I have a sore _____. 목이 아프다.
2. I blew up the _____. 나는 풍선을 불었다.
3. She is under a lot of _____. 그녀는 많은 스트레스를 받고 있다.
4. Parents play an important _____ in their child's learning.
   부모는 자식의 학습에 중요한 역할을 한다.

D 보기 단어들 뜻 음미해 보고 빈칸 속에 풍덩!

| 보기 | cough　　　create　　　divide　　　express　　　skate |

1. I couldn't stop _____ing. 나는 기침하는 것을 멈출 수 없었다.

2. We go _____ing in winter. 우리는 겨울에 스케이트를 타러 간다.

3. They plan to _____ more jobs. 그들은 더 많은 일자리를 창출할 계획이다.

4. Words can't _____ how happy I am. 말은 내가 얼마나 행복한지 표현할 수 없다.

5. The teacher _____d the class into two groups.
   선생님은 반을 두 그룹으로 나누었다.

E 빈칸에 공통으로 들어갈 단어는?

I haven't checked my email _____. 난 아직 이메일을 확인하지 못했다.

Has Mike arrived _____? 마이크가 벌써 도착했니?

F 같은 모양, 다른 의미

1. They <u>treat</u> me like a child.
   I will <u>treat</u> you to dinner.

2. He was doing a crossword <u>puzzle</u>.
   The question <u>puzzled</u> me.

◎반갑다 기능어야!

than

* 형용사 · 부사 비교급+than: ~보다 …하게/한
She is **older than** me. 그녀는 나보다 더 나이가 많다.
He is **taller than** his father. 그는 아버지보다 더 크다.

* **more/less than**: ~ 이상/미만
more/less than 10 dollars 10달러 이상/미만

G 반갑다 기능어야! 익힌 후, 빈칸에 알맞은 기능어 넣기

1. He is weaker _____ her. 그는 그녀보다 더 약하다.

2. I exercise more _____ two times a week.
   난 1주일에 2번 이상 운동을 한다.

정답　**D** 1. cough 2. skate(skating) 3. create 4. express 5. divide　**E** yet　**F** 1. 그들은 나를 아이처럼 대한다.(대하다) / 제가 당신께 저녁을 대접할게요.(대접하다) 2. 그는 십자말풀이를 하고 있었다.(퍼즐) / 그 질문이 나를 어리둥절하게 했다.(어리둥절하게 하다)　**G** 1. than 2. than

DAY 49

명사

01 **gentleman**[dʒéntlmən]
(복수 **gentlemen**) 신사
- 친절한 신사 a kind _____

02 **grape**[greip] 포도
- 청포도 green _____

03 **spinach**[spínitʃ] 시금치
- 시금치 수프 _____ soup

04 **snack**[snæk] 간식
- 간식을 먹다 to have[eat] a _____

05 **plate**[pleit] 접시
- 샐러드 접시 a salad _____

06 **bedroom**[bédrùːm] 침실
- 침실이 3개 있는 집
  a house with three _____s

07 **tent**[tent] 천막[텐트]
- 천막을 치다 to put up a _____

08 **shampoo**[ʃæmpúː] 샴푸
- 샴푸로 머리를 감다
  to wash your hair with _____

09 **stamp**[stæmp] 우표, 도장
- 우표를 수집하다 to collect _____s

명사 · 동사

10 **film**[film] 명 필름, 영화 동 촬영하다[찍다]
* **film-maker** 영화 제작자
- 국제 영화제
  an international _____ festival

11 **rescue**[réskjuː] 명 구조[구출]
동 구조[구출]하다
- 119 구조대 the 119 _____ team

12 **press**[pres] 동 누르다(=push)
명 언론, 인쇄
* **printing press** 인쇄기

- 단추를 누르다
  to _____ a button

13 **stick**[stik] 동 ① (stuck-stuck) 붙(이)다
② 찌르다, 내밀다 명 스틱[지팡이]

- 우표를 봉투에 붙이다
  to _____ a stamp on the envelop

14 **roll**[roul] 동 구르다[굴리다], 말다
명 두루마리

- 공을 굴리다 to _____ a ball

명사 · 형용사

15 **silver**[sílvər] 명 형 은(색)(의)

- 은화 a _____ coin

16 **native**[néitiv] 형 출생지의, 원주민의
명 현지인[원주민]

- 원어민 a _____ speaker

형용사

17 **lovely**[lʌ́vli] ① 아름다운 ② 즐거운

- 아름다운 여인 a _____ woman

18 **handsome**[hǽnsəm] 잘생긴

- 잘생긴 소년 a _____ boy

19 **stupid**[stjúpid] 어리석은[멍청한]

- 어리석은 실수 a _____ mistake

부사

20 **o'clock**[əklák] ~시

- 9시에 at nine _____

Every cloud has a silver lining.
어떤 구름이라도 그 뒤쪽은 은빛으로 빛난다.(괴로움의 이면에는 기쁨이 있다.)

즐거운 Test

49th

A 영어는 우리말로, 우리말은 영어로!

1. film	11. 신사
2. rescue	12. 포도
3. press	13. 시금치
4. stick	14. 간식
5. roll	15. 접시
6. silver	16. 침실
7. native	17. 천막[텐트]
8. lovely	18. 샴푸
9. stupid	19. 우표, 도장
10. o'clock	20. 잘생긴

B 단어와 단어의 만남

1. a kind gentleman
2. fresh spinach
3. a salad plate
4. a handsome boy
5. a stupid idea
6. 포도 주스 g_____ juice
7. 깨끗한 침실 a clean b_____
8. 우표첩 a s_____ album
9. 은숟가락 a s_____ spoon
10. 모국어 n_____ language

C 보기 단어들 뜻 씹어 보고 들어갈 곳에 쏙!

보기	film shampoo snack tent

1. We put up a _____. 우리는 천막을 쳤다.
2. Eat a healthy _____. 건강에 좋은 간식을 먹어라.
3. She washes her hair with _____. 그녀는 샴푸로 머리를 감는다.
4. Have you seen any good _____s recently? 최근에 좋은 영화를 본 적이 있니?

정답 **A** 앞면 참조 **B** 1. 친절한 신사 2. 신선한 시금치 3. 샐러드 접시 4. 잘생긴 소년 5. 어리석은 생각 6. grape 7. bedroom 8. stamp 9. silver 10. native **C** 1. tent 2. snack 3. shampoo 4. film

D 보기 단어들 뜻 음미해 보고 빈칸 속에 퐁당!

| 보기 | press   rescue   roll

1. _____ the red button quickly. 빨간 버튼을 빨리 눌러라.

2. The ball _____ed into the street. 공이 길거리로 굴러갔다.

3. He _____d two people from the fire. 그는 화재에서 두 사람을 구조했다.

E 알맞은 형태 쓰기

stick -(과거형)_____ -(과거분사형)_____

F 빈칸에 들어갈 알맞은 단어는?

1. You look l_____ in that dress. 넌 그 옷을 입으니 아름다워 보인다.

2. We got up at six o_____. 우리는 6시에 일어났다.

G 같은 모양, 다른 의미

Stick two pieces of paper together.

The boys were throwing sticks and stones at the dog.

⊙반갑다 기능어야!   **as**

1. ~로(서)(자격): Treat me **as** a friend. 날 친구로 대해다오.

2. **as** A **as** B: B만큼 A
   You're **as** tall **as** your father. 넌 네 아버지만큼 크구나.
   Run **as** fast **as** you can[possible]. 가능한 한 빨리 뛰어라.

3. ~ 대로: They did **as** I had asked. 그들은 내가 부탁한 대로 했다.

4. ~ 동안
   I saw him **as** I was coming into the room. 난 방으로 들어오는 동안 그를 보았다.

5. ~ 때문에
   She needs some help **as** she's new. 그녀는 새로 왔기 때문에 도움이 필요하다.

H 반갑다 기능어야! 익힌 후, 빈칸에 알맞은 기능어 넣기

1. I respect her _____ a doctor. 난 그녀를 의사로서 존경한다.

2. Do _____ I say! 내가 말하는 대로 해!

정답 **D** 1. Press 2. roll 3. rescue **E** stuck, stuck **F** 1. lovely 2. o'clock **G** 종이 두 장을 함께 붙여라.(붙이다) / 소년들이 개에게 막대기와 돌을 던지고 있었다.(막대기) **H** 1. as 2. as

DAY 50

명사

01 **goat**[gout] 염소[산양]

• 염소젖[산양유] _____'s milk

02 **jacket**[dʒǽkit] 재킷[(짧은) 윗옷]

• 재킷을 입어보다
to try on a _____

03 **blouse**[blaus] 블라우스

• 흰색 블라우스 a white _____

04 **ribbon**[ríbən] 리본[(장식용) 띠]

• 빨간 리본 a red _____

05 **toothache**[túːθèik] 치통

• 치통을 앓다 to get[have] a _____

06 **medal**[médl] 메달[훈장]

• 메달을 따다 to win a _____

07 **poster**[póustər] 포스터[광고지]

• 포스터를 붙이다 to put up a _____

08 **calendar**[kǽlindər] 달력

• 2023년도 달력 a _____ for 2023

09 **noon**[nuːn] 정오

• 정오에 at _____

10 **air conditioner** 에어컨

• 에어컨을 켜다
to turn on the _____

11 **Mars**[mɑːrz] 화성

• 지구에서 화성까지
from the earth to M_____

¹² **respect**[rispékt] 명 존경[존중]
동 존경[존중]하다

• 선생님을 존경하다
to _____ your teacher

¹³ **count**[kaunt] 동 세다[계산하다]
명 셈[계산] ▶**counter** 명 계산대

• 10까지 세다 to _____ up to 10

¹⁴ **hurry**[hə́:ri] 동 서두르다 명 서두름
* **in a hurry** 서둘러[급히]

• 서둘러라. H_____ up.

¹⁵ **knock**[nαk] 노크하다[두드리다]

• 문을 두드리다
to _____ on the door

¹⁶ **succeed**[səksí:d] 성공하다
▶**success** 명 성공

• 사업에 성공하다
to _____ in business

¹⁷ **brave**[breiv] 용감한

• 용감한 소녀 a _____ girl

¹⁸ **good-looking**[gudlúkiŋ] 잘생긴

• 잘생긴 남자 a _____ man

¹⁹ **cheap**[tʃi:p] (값)싼

• 싼 표 a _____ ticket

²⁰ **else**[els] 그 밖의

• 그 밖의 무엇 something _____

Today's Dessert **The brave get the beauty.**
용기 있는 자가 미인을 차지한다.

203

A 영어는 우리말로, 우리말은 영어로!

1. jacket	11. 염소[산양]
2. ribbon	12. 블라우스
3. medal	13. 치통
4. poster	14. 달력
5. respect	15. 정오
6. count	16. 에어컨
7. hurry	17. 화성
8. knock	18. 성공하다
9. good-looking	19. 용감한
10. else	20. (값)싼

B 단어와 단어의 만남

1. goat's milk
2. a white blouse
3. a good-looking man
4. a cheap ticket
5. 빨간 리본 a red r_____
6. 은메달 a silver m_____
7. 탁상용 달력 a desk c_____
8. 용감한 군인 a b_____ soldier

C 보기 단어들 뜻 씹어 보고 들어갈 곳에 쏙!

| 보기 | hurry   Mars   poster   respect   toothache |

1. Treat people with _____. 사람들을 존중심을 갖고 대해라.
2. He had to leave in a _____. 그는 서둘러 떠나야 했다.
3. I had terrible _____ all last night. 나는 어젯밤 내내 심한 치통을 앓았다.
4. There seems to be no life on _____. 화성에는 생물체가 없는 것 같다.
5. They put up _____s on the classroom walls.
   그들은 교실 벽에 포스터를 붙였다.

정답 **A** 앞면 참조 **B** 1. 염소젖[산양유] 2. 흰색 블라우스 3. 잘생긴 남자 4. (값)싼 표 5. ribbon 6. medal 7. calendar
8. brave **C** 1. respect 2. hurry 3. toothache 4. Mars 5. poster

D 내 영어 실력?? ▶▶▶ 영영 사전 보는 정도!!!

| 보기 | air conditioner jacket noon

1. a short light coat

2. 12 o'clock in the daytime

3. a machine that cools and dries air

E 보기 단어들 뜻 음미해 보고 빈칸 속에 풍당!

| 보기 | count hurry knock respect succeed

1. I _____ my parents. 나는 부모님을 존경한다.

2. He _____ed on the door. 그가 문을 두드렸다.

3. _____ from 1 to 10 in English. 영어로 1부터 10까지 세어라.

4. Never give up until you _____. 성공할 때까지 결코 포기하지 마.

5. If we _____, we'll get there in time. 서두르면 우리는 제때 거기에 도착할 거야.

F 빈칸에 들어갈 알맞은 단어는?

Do you want anything e_____? 너는 그 밖의 무엇을 원하니?

⊙반갑다 기능어야!

like

1. **~같이[처럼]**
   She sings **like** an angel! 그녀는 천사처럼 노래하는구나!

2. **look[seem]/sound like: ~처럼 보이다/들리다[~ 듯하다]**
   It **looks like** snow. 눈이 올 것 같다.

3. **What is ~ like?: ~은 어때?**
   What's the weather **like**? 날씨가 어떠니?

4. **feel like (doing) something: ~하고 싶다**
   I **feel like** studying. 난 공부하고 싶어.

G 반갑다 기능어야! 익힌 후, 빈칸에 알맞은 기능어 넣기

1. She looks _____ a fashion model. 그녀는 패션모델처럼 보인다.

2. I don't feel _____ eating anything. 난 아무것도 먹고 싶지 않아.

정답 **D** 1. jacket 2. noon 3. air conditioner **E** 1. respect 2. knock 3. Count 4. succeed 5. hurry **F** else
G 1. like 2. like

DAY 51

명사

01 **bamboo**[bæmbúː] 대나무
- 대나무 의자 a _____ chair

02 **beef**[biːf] 쇠고기
- 쇠고기를 요리하다 to cook _____

03 **pork**[pɔːrk] 돼지고기
- 쇠고기와 돼지고기 beef and _____

04 **cheese**[tʃiːz] 치즈
- 치즈 한 장 a slice of _____

05 **dough**[dou] 밀가루 반죽
- 빵 반죽 bread _____

06 **pot**[pɑt] (깊은) 냄비, 화분[도자기]
- 속이 깊은 냄비들과 얕은 냄비들
  _____s and pans

07 **scarf**[skɑːrf] 스카프[목도리]
- 스카프[목도리]를 두르다
  to wear a _____

08 **apartment**[əpáːrtmənt] 아파트
- 아파트 건물 an _____ building

09 **railroad**[réilròud] 철도
- 철도역 a _____ station

10 **speech**[spiːtʃ] 연설
- 웅변대회 a _____ contest

동사

11 **push**[puʃ] 밀다(↔pull)
▶**push-up** 명 (엎드려) 팔굽혀펴기
- 문을 밀어 열다
  to _____ the door open

12 **bake**[beik] 굽다
▶**baker** 명 제빵사
▶**bakery** 명 빵집[제과점]
- 빵을 굽다 to _____ bread

¹³ **fry**[frai] (기름에) 튀기다

- 감자를 튀기다
  to _____ the potatoes

¹⁴ **disappear**[dìsəpíər]
사라지다(↔appear)

- 시야에서 사라지다
  to _____ from view

명사 · 형용사

¹⁵ **west**[west] 몡 서쪽, (the West) 서양
몡 서쪽의 ㉣ 서쪽으로
▶**western** 몡 서쪽의, 서양의

- 동쪽에서 서쪽으로
  from east to _____

¹⁶ **musical**[mjúːzikəl] 몡 음악의 몡 뮤지컬

- 뮤지컬을 보러 가다
  to go to see _____s

형용사

¹⁷ **quick**[kwik] 빠른
▶**quickly** ㉣ 빨리[곧]

- 빠른 답변 a _____ reply

¹⁸ **cloudy**[kláudi] 흐린[구름이 많이 낀]

- 흐린 하늘 a _____ sky

¹⁹ **thirsty**[θə́ːrsti] 목마른

- 목이 마르다. I'm _____.

부사

²⁰ **abroad**[əbrɔ́ːd] 외국에[으로]

- 외국에 가다 to go _____

Today's Dessert

A little pot is soon hot.
작은 냄비는 금방 뜨거워진다.(소인은 화를 잘 낸다.)

A   영어는 우리말로, 우리말은 영어로!

1. dough	11. 대나무	
2. pot	12. 쇠고기	
3. scarf	13. 돼지고기	
4. apartment	14. 치즈	
5. fry	15. 철도	
6. west	16. 연설	
7. musical	17. 밀다	
8. quick	18. 굽다	
9. cloudy	19. 사라지다	
10. abroad	20. 목마른	

B   단어와 단어의 만남

1. a bamboo basket
2. pots and pans
3. a railroad station
4. my musical tastes

5. 빵 반죽   bread d_____
6. 아파트 건물   an a_____ building
7. 빠른 대답   a q_____ reply
8. 흐린 날   a c_____ day

C   보기 단어들 뜻 씹어 보고 들어갈 곳에 쏙!

| 보기 | musical   scarf   speech   west |

1. Sun sets in the _____. 태양은 서쪽으로 진다.
2. She was wearing a hat and _____. 그녀는 모자와 스카프를 착용하고 있었다.
3. I went to see a _____ last evening. 나는 어제 저녁에 뮤지컬을 보러 갔다.
4. He will give a _____ on human rights. 그는 인권에 대한 연설을 할 거다.

정답   **A** 앞면 참조   **B** 1. 대바구니 2. 속이 깊은 냄비들과 얕은 냄비들 3. 철도역 4. 나의 음악적 취향 5. dough
6. apartment 7. quick 8. cloudy   **C** 1. west 2. scarf 3. musical 4. speech

D 어울리는 것끼리 연결하기

1. beef   a. meat from pigs
2. cheese   b. meat from cows
3. pork   c. a food made from milk

E 보기 단어들 뜻 음미해 보고 빈칸 속에 풍덩!

| 보기 | bake   disappear   fry   push

1. I'm _____ing some bread. 나는 빵을 굽고 있다.
2. The sun _____ed behind a cloud. 태양이 구름 뒤로 사라졌다.
3. Shoppers were _____ing their carts. 쇼핑객들이 카트를 밀고 있다.
4. Heat the oil and _____ the chicken for 10 minutes.
   기름을 가열해 닭고기를 10분 동안 튀겨라.

F 빈칸에 들어갈 알맞은 단어는?

1. I'm t_____. 나 목말라.
2. I've never lived a_____. 나는 결코 외국에 산 적이 없다.

○반갑다 기능어야!

and

1. ~와, 그리고
   I want to speak, read, **and** write English well.
   난 영어를 말하기도 읽기도 쓰기도 잘하고 싶다.

2. 명령문, and: ~해라. 그러면
   Hurry, **and** you will be in time. 서둘러라. 그러면 제때 도착할 거다.

3. **both A and B**: A도 B도 (둘 다)
   Both she **and** he enjoy singing. 그녀도 그도 노래하는 걸 즐긴다.

G 반갑다 기능어야! 익힌 후, 빈칸에 알맞은 기능어 넣기

1. Just do your best, _____ you'll win. 단지 최선을 다해. 그러면 이길 거야.
2. The peoples of _____ South _____ North Korea hate war.
   남한과 북한 국민들은 다 전쟁을 싫어한다.

정답 **D** 1. b 2. c 3. a   **E** 1. bake(baking) 2. disappear 3. push 4. fry   **F** 1. thirsty 2. abroad   **G** 1. and 2. both, and

DAY 52

> 명사

01 homemaker[housewife]
[hóummèikər] 주부

- 주부로서의 그녀의 삶
  her life as a _____

02 butterfly[bʌ́tərflài] 나비

- 꽃에 앉아 있는 나비
  a _____ on the flower

03 web[web] ① (the Web) (인터넷) 웹
(=the World Wide Web) ② 거미줄

- 웹을 검색하다[웹서핑을 하다]
  to surf the W_____

04 parrot[pǽrət] 앵무새

- 애완용 앵무새 a pet _____

05 kangaroo[kæ̀ŋgərúː] 캥거루

- 캥거루가 뛰고 있다.
  The _____ is jumping.

06 chip[tʃip] (감자/컴퓨터) 칩

- 포테이토칩 potato _____s

07 dessert[dizə́ːrt] 후식[디저트]
[비교] desert 명 사막

- 후식으로 뭐가 나오니?
  What's for _____?

08 cellular phone[cellphone]
휴대폰

- 그의 휴대폰이 울렸다.
  His _____ rang.

09 curtain[kə́ːrtn] 커튼[막]

- 커튼을 치다 to draw a _____

10 roof[ruːf] 지붕

- 빨간 지붕 a red _____

11 nickname[níknèim] 별명

- 넌 별명이 있니?
  Do you have a _____?

12 **destroy**[distrɔ́i] 파괴하다
▶**destruction** 몡 파괴

• 건물을 파괴하다
to _____ the building

13 **fix**[fiks] ① 고치다[수리하다] ② 고정시키다

• 컴퓨터를 고치다 to _____ a computer

14 **gather**[gǽðər] 모으다[모이다]

• 정보를 모으다 to _____ information

15 **protect**[prətékt] 보호하다

• 지구를 보호하다 to _____ the earth

16 **advertise**[ǽdvərtàiz] 광고하다
▶**advertisement**[ad] 몡 광고
▶**advertising** 몡 광고(하기)
▶**advertiser** 몡 광고주

• 신문에 광고하다
to _____ in the newspaper

17 **certain**[sə́:rtn] ① 확신하는[확실한]
(=sure) ② 어떤
▶**uncertain** 몡 확신이 없는, 불확실한

• 넌 그것에 대해 확신하니?
Are you _____ about that?

18 **classical**[klǽsikəl] 고전의

• 고전 음악 _____ music

19 **elementary**[èləméntəri]
기본[초보]의, 초등학교의

• 초등학교 an _____ school

20 **quite**[kwait] 꽤

• 그건 꽤 크다. It's _____ big.

Today's Dessert

Gather the rosebuds while you may.
할 수 있는 동안 장미 봉오리를 모아라.

A 영어는 우리말로, 우리말은 영어로!

1. web	11. 주부
2. chip	12. 나비
3. destroy	13. 앵무새
4. fix	14. 캥거루
5. gather	15. 후식[디저트]
6. protect	16. 휴대폰
7. certain	17. 커튼[막]
8. classical	18. 지붕
9. elementary	19. 별명
10. quite	20. 광고하다

B 단어와 단어의 만남

1. a homemaker's work
2. a web designer
3. potato chips
4. an elementary school

5. 나비 날개 b_____ wings
6. 애완용 앵무새 a pet p_____
7. 빨간 지붕 a red r_____
8. 고전 음악 c_____ music

C 보기 단어들 뜻 씹어 보고 들어갈 곳에 쏙!

보기	cellphone　　curtain　　dessert　　kangaroo　　nickname

1. The _____ is rising. 막이 오르고 있다.
2. Her _____ is ringing. 그녀의 휴대폰이 울리고 있다.
3. The _____ is jumping. 캥거루가 뛰고 있다.
4. They call me by my _____. 그들은 나를 내 별명으로 부른다.
5. What are we having for _____? 우리는 후식으로 무엇을 먹을 거니?

정답 **A** 앞면 참조 **B** 1. 주부의 일 2. 웹 디자이너 3. 포테이토칩 4. 초등학교 5. butterfly 6. parrot 7. roof 8. classical **C** 1. curtain 2. cellphone 3. kangaroo 4. nickname 5. dessert

D 보기 단어들 뜻 음미해 보고 빈칸 속에 퐁당!

| 보기 | advertise   destroy   gather   protect |

1. We should _____ wild animals. 우리는 야생 동물을 보호해야 한다.
2. We all _____ed around a campfire. 우리 모두는 캠프파이어 둘레에 모였다.
3. The building was _____ed by fire. 그 건물은 화재로 파괴되었다.
4. They _____d the new book in the newspaper.
   그들은 새 책을 신문에 광고했다.

E 빈칸에 들어갈 알맞은 단어는?

1. This is q_____ different from that. 이것은 저것과 꽤 다르다.
2. I am c_____ that Korea has a bright future.
   나는 대한민국이 밝은 미래를 갖고 있다고 확신한다.

F 같은 모양, 다른 의미

He <u>fix</u>ed my broken computer.
He <u>fix</u>ed the shelf to the wall.

⊙반갑다 기능어야!

or

1. ~나, 또는
   You can go, stop, **or** turn. 넌 가거나 멈추거나 돌아설 수 있어.

2. 명령문, or: ~해라. 그렇지 않으면
   Hurry up, **or** you'll be late. 서둘러. 그렇지 않으면 지각할 거야.

3. **either A or B**: A든지 B든지 (어느 하나)
   I think she's **either** American **or** Canadian.
   난 그녀가 미국인이거나 캐나다인일 거라고 생각한다.

G 반갑다 기능어야! 익힌 후, 빈칸에 알맞은 기능어 넣기

You can have the cheese cake _____ fruit salad.
넌 치즈 케이크나 과일 샐러드를 먹을 수 있다.

정답 **D** 1. protect 2. gather 3. destroy 4. advertise **E** 1. quite 2. certain **F** 그가 내 고장 난 컴퓨터를 고쳤다.(고치다) / 그는 선반을 벽에 고정시켰다.(고정시키다) **G** or

213

DAY 53

명사

01 magician [mədʒíʃən] 마술사
▶ **magic** 명 마술 ▶ **magical** 형 마법의

- 유명한 마술사 a famous _____

02 mail carrier[mailman]
우편배달부(=postman)

- 우편배달부가 편지를 가져온다.
  The _____ brings letters.

03 thumb [θʌm] 엄지손가락

- 엄지손가락을 들어 올리다
  to put your _____ up

04 cucumber [kjú:kəmbər] 오이

- 시원한 오이 a cool _____

05 refrigerator[fridge]
[rifrídʒərèitər] 냉장고

- 새 냉장고 a new _____

06 jar [dʒɑːr] 병[단지/항아리]

- 잼 병[항아리] a jam _____

07 drum [drʌm] 북[드럼]
▶ **drummer** 명 북 연주자

- 북[드럼]을 연주하다
  to play the _____

08 jungle [dʒʌ́ŋgl] 밀림[정글]

- 아마존 밀림 the Amazon _____

09 setting [sétiŋ] 배경

- 연극의 배경 the _____ of a play

10 script [skript] 대본

- 영화 대본 a film _____

명사 · 동사

11 monitor [mánətər] 명 모니터
동 감시하다

- 컴퓨터 모니터
  a computer _____

12 **sail**[seil] 동 항해하다 명 돛
  ▶**sailor** 명 선원

• 서쪽으로 항해하다 to _____ west

13 **bite**[bait] 동 (**bit-bitten**) 물다 명 물기

• 그 개는 물지 않는다.
  The dog won't _____.

동사

14 **kick**[kik] 차다

• 공을 차다 to _____ a ball

15 **pour**[pɔːr] (액체를) 따르다, (퍼)붓다

• 물을 잔에 따르다
  to _____ water into a glass

16 **boil**[bɔil] 끓다[끓이다], 삶다

• 물을 끓이다 to _____ water

형용사

17 **pleasant**[plézənt] 쾌적한[즐거운]
  ▶**please** 동 기쁘게 하다

• 쾌적한 장소 a _____ place

18 **nervous**[nɔ́ːrvəs] ① 초조한 ② 신경의

• 난 초조해. I'm _____.

19 **crowded**[kráudid] 붐비는

• 붐비는 지하철 a _____ subway

부사 · 형용사

20 **straight**[streit] 부 똑바로[곧장]
  형 곧은[똑바른]

• 똑바로[곧장] 가다 to go _____

Today's Dessert **Once bitten, twice shy.**
한 번 물리면 두 번째는 조심한다.(자라 보고 놀란 가슴 솥뚜껑 보고 놀란다.)

A 영어는 우리말로, 우리말은 영어로!

1. jar	11. 마술사
2. jungle	12. 우편배달부
3. monitor	13. 엄지손가락
4. sail	14. 오이
5. bite	15. 냉장고
6. pour	16. 북[드럼]
7. boil	17. 배경
8. pleasant	18. 대본
9. nervous	19. 차다
10. straight	20. 붐비는

B 단어와 단어의 만남

1. a mail carrier[mailman]
2. a jam jar
3. a film script
4. a computer monitor
5. 시원한 오이 a cool c_____
6. 아마존 밀림 the Amazon j_____
7. 하얀 돛 a white s_____
8. 직선 a s_____ line

C 보기 단어들 뜻 씹어 보고 들어갈 곳에 쏙!

보기	drum magician refrigerator setting thumb

1. She put milk in the _____. 그녀는 우유를 냉장고에 넣었다.
2. He played the _____ in a band. 그는 악단에서 드럼을 연주했다.
3. She cut her _____ with a knife. 그녀는 엄지손가락을 칼에 벴다.
4. The _____ did tricks with cards. 마술사는 카드로 마술을 했다.
5. The _____ of the play is Seoul in the 1950s.
   그 연극의 배경은 1950년대 서울이다.

정답 **A** 앞면 참조 **B** 1. 우편배달부 2. 잼 병[항아리] 3. 영화 대본 4. 컴퓨터 모니터 5. cucumber 6. jungle 7. sail 8. straight **C** 1. refrigerator 2. drum 3. thumb 4. magician 5. setting

D 알맞은 형태 쓰기

bite-(과거형)_____ -(과거분사형)_____

E 보기 단어들 뜻 음미해 보고 빈칸 속에 퐁당!

| 보기 | bite(bit)   boil   kick   monitor   pour   sail

1. I _____ed the ball. 나는 공을 찼다.

2. The dog _____ him. 개가 그를 물었다.

3. _____what is going on. 무슨 일이 일어나고 있는지 감시해라.

4. The ship is _____ing to China. 그 배는 중국으로 항해하고 있다.

5. _____ the potatoes for 15 minutes. 감자를 15분 동안 삶아라.

6. She _____ed some milk into a glass. 그녀는 우유를 잔에 따랐다.

F 빈칸에 들어갈 알맞은 단어는?

1. Go s_____ along this road. 이 도로를 따라 똑바로[곧장] 가세요.

2. Do you feel n_____ during exams? 시험 보는 동안에 초조함을 느끼니?

3. The restaurant was large and p_____. 식당은 넓고 쾌적했다.

4. The streets were c_____ with tourists. 거리는 관광객들로 붐볐다.

⊙반갑다
기능어야!

but
그러나, 그렇지만
He is poor, **but** he studies hard. 그는 가난하지만 열심히 공부한다.
I'd like to go **but** I'm too busy. 나는 가고 싶지만 너무 바쁘다.

＊**not only A but (also) B**: A뿐만 아니라 B도
It is **not only** good, **but (also)** cheap.
그것은 질이 좋을 뿐만 아니라 싸기도 하다.

G 반갑다 기능어야! 익힌 후, 빈칸에 알맞은 기능어 넣기

1. They can't see, _____ they can imagine many things.
   그들은 볼 수는 없지만, 많은 걸 상상할 수 있다.

2. I'd like to study not only English _____ also Chinese.
   난 영어뿐만 아니라 중국어도 공부하고 싶다.

정답 **D** bit, bitten **E** 1. kick 2. bit 3. Monitor 4. sail 5. Boil 6. pour **F** 1. straight 2. nervous 3. pleasant 4. crowded **G** 1. but 2. but

DAY 54

명사

01 photographer[fətágrəfər]
사진작가[사진사]
▶ **photo**[**photograph**] 몡 사진

- 유명한 사진작가 a famous _____

02 vet[vet] 수의사(=**veterinarian**)

- 수의사가 되다
  to become a _____

03 goose[guːs] (복수 **geese**) 거위

- 거위알 a _____ egg

04 spider[spáidər] 거미

- 거미줄 a _____'s web

05 toe[tou] 발가락

- 내 엄지발가락 my big _____

06 blackboard[blǽkbɔ̀ːrd]
칠판(=**chalkboard**)

- 칠판에 쓰다
  to write on the _____

07 bean[biːn] 콩

- 콩을 심다 to plant _____s

08 cabbage[kǽbidʒ] 양배추

- 삶은 양배추 boiled _____

09 bench[bentʃ] 벤치[긴 의자]

- 공원 벤치 a park _____

10 ambulance[ǽmbjuləns] 구급차

- 구급차를 부르다 to call an _____

11 alphabet[ǽlfəbèt] 알파벳[자모(字母)]

- 영어 알파벳 the English _____

명사 · 동사

12 rush[rʌʃ] 통 서두르다[급히 움직이다]
몡 돌진, 바쁨
* **rush hour** 러시아워[혼잡 시간]

- 하루 종일 이리저리 급히 움직이다
  to _____ around all day

¹³ **increase**[inkríːs] 통 늘리다[증가하다]
명 증가

• 5% 증가하다 to _____ by 5%

동사

¹⁴ **hide**[haid]-hid-hidden 숨기다[숨다]

• 사실을 숨기다 to _____ the fact

¹⁵ **disappoint**[dìsəpɔ́int] 실망시키다
▶**disappointed** 형 실망한
▶**disappointment** 명 실망

• 그를 실망시키다 to _____ him

¹⁶ **surf**[səːrf] ① 파도타기를 하다
② 인터넷을 검색하다
▶**surfing** 명 파도타기, 인터넷 검색

• 인터넷을 검색하다
  to _____ the Internet

형용사

¹⁷ **excellent**[éksələnt] 뛰어난[탁월한]

• 뛰어난 학생 an _____ student

¹⁸ **wet**[wet] ① 젖은(↔dry)
② 비 오는(=rainy)

• 젖은 옷 _____ clothes

wet　　　**dry**

¹⁹ **dead**[ded] 죽은

• 죽은 동물 a _____ animal

부사

²⁰ **either**[íːðər] (부정문) ~도
형 대 (둘 중) 어느 하나(의)
  * **either A or B** A든지 B든지 (어느 하나)
  [비교] **too** 부 (긍정문) ~도
  [비교] **both** 형 대 둘 다(의)

• A: 난 수영을 못해. B: 나도 그래.
  A: I can't swim.
  B: I can't, _____.

Today's Dessert

All his geese are swans.
자기 것이면 거위도 모두 백조라고 한다.(제 자랑만 늘어 놓는다.)

A   영어는 우리말로, 우리말은 영어로!

1. blackboard	11. 사진작가[사진사]
2. bean	12. 수의사
3. bench	13. 거위
4. rush	14. 거미
5. increase	15. 발가락
6. hide	16. 양배추
7. surf	17. 구급차
8. excellent	18. 알파벳[자모]
9. wet	19. 실망시키다
10. either	20. 죽은

B   단어와 단어의 만남

1. a war photographer
2. a large blackboard
3. my big toe
4. an excellent idea
5. a wet towel
6. wet weather

7. 거위알 a g_____ egg
8. 거미줄 a s_____'s web
9. 삶은 양배추 boiled c_____
10. 구급차 운전기사 an a_____ driver
11. 영어 알파벳 the English a_____
12. 죽은 동물 a d_____ animal

C   보기 단어들 뜻 씹어 보고 들어갈 곳에 쏙!

| 보기 | bean   bench   vet |

1. The farmer planted _____s. 농부는 콩을 심었다.
2. We sat on a park _____ and talked. 우리는 공원 벤치에 앉아 이야기했다.
3. We had to take our cat to the _____. 우리는 고양이를 수의사에게 데려가야 했다.

정답 **A** 앞면 참조 **B** 1. 전쟁 사진작가 2. 커다란 칠판 3. 내 엄지발가락 4. 탁월한 생각 5. 젖은 수건 6. 비 오는 날씨
7. goose 8. spider 9. cabbage 10. ambulance 11. alphabet 12. dead **C** 1. bean 2. bench 3. vet

D 같은 관계 맺어 주기

1. foot : feet = goose : g_____

2. bite : bit : bitten = hide : h_____ : h_____

E 보기 단어들 뜻 음미해 보고 빈칸 속에 퐁당!

| 보기 | disappoint   hide   increase   rush   surf |

1. I'm sorry to _____ you. 당신을 실망시켜서 미안해요.

2. He tried to _____ his feeling. 그는 자신의 감정을 숨기려 노력했다.

3. Do you often _____ the Internet? 너는 자주 인터넷 서핑을 하니?

4. He _____ed into the bathroom. 그는 화장실로 급히 갔다.

5. The number of English speakers will _____ more and more.
영어를 말하는 사람의 수가 점점 더 많이 증가할 것이다.

F 빈칸에 들어갈 알맞은 단어는?

A: I don't like it. 나는 그걸 좋아하지 않아.

B: I don't e_____. 나도 또한 그래.

⊘반갑다 기능어야!

that

1. ~ 것
He thinks **that** everyone likes him. 그는 누구나 다 자기를 좋아한다고 생각한다.
It's strange **that** we've never met before.(it=that ~)
우리가 전에 만난 적이 없다는 건 이상해.

2. ~ 해서: I'm glad **that** you like it. 네가 그걸 좋아해서 기뻐.

3. ~하는[인](관계대명사)
There are a lot of books (**that**) I want to read.
내가 읽고 싶은 많은 책이 있다.

G 반갑다 기능어야! 익힌 후, 빈칸에 알맞은 기능어 넣기

1. Columbus believed _____ the earth is round.
콜럼버스는 지구가 둥글다는 걸 믿었다.

2. Is it true _____ she likes him? 그녀가 그를 좋아한다는 게 사실이니?

정답 **D** 1. geese 2. hid, hidden **E** 1. disappoint 2. hide 3. surf 4. rush 5. increase **F** either **G** 1. that
2. that

DAY 55

명사

01 **professor**[prəfésər] 교수
- 대학 교수 a college _____

02 **shoulder**[ʃóuldər] 어깨
- 넓은 어깨 broad _____s

03 **donkey**[dáŋki] 당나귀
- 당나귀를 타다 to ride a _____

04 **grasshopper**[grǽshàpər] 메뚜기
- 메뚜기들이 뛰고 있다.
  G_____s are jumping.

05 **sunflower**[sʌ́nflàuər] 해바라기
- 해바라기 기름 _____ oil

06 **nut**[nʌt] 견과
  ▶**peanut** 명 땅콩
- 견과를 먹다 to eat _____s

07 **onion**[ʌ́njən] 양파
  * **green onion** 파
- 양파 수프 _____ soup

08 **file**[fail] 서류철, 파일
- MP3 음악 파일
  MP3 music _____s

09 **screen**[skri:n] 화면
- 컴퓨터 화면 a computer _____

10 **escalator**[éskəlèitər] 에스컬레이터
- 올라가는/내려가는 에스컬레이터
  the up/down _____

명사 · 동사

11 **guide**[gaid] 명 가이드[안내(인)]
   동 안내[인도]하다
- 그들을 여기저기로 안내하다
  to _____ them here and there

12 **repeat**[ripíːt] 동 되풀이하다[반복하다]
명 반복

- 질문을 반복하다
  to _____ a question

동사

13 **shine**[ʃain]-**shone-shone** 빛나다

- 태양이 빛나고 있다.
  The sun is _____ing.

14 **spread**[spred]-**spread-spread**
펴다, 퍼지다[퍼뜨리다]

- 지도를 펴다 to _____ a map

형용사

15 **soft**[sɔ(ː)ft] 부드러운

- 부드러운 피부 _____ skin

16 **fantastic**[fæntǽstik] 환상적인[멋진]

- 환상적인 해변 a _____ beach

17 **amazing**[əméiziŋ] 놀라운

- 놀라운 성적 _____ grades

18 **polite**[pəláit] 예의 바른[공손한]

- 예의 바른 말을 쓰다
  to use _____ words

19 **ugly**[ʌ́gli] 못생긴[추한](↔beautiful)

- 못생긴 개 an _____ dog

부사

20 **outside**[àutsáid] 부전 밖에[으로]
형 외부의 명 바깥쪽 (↔inside)

- 밖에서 놀다 to play _____

 Today's
Dessert **Make hay while the sun shines.**
해가 빛나는 동안 건초를 말려라.(호기를 놓치지 마라.)

A 영어는 우리말로, 우리말은 영어로!

1. file	11. 교수
2. screen	12. 어깨
3. escalator	13. 당나귀
4. guide	14. 메뚜기
5. repeat	15. 해바라기
6. spread	16. 견과
7. fantastic	17. 양파
8. amazing	18. 빛나다
9. polite	19. 부드러운
10. outside	20. 못생긴[추한]

B 단어와 단어의 만남

1. MP3 music files
2. a soft voice
3. a fantastic place
4. a polite guide
5. an ugly building

6. 대학 교수 a college p_____
7. 해바라기 기름 s_____ oil
8. 양파 수프 o_____ soup
9. 컴퓨터 화면 a computer s_____
10. 놀라운 선수 an a_____ player

C 보기 단어들 뜻 음미해 보고 빈칸 속에 퐁당!

| 보기 | donkey   escalator   grasshopper   shoulder |

1. He is riding a _____. 그는 당나귀를 타고 있다.
2. The _____ can jump high. 메뚜기는 높이 뛰어오를 수 있다.
3. He went up and down the _____. 그는 에스컬레이터를 오르내렸다.
4. She looked back over her _____. 그녀는 어깨 너머로 뒤돌아보았다.

정답 **A** 앞면 참조 **B** 1. MP3 음악 파일 2. 부드러운 목소리 3. 환상적인[멋진] 장소 4. 예의 바른 가이드[안내(인)] 5. 추한 건물 6. professor 7. sunflower 8. onion 9. screen 10. amazing **C** 1. donkey 2. grasshopper 3. escalator 4. shoulder

D 보기 단어들 뜻 음미해 보고 빈칸 속에 풍덩!

| 보기 | guide   repeat   shine(shone)   spread

1. The sun _____ brightly. 태양이 밝게 빛났다.
2. Can you _____ your question? 네 질문을 다시 해 줄 수 있니?
3. He _____d us to the table. 그가 우리를 식탁으로 안내했다.
4. Fire quickly _____ through the building.
   불은 빠르게 건물 여기저기로 번졌다.

E 알맞은 형태 쓰기

1. shine-(과거형)_____ -(과거분사형)_____
2. spread-(과거형)_____ -(과거분사형)_____

F 빈칸에 들어갈 알맞은 단어는?

Let's play o_____. 밖에서 놀자.

⊙반갑다 기능어야! **whether**

1. ~인지 어떤지(= if)
   He asked **whether[if]** I speak English. 그는 내가 영어를 하는지 물었다.
   I don't know **whether** he will do it or not.
   난 그가 그것을 할지 안 할지 모르겠다.

2. ~이든 아니든
   I'll do it **whether** you like it or not. 난 네가 좋아하든 말든 그것을 할 거야.

G 반갑다 기능어야! 익힌 후, 빈칸에 알맞은 기능어 넣기

1. I don't know _____ it's a good idea.
   난 그게 좋은 생각인지 어떤지 모르겠다.

2. _____ you believe it or not, I'm studying harder.
   네가 믿든 말든 난 더 열심히 공부할 거야.

정답 **D** 1. shone 2. repeat 3. guide 4. spread **E** 1. shone, shone 2. spread, spread **F** outside
G 1. whether[if] 2. Whether

명사

01 **miner**[máinər] 광부
▸**mine** 명 광산 동 채굴하다

• 금광 광부 a gold _____

02 **pianist**[piǽnist] 피아니스트
[피아노 연주자]
▸**piano** 명 피아노

• 재즈 피아니스트 a jazz _____

03 **pine**[pain] 소나무

• 소나무 숲 _____ forests

04 **pear**[pɛər] (먹는) 배

• 사과와 배 apples and _____s

05 **eraser**[iréisər] 지우개
▸**erase** 동 지우다

• 지우개 달린 연필
a pencil with an _____

06 **oven**[ʌ́vən] 오븐
▸**microwave oven** 전자레인지

• 케이크를 오븐에 넣어라.
Put the cake in the _____.

07 **thunder**[θʌ́ndər] 천둥

• 천둥소리 the sound of _____

08 **lightning**[láitniŋ] 번개

• 천둥과 번개
thunder and _____

09 **sunshine**[sʌ́nʃàin] 햇빛[햇볕]
▸**shine** 동 빛나다

• 따뜻한 봄 햇빛
the warm spring _____

10 **marathon**[mǽrəθàn] 마라톤

• 마라톤을 하다
to run a _____

11 **rocket**[rákit] 로켓

• 우주 로켓 a space _____

12 **arrow**[ǽrou] 화살

• 활과 화살 a bow and _____

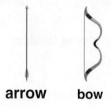

arrow　　**bow**

13 **burst**[bəːrst]-**burst**-**burst**
터지다[터뜨리다]

- 풍선을 터뜨리다
  to _____ a balloon

14 **breathe**[briːð] 숨 쉬다[호흡하다]
  ▶ **breath** 몡 숨[호흡]

- 깊이 숨 쉬다
  to _____ deeply

15 **suggest**[səgdʒést] 제안하다[권하다]
  ▶ **suggestion** 몡 제안

- 모임을 제안하다
  to _____ a meeting

16 **accept**[əksépt] 받아들이다[인정하다]

- 차이를 인정하다
  to _____ difference

17 **slim**[slim] 날씬한[얇은]

- 날씬한 몸 a _____ body

fat　　　　　　**slim**

18 **exact**[igzǽkt] 정확한
  ▶ **exactly** 뷔 정확히

- 정확한 시간 the _____ time

19 **blind**[blaind] 시각 장애가 있는[눈먼]
  * **the blind** 시각 장애인들

- 시각 장애를 갖고 **태어나다**
  to be born _____

20 **someday**[sʌ́mdèi] (미래) 언젠가

- 언젠가 넌 성공할 거야.
  S_____ you'll succeed.

Today's Dessert

Worry pulls tomorrow's cloud over today's sunshine.
걱정은 오늘의 햇빛 위로 내일의 구름을 드리우는 것이다.

227

A 영어는 우리말로, 우리말은 영어로!

1. pianist	11. 광부
2. oven	12. 소나무
3. rocket	13. (먹는) 배
4. arrow	14. 지우개
5. burst	15. 천둥
6. breathe	16. 번개
7. suggest	17. 햇빛[햇볕]
8. accept	18. 마라톤
9. exact	19. 날씬한[얇은]
10. blind	20. (미래) 언젠가

B 단어와 단어의 만남

1. thunder and lightning
2. a space rocket
3. a slim body
4. the exact meaning
5. 금광 광부 a gold m_____
6. 소나무 숲 p_____ forests
7. 사과와 배 apples and p_____s
8. 봄 햇빛 the spring s_____

C 보기 단어들 뜻 씹어 보고 들어갈 곳에 쏙!

| 보기 | eraser   marathon   oven

1. He ran his third _____. 그는 자신의 세 번째 마라톤을 했다.
2. Take the cake out of the _____. 오븐에서 케이크를 꺼내라.
3. _____s were made to erase mistakes made in a pencil.
   지우개는 연필로 쓴 오류들을 지우기 위해 만들어졌다.

정답 **A** 앞면 참조 **B** 1. 천둥과 번개 2. 우주 로켓 3. 날씬한 몸 4. 정확한 의미[뜻] 5. miner 6. pine 7. pear
8. sunshine **C** 1. marathon 2. oven 3. Eraser

D 같은 관계 맺어 주기

1. drum : drummer = piano : p_____
2. hide : hid : hidden = burst : b_____ : b_____

E 보기 단어들 뜻 음미해 보고 빈칸 속에 퐁당!

| |보기| accept   breathe   burst   suggest |

1. Please _____ this small gift. 이 작은 선물을 받아 주렴.
2. I _____ that we go out to eat. 난 우리가 외식할 것을 제안한다.
3. They _____ balloons by sitting on them.
   그들은 풍선에 앉아서 풍선을 터뜨렸다.
4. Without trees, we can't _____ fresh air.
   나무가 없다면 우리는 신선한 공기를 호흡할 수 없다.

F 빈칸에 들어갈 알맞은 단어는?

1. He went b_____. 그는 눈이 멀었다.
2. I'd like to visit India s_____. 언젠가 인도를 방문하고 싶어.

반갑다 기능어야!

because (of)

- **because**: ~ 때문에(원인·이유)
  I like him **because** he's funny. 난 그가 재미있기 때문에 그를 좋아한다.
  Because I'm sick, I can't go to school. 난 병이 나서 학교에 갈 수 없다.

- **because of**: ~ 때문에
  She stayed home **because of** the rain. 그녀는 비가 왔기 때문에 집에 머물렀다.

G 반갑다 기능어야! 익힌 후, 빈칸에 알맞은 기능어 넣기

1. I respect him _____ he used science to help many people.
   난 그가 과학을 많은 사람들을 돕는 데 사용했기 때문에 그를 존경한다.
2. He did badly on exams _____ of computer games.
   그는 컴퓨터 게임 때문에 시험을 망쳤다.

정답 **D** 1. pianist 2. burst, burst **E** 1. accept 2. suggest 3. burst 4. breathe **F** 1. blind 2. someday
G 1. because 2. because

DAY 57

01 **saint**[St.][seint] 성인(聖人)

· 성 베드로 S_____ Peter

02 **salesperson**[salesman/
saleswoman][séilzpə̀rsn]
(복수 salespeople) 판매원

· 유능한 판매원
a good _____

03 **chin**[tʃin] 턱

· 턱을 들다
to raise your _____

04 **wrist**[rist] 손목

· 그의 부러진 손목
his broken _____

05 **sneaker**[sníːkər] (고무창) 운동화

· 운동화 한 켤레
a pair of _____s

06 **squirrel**[skwə́ːrəl] 다람쥐

· 작은 다람쥐 a little _____

07 **peach**[piːtʃ] 복숭아

· 복숭아 잼 _____ jam

08 **silk**[silk] 비단

· 비단 블라우스
a _____ blouse

09 **scissors**[sízərz] 가위

· 가위 한 자루
a pair of _____

10 **stove**[stouv] 스토브[난로]

· 스토브를 켜다 to light a _____

11 **course**[kɔːrs] 강좌, 코스
* of course 물론

· 마라톤 코스
a marathon _____

12 copy[kápi] 명 복사, 사본 동 복사하다
▶**copier** 명 복사기

· 파일을 복사하다 to _____ a file

13 review[rivjú:] 동 복습하다, 검토하다, 논평하다 명 검토, 논평

· 노트를 복습하다
to _____ your note

14 pollute[pəlú:t] 오염시키다

· 환경을 오염시키다
to _____ the environment

15 celebrate[séləbrèit] 축하[기념]하다
▶**celebration** 명 축하[기념] (행사)

· 생일을 축하하다
to _____ your birthday

16 honest[ánist] 정직한

· 정직한 남자 an _____ man

17 sleepy[slí:pi] 졸리는

· 졸리다 to feel _____

18 slippery[slípəri] 미끄러운

· 미끄러운 도로
a _____ road

19 comic[kámik] 웃기는, 희극의
▶**comedy** 명 희극

· 웃기는 이야기 a _____ story

20 everywhere[évrihwὲər] 어디나

· 어디나 함께 가다
to go _____ together

Today's Dessert

Honest labor bears a lovely face.
정직한 노동이 아름다운 얼굴을 낳는다.

A 영어는 우리말로, 우리말은 영어로!

1. saint	11. 판매원
2. sneaker	12. 턱
3. stove	13. 손목
4. course	14. 다람쥐
5. copy	15. 복숭아
6. review	16. 비단
7. celebrate	17. 가위
8. slippery	18. 오염시키다
9. comic	19. 정직한
10. everywhere	20. 졸리는

B 단어와 단어의 만남

1. a good salesperson
2. a pair of sneakers
3. a pair of scissors
4. a slippery floor
5. a comic story
6. 복숭아 잼 p_____ jam
7. 비단옷 s_____ clothes
8. 마라톤 코스 a marathon c_____
9. 서평 a book r_____
10. 정직한 남자 an h_____ man

C 보기 단어들 뜻 씹어 보고 들어갈 곳에 쏙!

| 보기 | chin   squirrel   stove   wrist |

1. Put a pan on the _____. 스토브 위에 팬을 올려놓아라.
2. She took me by the _____. 그녀가 내 손목을 잡았다.
3. He sat with his _____ in his hand. 그는 손으로 턱을 괴고 앉아 있었다.
4. _____s eat nuts and live in trees. 다람쥐는 견과를 먹고 나무에 산다.

정답 **A** 앞면 참조 **B** 1. 유능한 판매원 2. 운동화 한 켤레 3. 가위 한 자루 4. 미끄러운 바닥 5. 웃기는 이야기 6. peach
7. silk 8. course 9. review 10. honest **C** 1. stove 2. wrist 3. chin 4. Squirrel

232

D 같은 관계 맺어 주기

1. Mt. : mountain = St. : s_____

2. goose : geese = salesperson : s_____

E 보기 단어들 뜻 음미해 보고 빈칸 속에 풍당!

| |보기| celebrate   copy   pollute   review |

1. I'll _____ my notes. 나는 내 노트를 복습할 거야.

2. _____ all the files onto disk. 모든 파일을 디스크에 복사해라.

3. The factory _____ s the air and water. 공장이 공기와 물을 오염시킨다.

4. How do people _____ New Year in your country?
너희 나라에서는 새해를 어떻게 축하하니?

F 빈칸에 들어갈 알맞은 단어는?

1. I felt s_____ after lunch. 나는 점심 식사 후에 졸렸다.

2. He follows me e_____. 그는 어디나 나를 따라다닌다.

⊘반갑다 기능어야!

if/unless

- **if**: (만약) ~이면[하면]
  We'll stay at home **if** it rains. 비가 오면 우리는 집에 머무를 거야.
  If I were rich, I would help poor people.
  내가 부자라면 가난한 사람들을 도울 텐데.
  If you had worked harder, you would have passed your exams.
  네가 더 열심히 공부했더라면 시험에 합격했을 텐데.

- **unless**: (만약) ~이 아니면, ~하지 않으면(= **if ~ not**)
  You won't pass your exams **unless** you study hard.
  네가 열심히 공부하지 않으면 시험에 합격하지 못할 거야.

G 반갑다 기능어야! 익힌 후, 빈칸에 알맞은 기능어 넣기

The world will be better _____ we are honest and kind to others.
우리가 다른 사람들에게 정직하고 친절하면 세상은 더 좋아질 거야.

정답 **D** 1. saint 2. salespeople **E** 1. review 2. Copy 3. pollute 4. celebrate **F** 1. sleepy 2. everywhere **G** if

명사

01 **carpenter**[kάːrpəntər] 목수

• 목수의 일 a _____'s work

02 **carpet**[kάːrpit] 카펫[양탄자]

• 부드러운 양탄자 a soft _____

03 **lip**[lip] 입술

• 입술 위의 키스
a kiss on the _____s

04 **hen**[hen] 암탉
▶**rooster** 圆 수탉

• 암탉을 키우다 to keep _____s

05 **ox**[ɑks] (복수 **oxen**) 황소

• 일하는 황소 a working _____

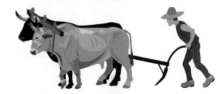

06 **garlic**[gάːrlik] 마늘

• 마늘 빵 _____ bread

07 **cotton**[kάtn] 면, 목화

• 흰 면 셔츠 a white _____ shirt

08 **handkerchief**[hǽŋkərtʃif] 손수건

• 하얀 손수건 a white _____

09 **flu**[fluː] 유행성 감기[독감]

• 유행성 감기에 걸리다
to get[have] _____

10 **drugstore**[drʌ́gstɔ̀ːr] 약국

• 길모퉁이의 약국
the _____ on the corner

11 **volleyball**[vάlibɔ̀ːl] 배구

• 배구를 하다 to play _____

12 **comedy**[kάmədi] 희극

• 희극 작가 a _____ writer

¹³ **hike**[haik] 몡 도보 여행[하이킹]
　　　몡 도보 여행을 하다
　　▸**hiking** 몡 하이킹[도보 여행]

• 도보 여행을 가다
　to go _____ing

¹⁴ **sneeze**[sni:z] 몡 재채기하다 몡 재채기

• 기침과 재채기를 하다
　to cough and _____

¹⁵ **borrow**[bárou] 빌리다(↔**lend** 빌려주다)

• 책을 빌리다 to _____ books

¹⁶ **fail**[feil] 실패하다[~하지 못하다],
　　　낙제하다

• 시험에 떨어지다
　to _____ the exam

¹⁷ **sore**[sɔːr] 아픈[쑤시는]

• 목이 아프다
　to have a _____ throat

¹⁸ **runny**[ráni] 콧물[눈물]이 나는

• 나는 콧물이 나온다.
　I have a _____ nose.

¹⁹ **miserable**[mízərəbl] 비참한

• 비참함을 느끼다 to feel _____

²⁰ **ahead**[əhéd] 앞에[으로]

• 곧장 앞으로 가. Go straight _____.

Today's Dessert

Better an egg today than a hen tomorrow.
오늘의 달걀이 내일의 암탉보다 낫다.(허황된 것을 쫓기보다 자신이 가진 것에 집중해라.)

235

즐거운 Test

A 영어는 우리말로, 우리말은 영어로!

1. carpet	11. 목수
2. cotton	12. 입술
3. flu	13. 암탉
4. hike	14. 황소
5. sneeze	15. 마늘
6. borrow	16. 손수건
7. fail	17. 약국
8. sore	18. 배구
9. runny	19. 희극
10. ahead	20. 비참한

B 단어와 단어의 만남

1. a carpenter's shop
2. a soft carpet
3. a huge ox
4. a sore throat
5. 마늘 빵 g_____ bread
6. 면 셔츠 a c_____ shirt
7. 하얀 손수건 a white h_____
8. 희극 배우 a c_____ actor

C 보기 단어들 뜻 씹어 보고 들어갈 곳에 쏙!

|보기| drugstore   flu   hen   lip   volleyball

1. We played _____ yesterday. 우리는 어제 배구를 했다.
2. She kissed him on the _____s. 그녀는 그의 입술에 키스했다.
3. The whole family has got _____. 온 가족이 독감에 걸렸다.
4. _____s are kept for their eggs or meat.
   암탉은 달걀과 고기를 얻으려고 길러진다.
5. He rushed to the _____ on the corner. 그는 길모퉁이의 약국으로 서둘러 갔다.

정답 **A** 앞면 참조 **B** 1. 목공소 2. 부드러운 양탄자 3. 거대한 황소 4. 아픈 목 5. garlic 6. cotton 7. handkerchief
8. comedy **C** 1. volleyball 2. lip 3. flu 4. Hen 5. drugstore

D 알맞은 형태 쓰기

ox-(복수형) _____

E 보기 단어들 뜻 음미해 보고 빈칸 속에 풍덩!

| 보기 | borrow   fail   hike   sneeze

1. He _____ed his driving test. 그는 운전면허 시험에 떨어졌다.

2. They go _____ing every Saturday. 그들은 토요일마다 도보 여행을 간다.

3. She started coughing and _____ing. 그녀는 기침과 재채기를 시작했다.

4. Can I _____ your pen for a minute? 잠시 네 펜 좀 빌릴 수 있을까?

F 빈칸에 들어갈 알맞은 단어는?

1. I have a r_____ nose. 나는 콧물이 나온다.

2. I've been so m_____ since he left me. 그가 나를 떠난 이래 난 매우 비참했어.

3. Go straight a_____. 곧장 앞으로 가.

반갑다 기능어야! | while

1. ~하는 동안
While I was over there, I saw many interesting things.
난 거기에 있는 동안 재미있는 걸 많이 보았다.
They arrived **while** we were having dinner.
우리가 저녁을 먹고 있는 동안 그들이 도착했다.

2. ~하는 반면에, ~하지만
While they don't agree, they continue to be friends.
그들은 의견이 서로 다르기는 하지만 계속해서 친구로 지낸다.

G 반갑다 기능어야! 익힌 후, 빈칸에 알맞은 기능어 넣기

You can read this book _____ I'm having lunch.
내가 점심을 먹고 있는 동안 넌 이 책을 읽어.

정답 **D** oxen **E** 1. fail 2. hike(hiking) 3. sneeze(sneezing) 4. borrow **F** 1. runny 2. miserable 3. ahead
G while

명사

01 nephew[néfju:] 조카
- 그의 어린 조카 his young _____

02 barber[báːrbər] 이발사
- 이발소 a _____ shop

03 mayor[méiər] 시장
- 서울 시장 the Seoul _____

04 cheek[tʃiːk] 뺨[볼]
- 분홍빛 뺨 pink _____s

05 strawberry[strɔ́ːbèri] 딸기
- 딸기 아이스크림 _____ ice cream

06 tray[trei] 쟁반
- 쟁반 위의 음료
  drinks on a _____

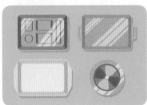

07 crown[kraun] 왕관
- 금관 a golden _____

08 supper[sʌ́pər] 저녁 식사(=dinner)
- 저녁 식사를 하다
  to eat[have] _____

09 sleeve[sliːv] 소매
- 짧은 소매의 블라우스
  a blouse with short _____s

10 sidewalk[sáidwɔ̀ːk] (포장된) 보도[인도]
- 인도를 따라 걷다
  to walk along the _____

11 restroom[réstrù(ː)m] (공공장소의) 화장실
- 공중화장실 a public _____

12 **slice**[slais] 명 (얇은) 조각 동 얇게 썰다 · 피자 한 조각 a _____ of pizza

13 **swallow**[swálou] 동 삼키다 명 제비 · 음식을 삼키다 to _____ food

14 **relax**[riláeks] 쉬다[긴장을 풀다]
  ▶**relaxed** 형 편한
  ▶**relaxing** 형 편하게 하는

· 음악을 들으며 쉬다
to _____ listening to music

15 **hunt**[hʌnt] 사냥하다
  ▶**hunter** 명 사냥꾼

· 곰을 사냥하다 to _____ bears

16 **feed**[fiːd]-**fed-fed** 먹을 것을 주다[먹이다]

· 아기를 먹이다 to _____ a baby

17 **violet**[váiəlit] 명 ① 보라색 ② 제비꽃
  형 보라색의

· 보라색 블라우스 a _____ blouse

18 **pink**[piŋk] 형 명 분홍색(의) · 분홍색 리본 a _____ ribbon

19 **purple**[pə́ːrpl] 형 명 자주색(의) · 자주색 꽃 a _____ flower

20 **twice**[twais] 두 번, 두 배로 · 일주일에 두 번 _____ a week

Today's Dessert
Every man has a fool in his sleeve.
누구나 소매 속에 바보가 있다.(약점은 누구나 있다.)

A 영어는 우리말로, 우리말은 영어로!

1. supper
2. sidewalk
3. restroom
4. slice
5. swallow
6. relax
7. feed
8. violet
9. pink
10. purple

11. 조카
12. 이발사
13. 시장
14. 뺨[볼]
15. 딸기
16. 쟁반
17. 왕관
18. 소매
19. 사냥하다
20. 두 번, 두 배로

B 단어와 단어의 만남

1. the new mayor
2. a public restroom
3. a slice of bread
4. pink cheeks
5. purple grapes

6. 그의 어린 조카 his young n_____
7. 딸기 잼 s_____ jam
8. 금관 a golden c_____
9. 짧은 소매 short s_____ s
10. 보라색 치마 a v_____ skirt

C 보기 단어들 뜻 씹어 보고 들어갈 곳에 쏙!

| 보기 | barber   sidewalk   supper   tray

1. Have you eaten _____? 저녁 식사 했니?
2. We walked along the _____. 우리는 인도를 따라 걸었다.
3. The _____ cut the hair of his son. 이발사가 그의 아들의 머리를 깎았다.
4. The waiter brought drinks on a _____. 웨이터가 쟁반에 음료를 가져왔다.

D 같은 관계 맺어 주기

1. bite : bit : bitten = feed : f_____ : f_____

2. one : two = once : t_____

E 보기 단어들 뜻 음미해 보고 빈칸 속에 퐁당!

| 보기 | feed   hunt   relax   slice |

1. Sit down and _____. 앉아서 쉬어라.

2. Did you _____ the dog? 개에게 먹을 것을 주었니?

3. Wash and _____ the cucumbers. 오이를 씻어 얇게 썰어라.

4. Cats like to _____ mice and birds. 고양이는 쥐와 새를 사냥하길 좋아한다.

F 같은 모양, 다른 의미

Thousands of swallows flew away.

My throat hurts when I swallow.

반갑다 기능어야!

until[till]

~(할 때)까지 쭉

He worked hard **until** he died. 그는 죽을 때까지 열심히 일했다.

I'm not going out **until** I've finished my homework.
난 숙제를 끝낼 때까진 외출하지 않을 거야.

We sang and danced **until** midnight. 우리는 한밤중까지 노래하고 춤췄다.

＊from morning **till** night 아침부터 밤까지

G 반갑다 기능어야! 익힌 후, 빈칸에 알맞은 기능어 넣기

1. He waited _____ she had finished speaking.

그는 그녀가 말을 끝낼 때까지 기다렸다.

2. Last night I studied _____ midnight.

어젯밤에 난 한밤중까지 공부를 했다.

정답 **D** 1. fed, fed 2. twice **E** 1. relax 2. feed 3. slice 4. hunt **F** 수많은 제비들이 날아갔다.(제비) / 삼킬 때 목이 아파요.(삼키다) **G** 1. until[till] 2. until[till]

DAY 60

01 **niece**[niːs] 조카딸 · 그녀의 어린 조카딸 her young _____

02 **deer**[diər](복수 deer) 사슴 · 사슴을 사냥하다 to hunt _____

03 **lamb**[læm] 새끼 양 (고기) · 어린 새끼 양 a little _____
[비교] **sheep** 명 양

04 **wool**[wul] 양털, 모직 · 모직 코트 a _____ coat

05 **wolf**[wulf](복수 wolves) 늑대 · 양의 옷을 입은 늑대
a _____ in sheep's clothing

06 **giraffe**[dʒərǽf] 기린 · 기린은 목이 길다.
A _____ has a long neck.

07 **chest**[tʃest] 가슴 · 가슴 통증 _____ pains

08 **waist**[weist] 허리 · 날씬한 허리 a slim _____

09 **watermelon**[wɔ́ːtərmèlən] 수박 · 수박 한 조각 a slice of _____

10 **thorn**[θɔːrn] (식물의) 가시 · 모든 장미는 가시가 있다.
Every rose has its _____s.

11 **trunk**[trʌŋk] ① 나무의 몸통 ② 자동차의 · 나무의 몸통 a tree _____
짐칸 ③ 코끼리의 코 ④ 큰 가방 ⑤ (-s) 남자
수영복

12 **wedding**[wédiŋ] 결혼식 · 결혼식 드레스 a _____ dress

13 **chew**[tʃuː] 씹다

• 음식을 씹다 to _____ food

14 **print**[print] 인쇄하다
  ▶**printer** 명 프린터

• 편지를 인쇄하다
  to _____ a letter

15 **click**[klik] 찰깍 소리를 내다, 클릭하다

• 마우스를 클릭하다
  to _____ the mouse

16 **prevent**[privént] 막다[못하게 하다]
  (=stop)

• 사고를 막다
  to _____ accidents

17 **shiny**[ʃáini] 빛나는[반짝이는]
  ▶**shine** 통 빛나다

• 빛나는 검정 구두
  _____ black shoes

18 **sour**[sauər] (맛이) 신

• 신 포도 _____ grapes

19 **yummy**[jʌ́mi] 아주 맛있는

• 아주 맛있는 케이크 a _____ cake

20 **anywhere**[énihwὲər] (긍정문) 어디든,
  (부정문) 아무데(서)도, (의문문) 어딘가

• 세계 어디든 가라.
  Go _____ in the world.

Today's Dessert

Don't bite off more than you can chew.
씹을 수 있는 것보다 더 많이 물어뜯지 마라.

A 영어는 우리말로, 우리말은 영어로!

1. lamb	11. 조카딸
2. chest	12. 사슴
3. thorn	13. 양털, 모직
4. trunk	14. 늑대
5. wedding	15. 기린
6. print	16. 허리
7. click	17. 수박
8. prevent	18. 씹다
9. shiny	19. (맛이) 신
10. anywhere	20. 아주 맛있는

B 단어와 단어의 만남

1. a wool coat
2. a slice of watermelon
3. a shiny car
4. 죽은 사슴 a dead d_____
5. 가슴 통증 c_____ pains
6. 결혼식 드레스 a w_____ dress

C 보기 단어들 뜻 씹어 보고 들어갈 곳에 쏙!

보기	giraffe thorn waist wolf(wolves)

1. A _____ has a long neck. 기린은 목이 길다.
2. Every rose has its _____s. 모든 장미는 가시가 있다.
3. _____ live and hunt in groups. 늑대는 무리지어 살면서 사냥한다.
4. She wore a belt around her _____. 그녀는 허리에 벨트를 맸다.

D 같은 관계 맺어 주기

1. son : daughter = nephew : n_____
2. wolf : wolves = deer : d_____
3. dog : puppy = sheep : l_____

정답 **A** 앞면 참조 **B** 1. 모직 코트 2. 수박 한 조각 3. 빛나는 차 4. deer 5. chest 6. wedding **C** 1. giraffe 2. thorn 3. Wolves 4. waist **D** 1. niece 2. deer 3. lamb

E 보기 단어들 뜻 음미해 보고 빈칸 속에 풍덩!

| 보기 | chew   click   prevent   print

1. How can we _____ accidents? 어떻게 사고를 막을 수 있는가?

2. I'd like to _____ this poster in color.
   이 광고지를 컬러로 인쇄하고 싶습니다.

3. _____ the program icon twice quickly.
   프로그램 아이콘을 빨리 두 번 클릭해라.

4. Always _____ food well before swallowing it.
   음식을 삼키기 전에 언제나 잘 씹어라.

F 빈칸에 들어갈 알맞은 단어는?

1. A lemon tastes s_____. 레몬은 신맛이 난다.

2. These cookies are y_____. 이 쿠키들은 아주 맛있다.

3. We can send friends email a_____, anytime.
   우리는 어디든 언제든 친구들에게 이메일을 보낼 수 있다.

G 같은 모양, 다른 의미

a tree trunk

The elephant has a long trunk.

He put the bike in the trunk of his car.

⊘반갑다
기능어야!

though[although]

(비록) ~일지라도, ~이지만

Though he doesn't make much money, he is happy.
그는 돈을 많이 못 벌지만 행복하다.

Even though you don't like it, you must do it.
비록 그것을 좋아하지 않더라도 해야 한다.

Although I was only six, I can remember seeing it on TV.
난 겨우 6살이었지만 텔레비전에서 그것을 본 것을 기억할 수 있다.

H 반갑다 기능어야! 익힌 후, 빈칸에 알맞은 기능어 넣기

Even _____ I don't know your name and age, I love you.
난 네 이름도 나이도 모르지만 널 사랑한다.

정답 **E** 1. prevent 2. print 3. Click 4. chew **F** 1. sour 2. yummy 3. anywhere **G** 나무의 몸통(나무의 몸통) / 코끼리는 코가 길다.(코끼리의 코) / 그는 자전거를 차의 짐칸에 실었다.(자동차의 짐칸) **H** though

부록

불규칙 변화형 정리	247
주제별 단어 정리	251
퀴즈 테스트	260
미니 영어 사전	321

불규칙 변화형 정리

❶ 불규칙 명사의 복수형

단수형	복수형	뜻
child	children	아이, 자식
deer	deer	사슴
fisherman	fishermen	어부, 낚시꾼
foot	feet	발, (길이 단위) 피트
gentleman	gentlemen	신사
goose	geese	거위
grandchild	grandchildren	손주
leaf	leaves	잎
man	men	남자, 사람
mouse	mice	쥐, (컴퓨터의) 마우스
ox	oxen	황소
person	people	사람
salesperson	salespeople	판매원
sheep	sheep	양
that	those	저것[저 사람], 그것[그 사람]
this	these	이것[이 사람]
tooth	teeth	이[치아]
wife	wives	아내
wolf	wolves	늑대
woman	women	여자, 여성

❷ 불규칙 동사의 과거형 · 과거분사형

원형	과거형	과거분사형	뜻
be[am/are/is]	was/were	been	~이다, 있다
bear	bore	born	낳다
become	became	become	~이 되다[~(해)지다]
begin	began	begun	시작하다
bite	bit	bitten	물다
blow	blew	blown	(바람이) 불다
break	broke	broken	깨뜨리다, 고장 내다, 어기다
bring	brought	brought	가져[데려]오다
build	built	built	짓다, 건축[건설]하다
burst	burst	burst	터지다[터뜨리다]
buy	bought	bought	사다
catch	caught	caught	(붙)잡다, (병에) 걸리다
choose	chose	chosen	고르다, 선택[선정]하다
come	came	come	오다
cut	cut	cut	베다[자르다]
do(does)	did	done	하다
draw	drew	drawn	(선으로) 그리다, 끌어당기다, 뽑다
dream	dreamed[dreamt]	dreamed[dreamt]	꿈꾸다
drink	drank	drunk	마시다
drive	drove	driven	운전하다, 몰다
eat	ate	eaten	먹다
fall	fell	fallen	떨어지다, 넘어지다, 되다, 해당되다
feed	fed	fed	먹을 것을 주다[먹이다]
feel	felt	felt	느끼다
fight	fought	fought	싸우다
find	found	found	찾다[발견하다]
fly	flew	flown	날다[비행하다]
forget	forgot	forgotten	잊다
get	got	got(ten)	얻다, 이르다, 되다
give	gave	given	주다
go(goes)	went	gone	가다
grow	grew	grown	자라다, 기르다, ~해지다

원형	과거형	과거분사형	뜻
have(has)	had	had	가지고 있다, 먹다, ~하게 하다
hear	heard	heard	듣다
hide	hid	hidden	숨기다[숨다]
hit	hit	hit	치다[때리다]
hold	held	held	잡고 있다, 열다[개최하다]
hurt	hurt	hurt	다치게 하다, 아프다
keep	kept	kept	유지하다, 계속하다, 보존하다
know	knew	known	알다
lead	led	led	이끌다[데리고 가다/안내하다]
leave	left	left	떠나다, 내버려두다, 남기다
let	let	let	~하게 하다[허락하다]
lie	lay	lain	누워 있다, 있다
light	lit[lighted]	lit[lighted]	불을 붙이다
lose	lost	lost	잃다, 지다
make	made	made	만들다, ~하게 하다[시키다]
mean	meant	meant	의미하다
meet	met	met	만나다
mistake	mistook	mistaken	실수하다
pay	paid	paid	지불하다
put	put	put	놓다[두다]
read [riːd]	read [red]	read [red]	읽다
ride	rode	ridden	타다
ring	rang	rung	(종[전화]이) 울리다
rise	rose	risen	오르다, (해가) 떠오르다
run	ran	run	달리다, 운영하다
say	said	said	말하다
see	saw	seen	보다, 만나다, 알다
sell	sold	sold	팔다
send	sent	sent	보내다
set	set	set	두다[놓다], 세우다, (해가) 지다
shake	shook	shaken	흔들(리)다
shine	shone	shone	빛나다

원형	과거형	과거분사형	뜻
sing	sang	sung	노래하다
sit	sat	sat	앉다
sleep	slept	slept	잠자다
speak	spoke	spoken	말하다
spend	spent	spent	(시간/돈을) 쓰다
spread	spread	spread	펴다, 퍼지다[퍼뜨리다]
stand	stood	stood	서다
stick	stuck	stuck	붙(이)다, 찌르다, 내밀다
swim	swam	swum	수영하다
take	took	taken	데려[가져]가다, 필요로 하다, 받다, 잡다
teach	taught	taught	가르치다
tell	told	told	말하다
think	thought	thought	생각하다
throw	threw	thrown	던지다
understand	understood	understood	이해하다
upset	upset	upset	속상하게 하다
wake	woke	woken	잠에서 깨다[깨우다]
wear	wore	worn	입고[신고/쓰고] 있다
win	won	won	이기다, 따다[얻다]
write	wrote	written	쓰다

❸ 불규칙 형용사 · 부사의 비교급 · 최상급

원급	비교급	최상급	뜻
bad	worse	worst	나쁜
far	farther[further]	farthest[furthest]	멀리, 먼
good	better	best	좋은, 잘하는
little	less	least	작은, 어린, 조금[소량]의
many	more	most	(수가) 많은
much	more	most	(양이) 많은, 많이
well	better	best	잘, 건강한

주제별 단어 정리

❶ 수(Numbers)

기수		서수	
1	one	1st	first
2	two	2nd	second
3	three	3rd	third
4	four	4th	fourth
5	five	5th	fifth
6	six	6th	sixth
7	seven	7th	seventh
8	eight	8th	eighth
9	nine	9th	ninth
10	ten	10th	tenth
11	eleven	11th	eleventh
12	twelve	12th	twelfth
13	thirteen	13th	thirteenth
14	fourteen	14th	fourteenth
15	fifteen	15th	fifteenth
16	sixteen	16th	sixteenth
17	seventeen	17th	seventeenth
18	eighteen	18th	eighteenth
19	nineteen	19th	nineteenth
20	twenty	20th	twentieth

기수		서수	
21	twenty-one	21st	twenty-first
22	twenty-two	22nd	twenty-second
30	thirty	30th	thirtieth
40	forty	40th	fortieth
50	fifty	50th	fiftieth
60	sixty	60th	sixtieth
70	seventy	70th	seventieth
80	eighty	80th	eightieth
90	ninety	90th	ninetieth
100	one hundred	100th	one hundredth

- 1,000   one thousand
- 10,000   ten thousand
- 100,000   one hundred thousand
- 1,000,000   one million
- 0   zero[oh]

- hundreds/thousands/millions of
  수백/수천/수백만의[수많은]

소수	3.14 three point one four

분수	1/2 a half 1/3 a third 1/4 a quarter[a fourth] 2/3 two thirds 3/4 three quarters[three fourths]

연도	2008 two thousand eight 2010 two thousand ten[twenty ten] 2015 twenty fifteen

❷ 세계 · 나라(the World & Countries)

the World 세계			
1	Asia 아시아 Asian 아시아인	5	Europe 유럽 European 유럽인
2	Africa 아프리카 African 아프리카인	6	Australia 오스트레일리아 Australian 오스트레일리아인
3	North America 북아메리카 North American 북아메리카인	7	the North Pole 북극
		8	the South Pole 남극
4	South America 남아메리카 South American 남아메리카인	9	the Pacific (Ocean) 태평양
		10	the Atlantic (Ocean) 대서양

	Countries 나라	People 국민	Languages 언어
1	Korea 한국	Korean 한국인	Korean 한국어
2	China 중국	Chinese 중국인	Chinese 중국어
3	Japan 일본	Japanese 일본인	Japanese 일본어
4	India 인도	Indian 인도인	Hindi 힌디어 English 영어
5	Russia 러시아	Russian 러시아인	Russian 러시아어
6	France 프랑스	French 프랑스인	French 프랑스어
7	Germany 독일	German 독일인	German 독일어
8	Italy 이탈리아	Italian 이탈리아인	Italian 이탈리아어
9	Greece 그리스	Greek 그리스인	Greek 그리스어
10	England/ the United Kingdom [the U.K.] 영국	English 영국인	English 영어
11	America/ the United States [the U.S.] 미국	American 미국인	English 영어
12	Canada 캐나다	Canadian 캐나다인	English 영어 French 프랑스어
13	Australia 오스트레일리아	Australian 오스트레일리아인	English 영어
14	the Netherlands 네덜란드	Dutch 네덜란드인	Dutch 네덜란드어
15	Egypt 이집트	Egyptian 이집트인	Arabic 아랍어
16	Vietnam 베트남	Vietnamese 베트남인	Vietnamese 베트남어
17	the Philippine 필리핀	Filipino/Filipina 필리핀인	Filipino 필리핀어 English 영어

❸ 요일 · 달(Days of the Week & Months)

Days of the Week 요일			
Monday[Mon.]	월요일	Friday[Fri.]	금요일
Tuesday[Tues.]	화요일	Saturday[Sat.]	토요일
Wednesday[Wed.]	수요일	Sunday[Sun.]	일요일
Thursday[Thurs.]	목요일		

Months 달[월]			
January[Jan.]	1월	July[Jul.]	7월
February[Feb.]	2월	August[Aug.]	8월
March[Mar.]	3월	September[Sept.]	9월
April[Apr.]	4월	October[Oct.]	10월
May	5월	November[Nov.]	11월
June[Jun.]	6월	December[Dec.]	12월

❹ 과목명(Subjects)

Subjects 과목			
Korean	국어	History	역사
English	영어	Technology and Home Economics	기술가정
Math[Mathematics]	수학	Chinese Characters and Classics	한문
Science	과학	Music	음악
Social Studies	사회	Art[Fine Arts]	미술
Moral Education	도덕	Physical Education[P.E.]	체육

❺ 접두사 · 접미사(Prefixes & Suffixes)

	Prefixes 접두사
un- (반대/부정)	happy 행복한 ↔ unhappy 불행한 kind 친절한 ↔ unkind 불친절한 fair 공정한[공평한] ↔ unfair 불공평한 pleasant 쾌적한[즐거운] ↔ unpleasant 불쾌한
dis- (반대/부정)	agree 동의하다[의견이 일치하다] ↔ disagree 동의하지 않다[의견이 일치하지 않다] appear 나타나다 ↔ disappear 사라지다 like 좋아하다 ↔ dislike 싫어하다
re- (다시)	use 사용하다 – reuse 재사용하다 turn 돌(리)다 – return 되돌아가다[오다], 다시 돌리다 view 보다 – review 다시 보다, 복습하다 cycle 순환하다 – recycle 재활용하다

	Suffixes 접미사
-er (~하는 사람)	teach 가르치다 – teacher 선생님 sing 노래하다 – singer 가수 hunt 사냥하다 – hunter 사냥꾼 drive 운전하다 – driver 운전자 dance 춤추다 – dancer 무용가 run 달리다 – runner 경주자 drum 북을 치다 – drummer 북 연주자
-or (~하는 사람)	act 연기하다 – actor 배우 visit 방문하다 – visitor 방문객 invent 발명하다 – inventor 발명가 sail 항해하다 – sailor 선원
-ist (~하는 사람)	piano 피아노 – pianist 피아노 연주자 violin 바이올린 – violinist 바이올린 연주자 guitar 기타 – guitarist 기타 연주자 art 예술, 미술 – artist 예술가, 미술가 cartoon 만화 – cartoonist 만화가 science 과학 – scientist 과학자 tour 관광 – tourist 관광객
-ian (~하는 사람)	music 음악 – musician 음악가 magic 마술 – magician 마술사 library 도서관 – librarian (도서관) 사서 history 역사 – historian 역사가
동사+-ion → 명사	act 행동하다 → action 행동 express 표현하다 → expression 표현 collect 수집하다 → collection 수집(물) suggest 제안하다 → suggestion 제안 pollute 오염시키다 → pollution 오염 celebrate 축하[기념]하다 → celebration 축하[기념] (행사)

형용사 + - ness → 명사	happy 행복한 → happiness 행복 sad 슬픈 → sadness 슬픔 kind 친절한 → kindness 친절 weak 약한 → weakness 약함, 약점 sick[ill] 아픈[병든] → sickness[illness] 병
명사 + - y → 형용사	cloud 구름 → cloudy 흐린 rain 비 → rainy 비 오는 wind 바람 → windy 바람 부는 sun 태양, 햇빛 → sunny 햇빛이 밝은 health 건강 → healthy 건강한 salt 소금 → salty 짠 luck (행)운 → lucky 행운의[운 좋은] sleep 잠 → sleepy 졸리는
명사 + - ful → 형용사(가득 찬)	care 주의 → careful 주의 깊은 use 사용[이용] → useful 유용한[쓸모 있는] peace 평화 → peaceful 평화로운 wonder 경이[놀라움] → wonderful 놀랄 만한, 훌륭한 stress 스트레스 → stressful 스트레스가 많은 beauty 아름다움 → beautiful 아름다운
명사 + - al → 형용사	nature 자연 → natural 자연의 nation 국가 → national 국가의 magic 마법 → magical 마법의 classic 고전 → classical 고전의 person 개인 → personal 개인의 culture 문화 → cultural 문화의 environment 환경 → environmental 환경의
명사 + - ly → 형용사	love 사랑 → lovely 사랑스러운 friend 친구 → friendly 친절한, 친한 day 날, 하루 → daily 매일의 week 주 → weekly 매주의
형용사 + - ly → 부사	careful 주의 깊은 → carefully 주의 깊게 quick 빠른 → quickly 빨리 sudden 갑작스러운 → suddenly 갑자기 regular 규칙적인 → regularly 규칙적으로 final 마지막의 → finally 마지막으로, 마침내 usual 보통의 → usually 보통 certain 확신하는[확실한] → certainly 확실히 real 진짜의 → really 진짜[정말] easy 쉬운 → easily 쉽게 true 참된 → truly 참으로

❻ 전치사(Prepositions)

장소 전치사	
at+지점[위치] ~ 지점에(서)	to meet **at** the bus stop/a party 버스 정류장/파티에서 만나다 to be **at** home/school 집/학교에 있다
in+지역[공간] ~ 안에(서)	to live **in** Seoul/Korea 서울/한국에 살다 to be **in** the room/kitchen 방/부엌에 있다
on+표면 ~ 위에	a vase **on** the table 탁자 위에 있는 꽃병 to sit **on** the floor 마루에 앉다
over ~ 위에 ↔ **under** ~ 아래에　**in front of** ~ 앞에 ↔ **behind** ~ 뒤에 **between** ~ 사이에　**beside[next to]** ~ 옆에　**near[by]** ~ 가까이에	
into ~ 안으로 ↔ **out of** ~ 밖으로[~로부터] **along** ~을 따라　**across** ~을 건너서[가로질러]　**through** ~을 통과하여	

시간 전치사	
at+시점 ~ 시점[시각]에	**at** 6 o'clock 6시에　**at** 3:30 3시 30분에 **at** noon/midnight 정오/자정에　**at** night 밤에
on+날 ~ 날에	**on** May 5 5월 5일에　**on** Monday 월요일에 **on** my birthday 내 생일 날에　**on** weekend 주말에
in+기간 ~ 기간에	**in** July 7월에　**in** 2018 2018년에　**in** spring 봄에 **in** the morning/afternoon/evening 아침/오후/저녁에
during+특정 기간 ~ 동안에	**during** summer vacation 여름방학 동안
for+불특정 기간의 길이 ~ 동안에	**for** a week 1주일 동안

주요 전치사		
of ~의		the capital **of** Korea 한국의 수도
for ~을 위하여		a present **for** you 너를 위한 선물
to	~로[~을 향하여], ~까지	to go **to** school 학교에 가다 **from** Monday **to** Friday 월요일에서 금요일까지
	~에게	to give food **to** them 그들에게 식량을 주다
from ~에서, ~로부터		a call **from** Dad 아빠로부터 온 전화 **from** Seoul **to** Busan 서울에서 부산까지 to be[come] **from** Korea 한국 출신이다
about ~에 관[대]하여, 약 ~[~쯤]		**about** Korean history 한국의 역사에 관해 **about** five o'clock 5시쯤에
with	~와 함께	**with** my friends 친구들과 함께
	~로(써)(도구)	to cut the food **with** a knife 칼로 음식을 자르다
	~을 가지고 있는	a coat **with** two pockets 두 개의 호주머니가 있는 코트
by ~에 의하여, ~로(수단)		**by** car/bus/subway/train/plane 자동차/버스/지하철/열차/비행기로

❼ 동물 · 식물(Animals & Plants)

Animals 동물	
pets 애완동물	dog 개　puppy 강아지 cat 고양이　kitten[kitty] 새끼 고양이
farm animals 농장동물	cow 암소　ox[bull] 황소 pig 돼지 chicken 닭, 병아리　hen 암탉　rooster 수탉 duck 오리　duckling 오리 새끼　goose 거위 horse 말　donkey 당나귀　camel 낙타 sheep 양　lamb 새끼 양　goat 염소 rabbit 토끼
wild animals 야생동물	tiger 호랑이　lion 사자 bear 곰　elephant 코끼리 fox 여우　wolf 늑대　deer 사슴 monkey 원숭이　giraffe 기린 zebra 얼룩말　kangaroo 캥거루　koala 코알라
birds 새	swallow 제비　crow 까마귀　magpie 까치 eagle 독수리　crane 두루미, 학　parrot 앵무새
insects 곤충 · 벌레	worm 벌레　bug (작은) 곤충, 벌레 butterfly 나비　bee 벌　fly 파리　mosquito 모기 ant 개미　grasshopper 메뚜기　beetle 딱정벌레
other animals 그 밖의 동물들	mouse[복수 mice] (작은) 쥐, 생쥐　squirrel 다람쥐 whale 고래　dolphin 돌고래　penguin 펭귄 snake 뱀　lizard 도마뱀 turtle (바다)거북　tortoise (육지) 거북 frog 개구리　fish 물고기 spider 거미　snail 달팽이　octopus 문어　starfish 불가사리

Plants 식물	
trees 나무	leaf[복수 leaves] 잎　branch 나뭇가지 trunk 줄기　root 뿌리
	pine 소나무　bamboo 대나무　willow 버드나무
grasses 풀, 잔디	clover 클로버
flowers 꽃	rose 장미　lily 백합　sunflower 해바라기 carnation 카네이션　tulip 튤립

❽ 음식(Food)

vegetables 채소	tomato 토마토 carrot 당근 cucumber 오이 cabbage 양배추 lettuce 상추 spinach 시금치 onion 양파 garlic 마늘 pumpkin 호박 green pepper 풋고추, 피망 bean 콩 pea 완두(콩) potato 감자 sweet potato 고구마
fruit 과일	apple 사과 pineapple 파인애플 banana 바나나 grape 포도 orange 오렌지 lemon 레몬 melon 멜론 watermelon 수박 pear 배 strawberry 딸기 kiwi fruit 키위 plum 자두
meat 고기	beef 쇠고기 pork 돼지고기 chicken 닭고기 turkey 칠면조 (고기) steak 스테이크 ham 햄 bacon 베이컨 sausage 소시지
everyday food 일상 음식	rice 밥, 쌀 bread 빵 soup 수프, 국 butter 버터 cheese 치즈 jam 잼 egg 계란 mushroom 버섯 noodle 국수[면] spaghetti 스파게티 salad 샐러드 fish 생선, 물고기 seafood 해산물
fast food 패스트푸드 /**snacks** 간식	hamburger 햄버거 sandwich 샌드위치 pizza 피자 hot dog 핫도그 toast 토스트, 구운 빵 French fries 가늘고 길게 썬 감자튀김 potato chips 얇게 썬 감자튀김 cake 케이크 cookie 쿠키 chocolate 초콜릿 candy 캔디, 사탕
dessert 후식	ice cream 아이스크림 pie 파이 pudding 푸딩
drink 마실 것	water 물 milk 우유 juice 주스 cola 콜라 tea 차 coffee 커피 soda 탄산음료, 소다수
others 그 밖의 것들	salt 소금 sugar 설탕 pepper 후추 oil 기름 sauce 소스 soy sauce 간장 soybean paste 된장 red[hot] pepper paste 고추장 flour 밀가루 baking powder 베이킹파우더 curry 카레

❾ 옷(Clothes)

clothes 옷	dress 옷, 정장, (원피스의) 여성복[드레스] suit 양복 한 벌 coat 코트[외투], 긴 웃옷 jacket 재킷, 짧은 웃옷 shirt 셔츠 T-shirt 티셔츠 blouse 블라우스 sweater 스웨터 pants[trousers] 바지 jeans 진 바지 shorts 짧은 바지 skirt 스커트, 치마 pajamas 파자마, (남성용) 잠옷 nightgown 여성용 잠옷 underwear 속옷, 내의 underpants 팬츠, 속바지 swimsuit (여성용) 수영복 trunks 남성용 수영 팬츠 uniform 유니폼, 제복 school uniform 교복 raincoat 레인코트, 비옷

footwear 신는 것	shoes 구두, 신 boots 장화, 부츠 sneakers (고무창) 운동화 slippers 실내화 sandals 샌들 socks 짧은 양말 stockings 긴 양말, 스타킹
others 그 밖의 것들	hat (테 있는) 모자 cap (테 없는) 모자 (neck)tie 넥타이 scarf 스카프[목도리] gloves 장갑 mittens 벙어리장갑 earmuffs 귀마개 glasses 안경 sunglasses 선글라스, 색안경 purse 여성용 핸드백/돈지갑 wallet (접는 식의) 지갑 belt 벨트[(허리)띠] watch 손목시계 umbrella 우산 pocket 포켓, 호주머니 button 단추 sleeve 소매 ribbon 리본

⑩ 일 · 직업(Jobs)

farmer 농부   fisherman 어부

baker 빵 제조 판매업자   carpenter 목수

police officer[policeman/policewoman] 경찰관
firefighter[fireman] 소방관
mail carrier[mailman/postman] 우편배달부
soldier 군인

teacher 교사   professor 교수
engineer 기술자, 기사, 엔지니어   scientist 과학자
doctor 의사   dentist 치과의사   vet 수의사   nurse 간호사
computer programmer 컴퓨터 프로그래머
lawyer 변호사   reporter 기자   announcer 아나운서

businessperson[businessman/businesswoman] 실업가, 사업가
banker 은행가, 은행원   secretary 비서
salesperson[salesman/saleswoman] 판매원
clerk 점원[판매원], 사무원   office worker 사무원
bus/taxi/truck driver 버스/택시/트럭 운전기사
pilot 조종사   flight attendant 승무원   astronaut 우주 비행사   sailor 선원
cook[chef] 요리사   waiter 웨이터   waitress 웨이트리스
hairdresser 미용사   barber 이발사

designer 디자이너   fashion model 패션모델
singer 가수   dancer 무용가, 댄서   writer 작가
painter 화가   cartoonist 만화가   photographer 사진작가[사진사]
movie director 영화감독   movie star[actor/actress] 영화배우

student 학생   homemaker[housewife] 주부

뜯어먹는 중학 기본 영단어 1200

퀴즈 테스트

일일 · 누적 테스트 DAY 01 ~ DAY 60

구 성 · **일일 테스트(앞면)** 당일 학습한 단어를 영어는 우리말로, 우리말은 영어로 쓴다.
(품사별로 순서가 바뀌어 있다.)

· **누적 테스트(뒷면)** 첫날부터 해당일 전날까지 외운 단어가 쌓여 있다.
(중요한 것은 더 자주 등장한다.)

사용법 **1.** 일단 스프링에서 그날의 테스트 용지를 뜯어낸다.

2. 반으로 잘라 아래 부분은 내일을 위해 잘 보관해 둔다.

3. 일일 테스트부터 시작한다. (2분 30초)

4. 뒷장을 넘겨 누적 테스트를 계속한다. (2분 30초)

5. 위 둘을 채점해 보고 틀린 것을 골라내 다시 암기한다. (2분)　**총 소요 시간** : 약 7분

정답 확인 방법 : 일일 테스트는 해당 날짜에 나와 있는 20개 단어를 참조하고,
누적 테스트는 부록에 주어진 **미니 영어 사전**을 이용한다.

score	일일	/ 20	누적	/ 20
학년	반	번	이름	

01	lot	11	가족
02	day	12	친구
03	man	13	학교
04	time	14	어머니
05	way	15	아버지
06	people	16	해, 1년
07	go	17	세계, 세상
08	be	18	하다
09	that	19	좋은, 잘하는
10	this	20	거기에[그곳에]

✂

score	일일	/ 20	누적	/ 20
학년	반	번	이름	

01	life	11	집
02	teacher	12	음악
03	game	13	컴퓨터
04	thing	14	여재[여성]
05	country	15	아이, 자식
06	have	16	오늘(날)
07	home	17	보다, 만나다, 알다
08	old	18	말하다
09	many	19	좋아하다
10	much	20	새로운

1일째에는 누적 테스트가 없습니다.

✂ -

01	lot	11	people
02	day	12	friend
03	man	13	school
04	time	14	do
05	year	15	be
06	world	16	have
07	family	17	that
08	way	18	this
09	father	19	good
10	mother	20	there

01	class	11	돈
02	story	12	책
03	lesson	13	소년
04	love	14	학생
05	answer	15	동물
06	name	16	식품, 식량
07	make	17	그림, 사진
08	all	18	물(을 주다)
09	some	19	생각하다
10	other	20	매우[아주]

✂ - - - - -

01	job	11	언어
02	parent(s)	12	문제
03	look	13	날씨
04	hand	14	부분, 역할
05	place	15	무리[집단/그룹]
06	change	16	생각[아이디어]
07	know	17	지구, 땅
08	first	18	단어, 말
09	right	19	아침, 오전
10	so	20	읽다

학년   반   번 이름

01	way	11	name
02	life	12	**today**
03	time	13	**home**
04	child	14	**be**
05	thing	15	**say**
06	house	16	**like**
07	woman	17	**have**
08	lesson	18	many
09	picture	19	old
10	people	20	**much**

- - - ✂ -

누적 테스트 DAY 04

학년   반   번 이름

01	life	11	answer
02	way	12	**go**
03	food	13	**see**
04	group	14	**make**
05	story	15	**think**
06	money	16	**all**
07	animal	17	**some**
08	picture	18	**much**
09	country	19	**other**
10	**water**	20	**very**

01	dialog(ue)	11	밤
02	air	12	눈
03	use	13	여름
04	shop	14	아들
05	plant	15	나무
06	want	16	예, 모범
07	get	17	텔레비전
08	happy	18	채[자동차]
09	little	19	~하게 하다[허락하다]
10	then	20	큰

01	room	11	왕
02	interest	12	도시
03	talk	13	사람
04	plan	14	영화(관)
05	help	15	몸[신체]
06	park	16	불, 화재
07	hope	17	빌딩[건물]
08	great	18	편지, 글자
09	sure	19	주, 1주일
10	too	20	다른

01	job	11	hand
02	word	12	place
03	earth	13	change
04	story	14	let
05	country	15	see
06	problem	16	make
07	parent(s)	17	some
08	dialog(ue)	18	first
09	language	19	right
10	look	20	so

✂ -

01	air	11	place
02	eye	12	change
03	son	13	get
04	part	14	want
05	earth	15	know
06	weather	16	other
07	example	17	right
08	use	18	little
09	shop	19	happy
10	plant	20	then

01	hour	11	강
02	month	12	산
03	minute	13	소녀
04	work	14	바다
05	fun	15	과학자
06	kind	16	의사, 박사
07	future	17	색[빛깔], 색칠하다
08	next	18	먹다
09	long	19	오다
10	now	20	내일

01	team	11	꽃
02	paper	12	새
03	question	13	개
04	play	14	축구
05	light	15	거리
06	mind	16	노래
07	give	17	듣다
08	last	18	작은
09	live	19	중요한
10	up	20	아름다운

01	**fun**	11	park
02	part	12	hand
03	room	13	help
04	week	14	hope
05	movie	15	**let**
06	letter	16	great
07	person	17	different
08	plan	18	**sure**
09	talk	19	**so**
10	look	20	too

✂ -

누적 테스트 DAY 08 　　학년　반　번 이름

01	air	11	**plant**
02	sea	12	**interest**
03	hour	13	**kind**
04	river	14	**future**
05	month	15	**get**
06	letter	16	**eat**
07	minute	17	**long**
08	scientist	18	**next**
09	mountain	19	then
10	**work**	20	**tomorrow**

01	space	11	여행
02	topic	12	카드
03	club	13	자전거
04	party	14	전화(기)
05	learn	15	생일
06	find	16	도서관
07	take	17	옷[의복]
08	nice	18	활동
09	every	19	느끼다
10	well	20	젊은[어린]

01	sport	11	(타는) 배
02	brother	12	구두
03	program	13	점심
04	rain	14	신문
05	land	15	비행기
06	mail	16	측[쪽], 측면
07	point	17	꿈, 꿈꾸다
08	thank	18	돌봄, 관심을 갖다
09	each	19	나쁜
10	any	20	밖에[으로]

학년　반　번 이름

01	bird	11	light
02	paper	12	play
03	flower	13	give
04	street	14	listen
05	soccer	15	live
06	minute	16	last
07	question	17	beautiful
08	talk	18	important
09	park	19	sure
10	mind	20	first

✂- -

학년　반　번 이름

01	trip	11	kind
02	room	12	feel
03	topic	13	find
04	space	14	take
05	library	15	nice
06	clothes	16	great
07	activity	17	young
08	bike[bicycle]	18	every
09	care	19	too
10	interest	20	well

01	call	11	전쟁
02	face	12	습관
03	head	13	버스
04	need	14	겨울
05	write	15	과학
06	tell	16	방학[휴가]
07	same	17	음식점[식당]
08	another	18	수, 번호(를 매기다)
09	such	19	춤, 춤추다
10	here	20	만나다

---✂------

01	town	11	공
02	fish	12	정보
03	store	13	가방
04	study	14	여자 형제
05	smile	15	아침 식사
06	show	16	저녁 식사
07	watch	17	자연, 천성
08	interesting	18	갓난아이[아기]
09	dear	19	쉬운
10	really	20	높은, 높이

01	ship	11	work
02	shoe	12	point
03	lunch	13	thank
04	brother	14	take
05	newspaper	15	learn
06	plane[airplane]	16	any
07	rain	17	last
08	land	18	each
09	light	19	bad
10	mind	20	out

- - - ✂ -

01	war	11	face
02	habit	12	need
03	space	13	tell
04	winter	14	meet
05	science	15	live
06	vacation	16	same
07	library	17	another
08	call	18	last
09	play	19	such
10	head	20	well

score 일일 / 20 누적 / 20

학년 반 번 이름

01	top	11	문
02	star	12	컵
03	spring	13	문화
04	try	14	숙제
05	line	15	오후
06	visit	16	하늘
07	ask	17	창(문)
08	warm	18	즐기다
09	clean	19	유명한
10	hot	20	~도

✂

score 일일 / 20 누적 / 20

학년 반 번 이름

01	grade	11	섬
02	north	12	(한) 부분[조각], 한 개[하나]
03	south	13	마을
04	second	14	군인
05	favorite	15	쌀(밥), 벼
06	present	16	바위, 록 음악
07	keep	17	앞[정면], 정면의
08	special	18	사다
09	sorry	19	듣다
10	only	20	~이 되다[~(해)지다]

학년 반 번 이름

01	nature	11	study
02	dinner	12	smile
03	breakfast	13	watch
04	information	14	find
05	fish	15	another
06	point	16	same
07	land	17	easy
08	care	18	dear
09	store	19	high
10	show	20	really

✂ -

학년 반 번 이름

01	door	11	store
02	spring	12	ask
03	culture	13	enjoy
04	window	14	clean
05	afternoon	15	warm
06	homework	16	hot
07	try	17	such
08	call	18	famous
09	face	19	every
10	visit	20	also

01	message	11	역사
02	office	12	수학
03	end	13	상자
04	snow	14	케이크
05	win	15	계절[철]
06	own	16	태양, 햇빛[햇볕]
07	mean	17	이웃 (사람[나라])
08	true	18	노래하다
09	poor	19	놓다[두다]
10	just	20	열다, 열린

01	start	11	병원
02	match	12	사실
03	dress	13	감자
04	practice	14	얼음
05	few	15	애완동물
06	both	16	규칙, 지배
07	short	17	과목, 주제
08	middle	18	머리털, 털
09	fast	19	걷다, 산책
10	hard	20	늦은, 늦게

학년   반   번 이름

01	grade	11	favorite
02	island	12	try
03	village	13	line
04	soldier	14	watch
05	nature	15	keep
06	front	16	become
07	north	17	each
08	south	18	sorry
09	second	19	special
10	present	20	only

✂ -

학년   반   번 이름

01	top	11	ask
02	office	12	put
03	season	13	sing
04	history	14	own
05	neighbor	15	open
06	math[mathematics]	16	mean
07	visit	17	clean
08	snow	18	true
09	present	19	poor
10	win	20	just

01	area	11	병
02	uncle	12	숲
03	fly	13	잎
04	test	14	기계
05	worry	15	우유, 젖
06	grow	16	역[정거장]
07	left	17	채소[야채]
08	green	18	미술, 예술, 기술
09	orange	19	이해하다
10	back	20	흰색의, 흰색

✂ -

01	field	11	벌
02	egg	12	침대
03	turn	13	건강
04	train	14	토끼
05	exercise	15	농장
06	save	16	일기(장)
07	happen	17	심장, 마음
08	sick	18	(몸의) 다리
09	large	19	믿다
10	please	20	기쁜

01	pet	11	**keep**
02	rule	12	**few**
03	fact	13	**both**
04	spring	14	**short**
05	subject	15	**middle**
06	hospital	16	**second**
07	**walk**	17	**favorite**
08	**match**	18	**hard**
09	**practice**	19	**late**
10	**put**	20	**fast**

✂ -

01	art	11	**match**
02	leaf	12	**worry**
03	area	13	**grow**
04	uncle	14	**understand**
05	grade	15	**left**
06	bottle	16	**green**
07	forest	17	**own**
08	station	18	**mean**
09	vegetable	19	**only**
10	**fly**	20	**back**

01	site	11	저녁
02	gift	12	농부
03	goal	13	사과
04	report	14	고양이
05	result	15	지하철
06	order	16	달리다, 운영하다
07	sound	17	말하다
08	begin	18	강한[힘센]
09	leave	19	키가 큰
10	interested	20	늘[언제나]

01	thousand	11	세기[100년]
02	hundred	12	길[도로]
03	sale	13	뉴스[소식]
04	rest	14	왕자/공주
05	sign	15	나이, 시대
06	past	16	앉다
07	half	17	기억하다
08	wear	18	보내다
09	busy	19	어려운
10	wonderful	20	다시

학년 반 번 이름

01	leg	11	win
02	bee	12	save
03	farm	13	grow
04	field	14	believe
05	diary	15	happen
06	rabbit	16	mean
07	health	17	sick
08	turn	18	poor
09	train	19	hard
10	exercise	20	please

학년 반 번 이름

01	gift	11	result
02	area	12	short
03	goal	13	begin
04	farmer	14	leave
05	subway	15	speak
06	subject	16	happen
07	practice	17	tall
08	fly	18	strong
09	report	19	interested
10	order	20	always

01	character	11	달
02	fall	12	할아버지
03	step	13	(두)뇌
04	stop	14	장난감
05	cook	15	에너지, 정력
06	design	16	음악회[연주회]
07	move	17	수영하다
08	cold	18	파란, 파란색
09	human	19	빨간, 빨간색
10	following	20	어제

-------------------------------✂------------------------------

01	community	11	의견
02	glass	12	트럭
03	check	13	시계
04	break	14	목소리
05	form	15	크기[치수]
06	lose	16	관습[풍습]
07	healthy	17	사건[행사]
08	full	18	(풍자) 만화
09	wrong	19	가져[데려]오다
10	often	20	죽다

01	age	11	half
02	road	12	past
03	century	13	believe
04	hundred	14	send
05	thousand	15	wear
06	prince/princess	16	remember
07	sign	17	busy
08	rest	18	difficult
09	turn	19	wonderful
10	order	20	back

✂ -

01	toy	11	result
02	gift	12	sound
03	field	13	save
04	brain	14	swim
05	moon	15	move
06	character	16	leave
07	fall	17	cold
08	step	18	human
09	stop	19	following
10	cook	20	yesterday

01	arm	11	시험
02	dish	12	땅, 땅바닥
03	reason	13	탁재[식탁], 표[목록]
04	teenager	14	축제[잔치]
05	stay	15	모퉁이[구석]
06	post	16	기다리다
07	matter	17	~할 수 있는
08	miss	18	외국의
09	join	19	슬픈
10	careful	20	함께[같이]

01	gas	11	코
02	pen	12	여우
03	contest	13	돼지
04	president	14	벽[담]
05	choose	15	상[상품]
06	carry	16	다름[차이]
07	build	17	중심[중앙], 센터
08	popular	18	(시간/돈을) 쓰다
09	enough	19	걱정하는
10	even	20	준비된

01	voice	11	**break**
02	clock	12	**past**
03	custom	13	**die**
04	cartoon	14	**lose**
05	opinion	15	**move**
06	community	16	**bring**
07	**fall**	17	wrong
08	**form**	18	healthy
09	**rest**	19	interested
10	**check**	20	**often**

✂- -

01	arm	11	**stay**
02	table	12	**post**
03	dish	13	**break**
04	exam	14	**join**
05	reason	15	**miss**
06	ground	16	able
07	thousand	17	careful
08	character	18	foreign
09	teenager[teen]	19	difficult
10	**sign**	20	**together**

01	holiday	11	빵
02	wish	12	축구
03	volunteer	13	교실
04	decide	14	쿠키
05	cry	15	주말
06	brown	16	우산
07	secret	17	취미
08	free	18	식사
09	fine	19	여왕, 왕비
10	down	20	맛있는

✂ -

01	beach	11	말
02	chance	12	책상
03	fashion	13	오리
04	uniform	14	햄버거
05	camp	15	닭(고기)
06	wash	16	야구(공)
07	draw	17	과일
08	wise	18	잠자다, 잠
09	bright	19	팔다
10	never	20	배고픈

학년   반   번 이름

01	fox	11	**build**
02	wall	12	**carry**
03	prize	13	**spend**
04	contest	14	**choose**
05	president	15	**following**
06	difference	16	ready
07	**break**	17	popular
08	**matter**	18	worried
09	lose	19	**enough**
10	**bring**	20	even

학년   반   번 이름

01	meal	11	**volunteer**
02	bread	12	**cry**
03	hobby	13	**join**
04	reason	14	**decide**
05	holiday	15	**secret**
06	umbrella	16	careful
07	weekend	17	free
08	classroom	18	delicious
09	form	19	**fine**
10	wish	20	often

score	일일	/ 20	누적	/ 20
학년	반	번	이름	

01	jeans	11	환경
02	advice	12	오염
03	member	13	호수
04	surprise	14	바람
05	fight	15	궁전
06	bear	16	셔츠
07	view	17	손가락
08	tired	18	조부모
09	whole	19	타다, 타기, 탈것
10	sometimes	20	더러운

✂ -

score	일일	/ 20	누적	/ 20
학년	반	번	이름	

01	boat	11	딸
02	garage	12	소풍
03	glue	13	공장
04	race	14	사고
05	heat	15	음악가
06	close	16	숙녀, 여성
07	upset	17	발명하다
08	welcome	18	따르다
09	early	19	영리한[똑똑한]
10	pretty	20	놀란

학년 반 번 이름

01	desk	11	sell
02	horse	12	draw
03	chance	13	choose
04	difference	14	carry
05	prize	15	enough
06	ride	16	wise
07	stay	17	bright
08	camp	18	hungry
09	sleep	19	careful
10	matter	20	never

학년 반 번 이름

01	lake	11	surprise
02	finger	12	ride
03	advice	13	build
04	palace	14	wash
05	pollution	15	spend
06	environment	16	whole
07	grandparent(s)	17	dirty
08	difference	18	tired
09	view	19	popular
10	bear	20	sometimes

01	bill	11	귀	
02	foot	12	소금	
03	clerk	13	문장	
04	drink	14	구름	
05	hold	15	남편	
06	agree	16	사자	
07	fat	17	교통(량)	
08	dark	18	농구(공)	
09	afraid	19	검정색의, 검정색	
10	still	20	서다	

01	soup	11	시장	
02	ticket	12	안전	
03	artist	13	구멍	
04	garden	14	우주선	
05	set	15	이[치아]	
06	type	16	약, 의학	
07	pick	17	(바다)거북	
08	heavy	18	재활용하다	
09	sunny	19	가르치다	
10	soon	20	자랑스러운	

학년   반   번 이름

01	member	11	follow
02	factory	12	decide
03	accident	13	invent
04	musician	14	secret
05	daughter	15	close
06	glue	16	upset
07	race	17	smart
08	view	18	surprised
09	heat	19	early
10	draw	20	pretty

학년   반   번 이름

01	bill	11	drink
02	salt	12	hold
03	foot	13	agree
04	clerk	14	fat
05	cloud	15	dark
06	traffic	16	close
07	husband	17	whole
08	sentence	18	afraid
09	environment	19	bright
10	fight	20	still

01	bank	11	동전
02	mouse	12	사막
03	power	13	아내
04	million	14	달러
05	service	15	박물관[미술관]
06	smell	16	모으다[수집하다]
07	board	17	끝내다[끝나다]
08	yellow	18	베다[자르다], (베인) 상처, 자르기
09	east	19	화난[성난]
10	usually	20	부유한, 풍부한

01	page	11	입
02	pocket	12	사촌
03	tie	13	(행)운
04	seat	14	쓰레기
05	block	15	초콜릿
06	smoke	16	목록, 명단
07	real	17	기쁨[즐거움]
08	useful	18	초대하다
09	several	19	소개하다
10	away	20	이상한, 낯선

01	turtle	11	fight
02	hole	12	recycle
03	tooth	13	teach
04	artist	14	agree
05	safety	15	pick
06	pollution	16	upset
07	medicine	17	proud
08	spaceship	18	heavy
09	set	19	sunny
10	type	20	soon

--- ✂ --

01	bill	11	hold
02	coin	12	finish
03	bank	13	collect
04	power	14	east
05	desert	15	yellow
06	million	16	rich
07	museum	17	angry
08	accident	18	still
09	smell	19	pretty
10	board	20	usually

01	drop	11	지도
02	paint	12	평화
03	circle	13	국가, 민족
04	throw	14	잡지
05	catch	15	법(률)
06	key	16	간호사
07	hurt	17	사탕[캔디]
08	general	18	주소, 연설
09	funny	19	때[순간], 잠시
10	loud	20	위험한

✂ - - - - -

일일 테스트 DAY **34**

score 일일　/ 20　누적　/ 20

학년　반　번 이름

01	date	11	양말
02	system	12	엽서
03	classmate	13	공항
04	drive	14	설탕
05	cover	15	기자
06	laugh	16	유령
07	mistake	17	젓가락
08	possible	18	소방관
09	excited	19	여행(하다)
10	once	20	느린

01	trash	11	smoke
02	mouth	12	invite
03	cousin	13	introduce
04	pleasure	14	stand
05	luck	15	real
06	tie	16	afraid
07	set	17	useful
08	type	18	strange
09	seat	19	several
10	block	20	away

✂--

01	law	11	travel
02	nurse	12	pick
03	list	13	hurt
04	nation	14	catch
05	address	15	general
06	moment	16	east
07	magazine	17	funny
08	drop	18	dangerous
09	circle	19	heavy
10	board	20	loud

01	grandchild	11	기억(력), 추억	
02	aunt	12	조리[요리]법	
03	grass	13	외투[코트]	
04	pass	14	마당[뜰]	
05	trick	15	외국인	
06	guess	16	연필	
07	trouble	17	돌	
08	terrible	18	죽이다	
09	exciting	19	더하다	
10	later	20	세계[지구]의	

✂ -

01	business	11	목욕	
02	flood	12	노력	
03	kid	13	호랑이	
04	excuse	14	지도자	
05	seem	15	동물원	
06	square	16	기사[기술자]	
07	gold	17	잘못, 결점	
08	Olympic	18	샤워, 소나기	
09	main	19	오르다[등반하다]	
10	however	20	안전한	

학년 반 번 이름

01	map	11	cover
02	sock	12	cut
03	ghost	13	mistake
04	airport	14	throw
05	postcard	15	collect
06	chopstick	16	key
07	classmate	17	angry
08	firefighter	18	excited
09	drive	19	possible
10	laugh	20	once

✂- -

누적 테스트 DAY 36

학년 반 번 이름

01	aunt	11	guess
02	grandchild	12	pass
03	yard	13	trouble
04	stone	14	add
05	grass	15	catch
06	recipe	16	global
07	foreigner	17	terrible
08	memory	18	exciting
09	trick	19	later
10	tie	20	usually

score 일일 / 20 누적 / 20

학년 반 번 이름

01	noise	11	택시
02	band	12	천사
03	meat	13	관광객
04	noodle	14	단추[버튼]
05	**bat**	15	시
06	**pay**	16	아름다움, 미인
07	**waste**	17	**잊다**
08	**arrive**	18	현대의[현대적인]
09	**cool**	19	조용한
10	**clear**	20	~ 전에

score 일일 / 20 누적 / 20

학년 반 번 이름

01	fan	11	거실
02	pair	12	고향
03	hall	13	경찰
04	floor	14	(양)초
05	**principal**	15	조종사
06	**touch**	16	암소[젖소]
07	**act**	17	수건[타월]
08	**rainy**	18	**상상하다**
09	**regular**	19	**준비하다**
10	**off**	20	단(것), 친절한

학년   반   번 이름

01	zoo	11	excuse
02	bath	12	seem
03	fault	13	climb
04	effort	14	square
05	shower	15	general
06	engineer	16	Olympic
07	kid	17	safe
08	pass	18	main
09	trick	19	several
10	flood	20	however

✂ -

누적 테스트 DAY 38

학년   반   번 이름

01	meat	11	waste
02	noise	12	forget
03	poem	13	seem
04	beauty	14	square
05	tourist	15	cool
06	noodle	16	clear
07	address	17	possible
08	bat	18	quiet
09	pay	19	modern
10	guess	20	ago

01	turkey	11	원숭이
02	robot	12	날개
03	bridge	13	커피
04	lie	14	버터
05	cross	15	비누
06	hit	16	바구니
07	fresh	17	사전
08	international	18	서점
09	low	19	외치다, 외침
10	far	20	거대한

✄

01	cap	11	꼬리
02	title	12	계단
03	honey	13	개구리
04	couple	14	천[헝겊]
05	capital	15	운동장[놀이터]
06	mix	16	어부, 낚시꾼
07	jump	17	받다
08	master	18	귀여운
09	rise	19	완벽한[완전한]
10	finally	20	행운의[운 좋은]

01	pair	11	cover
02	pilot	12	waste
03	floor	13	flood
04	police	14	touch
05	candle	15	**prepare**
06	hometown	16	**imagine**
07	living room	17	rainy
08	band	18	slow
09	**principal**	19	regular
10	**act**	20	**off**

✂ -

01	wing	11	**arrive**
02	soap	12	**add**
03	effort	13	**clear**
04	bridge	14	**cool**
05	turkey	15	huge
06	dictionary	16	fresh
07	bookstore	17	global
08	**lie**	18	international
09	**cross**	19	**low**
10	**hit**	20	**far**

01	pool	11	꽃병
02	gesture	12	부엌
03	waiter/waitress	13	상표
04	judge	14	바지
05	control	15	할머니
06	develop	16	4분의 1
07	enter	17	치과 의사
08	friendly	18	기름, 석유
09	simple	19	(마시는) 차
10	maybe	20	비싼

01	quiz	11	목
02	mask	12	치마
03	mark	13	휠체어
04	brush	14	돌고래
05	cause	15	경기장
06	return	16	바이올린
07	fill	17	제과점[빵집]
08	improve	18	(테 있는) 모자
09	complete	19	온도[기온], 체온
10	dry	20	갑자기

학년   반   번 이름

01	frog	11	mix
02	cap	12	bat
03	tail	13	jump
04	stair	14	master
05	poem	15	rise
06	cloth	16	receive
07	capital	17	forget
08	fisherman	18	able
09	**principal**	19	perfect
10	lie	20	finally

------------------------✂------------------------

학년   반   번 이름

01	tea	11	cross
02	pool	12	judge
03	vase	13	control
04	pants	14	enter
05	floor	15	develop
06	capital	16	clear
07	dentist	17	regular
08	quarter	18	friendly
09	kitchen	19	expensive
10	act	20	maybe

01	meeting	11	주스
02	lamp	12	극장
03	ring	13	폭포
04	share	14	배낭
05	raise	15	공책
06	lead	16	놀이공원
07	round	17	후추, 고추
08	male	18	가루[(분)말]
09	wild	19	숟가락[스푼]
10	tonight	20	교과서[교재]

01	bell	11	양
02	peak	12	기타
03	tower	13	교회
04	actor/actress	14	개미
05	lift	15	벌레
06	taste	16	샐러드
07	serve	17	발명가
08	third	18	완두(콩)
09	wide	19	~와 결혼하다
10	alone	20	깊은, 깊게

학년 반 번 이름

01	hat	11	judge
02	neck	12	return
03	dolphin	13	master
04	bakery	14	fill
05	quarter	15	rise
06	stadium	16	develop
07	temperature	17	dry
08	mark	18	complete
09	cause	19	simple
10	brush	20	suddenly

✂ -

학년 반 번 이름

01	amusement park	11	shout
02	pepper	12	lead
03	theater	13	raise
04	meeting	14	share
05	textbook	15	improve
06	waterfall	16	male
07	backpack	17	round
08	playground	18	wild
09	ring	19	tonight
10	cause	20	however

score 일일 / 20 누적 / 20

학년   반   번 이름

01	pan	11	승강기
02	style	12	코끼리
03	officer	13	사진기
04	homeroom	14	사진첩
05	shake	15	열, 열병
06	paste	16	욕실, 화장실
07	pull	17	언덕[작은 산]
08	burn	18	전통의[전통적인]
09	wake	19	빈
10	serious	20	거의

----------------------------------✂--------

score 일일 / 20 누적 / 20

학년   반   번 이름

01	glove	11	뱀
02	steak	12	두통
03	drama	13	선원
04	partner	14	당근
05	stomach	15	발음
06	reply	16	장미
07	cheer	17	의자
08	crazy	18	**발견하다**
09	thin	19	**계속하다**
10	already	20	약한

학년   반   번 이름

01	ant	11	taste
02	pea	12	enter
03	peak	13	raise
04	worm	14	serve
05	sheep	15	marry
06	church	16	third
07	inventor	17	wide
08	actor/actress	18	deep
09	lift	19	complete
10	control	20	alone

✂ -

학년   반   번 이름

01	hill	11	lead
02	fever	12	burn
03	officer	13	wake
04	elephant	14	share
05	bathroom	15	simple
06	grandmother	16	empty
07	waiter/waitress	17	traditional
08	paste	18	round
09	shake	19	complete
10	pull	20	almost

01	wallet	11	밀
02	clothing	12	인형
03	champion	13	공룡
04	blow	14	포크
05	bow	15	옥수수
06	hate	16	스웨터
07	solve	17	백화점
08	correct	18	샌드위치
09	thick	19	칼[나이프]
10	inside	20	사회의

✂

01	stress	11	고래
02	treat	12	문법
03	skate	13	모기
04	puzzle	14	역할
05	express	15	목구멍
06	create	16	풍선, 기구
07	plastic	17	벨트[(허리)띠]
08	fair	18	장화[부츠]
09	folk	19	기침하다, 기침
10	yet	20	나누다[나뉘다]

학년 반 번 이름

01	rose	11	cheer
02	chair	12	mark
03	snake	13	continue
04	sailor	14	discover
05	carrot	15	thin
06	stomach	16	weak
07	homeroom	17	crazy
08	headache	18	serious
09	pronunciation	19	wild
10	reply	20	already

학년 반 번 이름

01	doll	11	fill
02	corn	12	hate
03	wheat	13	solve
04	wallet	14	share
05	clothing	15	correct
06	dinosaur	16	thick
07	department store	17	social
08	glove	18	wide
09	blow	19	tonight
10	bow	20	inside

score 일일 / 20 누적 / 20
학년 반 번 이름

01	film	11	샴푸
02	roll	12	포도
03	stick	13	우표, 도장
04	press	14	신사
05	rescue	15	접시
06	silver	16	침실
07	native	17	간식
08	lovely	18	시금치
09	stupid	19	천막[텐트]
10	o'clock	20	잘생긴

score 일일 / 20 누적 / 20
학년 반 번 이름

01	medal	11	화성
02	ribbon	12	치통
03	jacket	13	정오
04	poster	14	달력
05	count	15	에어컨
06	hurry	16	블라우스
07	respect	17	염소[산양]
08	knock	18	성공하다
09	good-looking	19	(값)싼
10	else	20	용감한

학년 반 번 이름

01	role	11	skate
02	whale	12	express
03	throat	13	divide
04	stress	14	create
05	grammar	15	fair
06	mosquito	16	folk
07	treat	17	plastic
08	cough	18	correct
09	taste	19	thin
10	puzzle	20	yet

✂ -

학년 반 번 이름

01	plate	11	press
02	gentleman	12	rescue
03	grape	13	express
04	stamp	14	silver
05	spinach	15	native
06	bedroom	16	lovely
07	roll	17	crazy
08	reply	18	stupid
09	treat	19	handsome
10	stick	20	o'clock

일일 테스트 DAY 51

01	pot	11	치즈
02	dough	12	철도
03	speech	13	쇠고기
04	apartment	14	대나무
05	scarf	15	돼지고기
06	west	16	굽다
07	musical	17	밀다
08	cloudy	18	사라지다
09	quick	19	(기름에) 튀기다
10	abroad	20	목마른

일일 테스트 DAY 52

01	web	11	지붕
02	chip	12	나비
03	destroy	13	별명
04	protect	14	주부
05	gather	15	캥거루
06	fix	16	휴대폰
07	elementary	17	앵무새
08	classical	18	커튼[막]
09	certain	19	후식[디저트]
10	quite	20	광고하다

01	goat	11	knock
02	noon	12	continue
03	Mars	13	succeed
04	calendar	14	brave
05	toothache	15	cheap
06	air conditioner	16	expensive
07	hurry	17	good-looking
08	count	18	alone
09	respect	19	inside
10	bow	20	else

✂ -

01	pot	11	push
02	dough	12	bake
03	speech	13	solve
04	bamboo	14	disappear
05	railroad	15	musical
06	scarf	16	quick
07	stick	17	thirsty
08	respect	18	cloudy
09	blow	19	yet
10	fry	20	abroad

01	jungle	11	대본
02	jar	12	오이
03	bite	13	배경
04	sail	14	마술사
05	monitor	15	냉장고
06	pour	16	북[드럼]
07	boil	17	우편배달부
08	pleasant	18	엄지손가락
09	nervous	19	차다
10	straight	20	붐비는

01	bean	11	거위
02	bench	12	거미
03	blackboard	13	양배추
04	increase	14	수의사
05	rush	15	발가락
06	surf	16	구급차
07	hide	17	사진작가[사진사]
08	wet	18	알파벳, 자모
09	excellent	19	실망시키다
10	either	20	죽은

01	roof	11	destroy
02	beef	12	gather
03	parrot	13	protect
04	nickname	14	succeed
05	dessert	15	advertise
06	cellular phone	16	west
07	homemaker[housewife]	17	elementary
08	rescue	18	classical
09	cough	19	certain
10	fix	20	quite

01	jar	11	hurry
02	thumb	12	monitor
03	setting	13	kick
04	mail carrier[mailman]	14	boil
05	magician	15	pour
06	cucumber	16	pleasant
07	refrigerator	17	crowded
08	butterfly	18	nervous
09	bite	19	straight
10	sail	20	o'clock

01	nut	11	어깨
02	file	12	양파
03	escalator	13	교수
04	repeat	14	화면
05	guide	15	메뚜기
06	spread	16	당나귀
07	amazing	17	해바라기
08	polite	18	빛나다
09	fantastic	19	못생긴[추한]
10	outside	20	부드러운

01	oven	11	천둥
02	arrow	12	번개
03	rocket	13	광부
04	pianist	14	마라톤
05	breathe	15	소나무
06	accept	16	지우개
07	burst	17	(먹는) 배
08	slim	18	햇빛[햇볕]
09	blind	19	제안하다[권하다]
10	exact	20	(미래) 언젠가

01	vet	11	surf
02	bean	12	divide
03	goose	13	disappear
04	spider	14	disappoint
05	cabbage	15	wet
06	photographer	16	dead
07	blackboard	17	certain
08	rush	18	excellent
09	increase	19	either
10	hide	20	already

✂- -

01	onion	11	pour
02	donkey	12	shine
03	shoulder	13	spread
04	screen	14	disappoint
05	professor	15	polite
06	sunflower	16	amazing
07	grasshopper	17	ugly
08	guide	18	fantastic
09	repeat	19	outside
10	fix	20	straight

01	saint	11	턱
02	stove	12	손목
03	course	13	비단
04	scissors	14	복숭아
05	sneaker	15	판매원
06	review	16	다람쥐
07	celebrate	17	복사(하다), 사본
08	slippery	18	오염시키다
09	comic	19	졸리는
10	everywhere	20	정직한

✂------

01	flu	11	약국
02	cotton	12	암탉
03	carpet	13	희극
04	hike	14	입술
05	sneeze	15	마늘
06	fail	16	황소
07	borrow	17	배구
08	sore	18	목수
09	runny	19	손수건
10	ahead	20	비참한

01	pine	11	**burst**
02	pear	12	**accept**
03	miner	13	**protect**
04	arrow	14	**suggest**
05	thunder	15	**slim**
06	sunshine	16	**blind**
07	marathon	17	**nervous**
08	lightning	18	**exact**
09	eraser	19	**abroad**
10	**increase**	20	**someday**

✂ -

누적 테스트 DAY 58   학년 반 번 이름

01	chin	11	**pollute**
02	wrist	12	**hide**
03	peach	13	**advertise**
04	course	14	**celebrate**
05	scissors	15	**slippery**
06	squirrel	16	comic
07	salesperson	17	honest
08	**review**	18	sleepy
09	**copy**	19	**either**
10	**spread**	20	everywhere

01	restroom	11	딸기
02	supper	12	소매
03	sidewalk	13	조카
04	swallow	14	왕관
05	slice	15	시장
06	relax	16	쟁반
07	feed	17	뺨[볼]
08	pink	18	이발사
09	purple	19	사냥하다
10	violet	20	두 번, 두 배로

01	lamb	11	사슴
02	trunk	12	기린
03	thorn	13	허리
04	chest	14	늑대
05	wedding	15	수박
06	print	16	조카딸
07	prevent	17	양털, 모직
08	click	18	씹다
09	shiny	19	아주 맛있는
10	anywhere	20	(맛이) 신

학년　반　번 이름

01	flu	11	rush
02	garlic	12	fail
03	cotton	13	disappoint
04	drugstore	14	borrow
05	stove	15	slim
06	carpenter	16	soft
07	handkerchief	17	runny
08	toe	18	miserable
09	sneeze	19	sore
10	hike	20	ahead

✂ -

학년　반　번 이름

01	tray	11	hunt
02	cheek	12	feed
03	mayor	13	relax
04	barber	14	burst
05	sleeve	15	suggest
06	nephew	16	pollute
07	sidewalk	17	yummy
08	restroom	18	violet
09	slice	19	purple
10	swallow	20	twice

뜯어먹는 중학 기본 영단어 1200

미니 영어 사전

 이 사전은 중학교 1~2학년 전 교과서를 컴퓨터로 검색해 실제로 자주 쓰이는
단어의 의미만 추려 실은 것입니다.
이 사전은 중학교 기본 영어 단어의 기준과 표준입니다.

• 알파벳순으로 정리되어 있다.
• 뜻은 중학교 과정에서 알아야 할 알맞은 수준에 맞추어 정리했다.
• 각 단어 뒤에 이 책에서의 페이지가 나와 있다.
• 필요한 단어를 찾거나 누적 테스트의 정답 확인 방법으로 활용할 수 있다.

A

able ~할 수 있는	95
abroad 외국에[으로]	207
accept 받아들이다[인정하다]	227
accident 사고	114
act 행동(하다), 연기(하다), (연극의) 막	154
activity 활동	38
actor 남자 배우	178
actress 여자 배우	178
add 더하다	143
address 주소, 연설	134
advertise 광고하다	211
advice 조언[충고]	110
afraid 두려워하는, 걱정하는	119
afternoon 오후	54
again 다시	83
age 나이, 시대	82
ago ~ 전에	151
agree 동의하다[의견이 일치하다]	119
ahead 앞에[으로]	235
air 공기[대기], 공중, 항공	22
air conditioner 에어컨	202
airplane 비행기	42
airport 공항	138
album 사진첩[앨범]	182
all 모든, 모두	15
almost 거의	183
alone 혼자, 외로이, 외로운	179
alphabet 알파벳[자모(字母)]	218

already 이미[벌써]	187
also ~도	55
always 늘[언제나]	79
amazing 놀라운	223
ambulance 구급차	218
amusement park 놀이공원	174
angel 천사	150
angry 화난[성난]	127
animal 동물	14
another 또 하나의 (것[사람]), 다른 (것[사람])	47
answer 대답(하다)	15
ant 개미	178
any 어떤 (것[사람]), 아무(것)	43
anywhere 어디든, 아무데(서)도	243
apartment 아파트	206
apple 사과	78
area 지역, 분야, 면적	70
arm 팔, 무기	94
arrive 도착하다	151
arrow 화살	226
art 미술, 예술, 기술	70
artist 예술가, 미술가	122
ask 묻다, 부탁하다	55
aunt 큰[작은] 어머니, 외숙모, 고모, 이모	142
away 떨어져, 떠나서	131

B

baby 갓난아이[아기]	50
back 되돌아, 뒤(로/의), 등	71

backpack 배낭	174	
bad 나쁜	43	
bag 가방[백]	50	
bake 굽다	206	
bakery 제과점[빵집]	170	
ball 공	50	
balloon 풍선, 기구	194	
bamboo 대나무	206	
band 악단[악대], 밴드[띠]	150	
bank 은행, 둑	126	
barber 이발사	238	
baseball 야구(공)	106	
basket 바구니	158	
basketball 농구(공)	118	
bat 박쥐, 배트(로 공을 치다)	150	
bath 목욕	146	
bathroom 욕실, 화장실	182	
be ～이다, 있다	7	
beach 해변[바닷가/호숫가]	106	
bean 콩	218	
bear 낳다, 곰	111	
beautiful 아름다운	35	
beauty 아름다움, 미인	150	
become ～이 되다[~~(해)지다]	59	
bed 침대	74	
bedroom 침실	198	
bee 벌	74	
beef 쇠고기	206	
begin 시작하다	79	
believe 믿다	75	
bell 벨[종]	178	
belt 벨트[(허리)띠]	194	
bench 벤치[긴 의자]	218	
big 큰	23	
bike[bicycle] 자전거	38	
bill 청구서[계산서], 지폐, 법안	118	
bird 새	34	
birthday 생일	38	
bite 물다, 물기	215	
black 검정색(의)	119	
blackboard 칠판	218	
blind 시각 장애가 있는[눈먼]	227	
block 블록[구획], 막다[방해하다]	130	
blouse 블라우스	202	
blow (바람이) 불다, 강타[타격]	191	
blue 파란(색)	87	
board 판, 게시판, 탑승하다	126	
boat 보트[배]	114	
body 몸[신체]	26	
boil 끓다[끓이다], 삶다	215	
book 책	14	
bookstore 서점	158	
boot 장화[부츠]	194	
borrow 빌리다	235	
both 둘 다(의)	67	
bottle 병	70	
bow 절(하다), 숙이다, 활	191	
box 상자	62	

boy 소년		14
brain (두)뇌		86
brand 상표		166
brave 용감한		203
bread 빵		102
break 깨뜨리다, 고장 내다, 휴식		91
breakfast 아침 식사		50
breathe 숨 쉬다[호흡하다]		227
bridge (건너는) 다리		158
bright 밝은[빛나는], 똑똑한		107
bring 가져[데려]오다		91
brother 남자 형제		42
brown 갈색(의)		103
brush 솔(질하다), 붓		171
build 짓다[건축/건설하다]		99
building 빌딩[건물]		26
burn (불)타다[태우다]		183
burst 터지다[터뜨리다]		227
bus 버스		46
business 사업, 일[업무]		146
busy 바쁜, 번화한, 통화 중인		83
butter 버터		158
butterfly 나비		210
button 단추[버튼]		150
buy 사다		59

C

cabbage 양배추		218
cake 케이크		62

calendar 달력		202
call 전화하다, 부르다, 통화, 부름		46
camera 사진기[카메라]		182
camp 야영지, 캠프, 야영하다		106
candle (양)초		154
candy 사탕[캔디]		134
cap (테 없는) 모자, 뚜껑		162
capital 수도, 대문자, 자본		162
car 차[자동차]		22
card 카드		38
care 돌봄, 주의, 관심을 갖다, 돌보다		43
careful 조심하는[주의 깊은]		95
carpenter 목수		234
carpet 카펫[양탄자]		234
carrot 당근		186
carry 가지고 있다[다니다], 나르다		99
cartoon (풍자) 만화		90
cat 고양이		78
catch (붙)잡다, (병에) 걸리다		135
cause 원인(이 되다), 일으키다		171
celebrate 축하[기념]하다		231
cellular phone 휴대폰		210
center 중심[중앙], 센터		98
century 세기[100년]		82
certain 확신하는[확실한], 어떤		211
chair 의자		186
champion 우승자[챔피언]		190
chance 기회, 가망[가능성]		106
change 바꾸다, 변화(하다), 거스름돈		19

character 성격, (등장)인물, 글자	86	
cheap (값)싼	203	
check 점검[확인](하다), 수표	91	
cheek 뺨[볼]	238	
cheer 환호[응원](하다), 힘을 북돋우다	187	
cheese 치즈	206	
chest 가슴	242	
chew 씹다	243	
chicken 닭(고기)	106	
child 아이, 자식	10	
chin 턱	230	
chip (감자/컴퓨터) 칩	210	
chocolate 초콜릿	130	
choose 고르다[선택/선정하다]	99	
chopstick 젓가락	138	
church 교회	178	
circle 원(을 그리다), 돌다, 집단	134	
city 도시	26	
class 학급, 수업	14	
classical 고전의	211	
classmate 반 친구[급우]	138	
classroom 교실	102	
clean 깨끗한, 청소하다	55	
clear 명확한, 맑은, 치우다	151	
clerk 사무원, 점원	118	
click 찰칵 소리를 내다, 클릭하다	243	
climb 오르다[등반하다]	147	
clock 시계	90	
close 닫다, 가까운, 가까이	115	

cloth 천[헝겊]	162	
clothes 옷[의복]	38	
clothing 옷[의류]	190	
cloud 구름	118	
cloudy 흐린[구름이 많이 낀]	207	
club 클럽[동호회/동아리]	38	
coat 외투[코트]	142	
coffee 커피	158	
coin 동전	126	
cold 추운[차가운], 감기, 추위	87	
collect 모으다[수집하다]	127	
color 색[빛깔], 색칠하다	30	
come 오다	31	
comedy 희극	234	
comic 웃기는, 희극의	231	
community 공동체[주민/지역 사회]	90	
complete 완전한, 끝내다[완성하다]	171	
computer 컴퓨터	10	
concert 음악회[연주회]	86	
contest 경연[대회]	98	
continue 계속하다	187	
control 지배[통제](하다)	167	
cook 요리하다, 요리사	87	
cookie 쿠키	102	
cool 시원한, 냉정한, 식다[식히다]	151	
copy 복사(하다), 사본	231	
corn 옥수수	190	
corner 모퉁이[구석]	94	
correct 올바른, 바로잡다[고치다]	191	

cotton 면, 목화 234

cough 기침(하다) 195

count 세다, 계산(하다), 셈 203

country 나라, 시골 10

couple 한 쌍, 몇몇, 커플[부부] 162

course 강좌, 코스 230

cousin 사촌 130

cover 덮다, 덮개 139

cow 암소[젖소] 154

crazy 미친, 열광하는, 화난 187

create 창조[창출]하다 195

cross 건너다, 교차시키다, 십자가 159

crowded 붐비는 215

crown 왕관 238

cry 울다, 소리치다 103

cucumber 오이 214

culture 문화 54

cup 컵 54

curtain 커튼[막] 210

custom 관습[풍습] 90

cut 베다[자르다], (베인) 상처, 자르기 127

cute 귀여운 163

D

dad[daddy] 아빠 6

dance 춤(추다) 46

dangerous 위험한 135

dark 어두운, 어둠 119

date 날짜, 데이트 138

daughter 딸 114

day 날, 하루, 낮 6

dead 죽은 219

dear 사랑[친애]하는, 소중한 51

decide 결정[결심]하다 103

deep 깊은, 깊게 179

deer 사슴 242

delicious 맛있는 103

dentist 치과 의사 166

department store 백화점 190

desert 사막 126

design 디자인[설계/기획](하다) 86

desk 책상 106

dessert 후식[디저트] 210

destroy 파괴하다 211

develop 발전하다, 개발하다 167

dialog(ue) 대화 22

diary 일기(장) 74

dictionary 사전 158

die 죽다 91

difference 다름[차이] 98

different 다른 27

difficult 어려운 83

dinner 저녁 식사 50

dinosaur 공룡 190

dirty 더러운 111

disappear 사라지다 207

disappoint 실망시키다 219

discover 발견하다 187

dish 접시, 요리 94

divide 나누다[나뉘다] 195

do 하다 7

doctor[Dr.] 의사, 박사 30

dog 개 34

doll 인형 190

dollar (화폐 단위) 달러 126

dolphin 돌고래 170

donkey 당나귀 222

door 문 54

dough 밀가루 반죽 206

down 아래로 103

drama 극[드라마] 186

draw 그리다, 끌어당기다, 뽑다 107

dream 꿈(꾸다) 43

dress 옷(을 입(히)다), 여성복[드레스] 66

drink 마시다, 마실 것[음료] 118

drive 운전하다, 몰다, 드라이브 139

drop 떨어뜨리다[떨어지다], 방울 134

drugstore 약국 234

drum 북[드럼] 214

dry 마른[건조한], 말리다[마르다] 171

duck 오리 106

E

each 각각(의) 43

ear 귀 118

early 초기의, 이른, 일찍 115

earth 지구, 땅 18

east 동쪽(의/으로) 127

easy 쉬운 51

eat 먹다 31

effort 노력 146

egg 알, 달걀[계란] 74

either ～도, (둘 중) 어느 하나(의) 219

elementary 기본의, 초등학교의 211

elephant 코끼리 182

elevator 승강기[엘리베이터] 182

else 그 밖의 203

empty 빈 183

end 끝(나다) 62

energy 에너지, 정력 86

engineer 기사[기술자] 146

enjoy 즐기다 55

enough 충분한 (수량), 충분히 99

enter 들어가다, 입학하다 167

environment 환경 110

eraser 지우개 226

escalator 에스컬레이터 222

even ～조차(도), 훨씬 99

evening 저녁 78

event 사건[행사] 90

every 모든, ～마다 39

everywhere 어디나 231

exact 정확한 227

exam 시험 94

example 예, 모범 22

excellent 뛰어난[탁월한] 219

excited 흥분한 139

exciting 흥분시키는[흥미진진한] 143

excuse 용서하다, 변명(하다) 146

exercise 운동(하다), 연습(하다) 74

expensive 비싼 167

express 표현하다, 급행의, 속달, 급행(열차) 194

eye 눈 22

F

face 얼굴, 직면하다, 향하다 46

fact 사실 66

factory 공장 114

fail 실패하다, 낙제하다 235

fair 공정한[공평한], 박람회 195

fall 떨어지다[넘어지다], 가을, 폭포 86

family 가족 6

famous 유명한 55

fan 팬[~광], 선풍기, 부채 154

fantastic 환상적인[멋진] 223

far 멀리, 훨씬, 먼 159

farm 농장 74

farmer 농부 78

fashion 패션[유행] 106

fast 빨리, 단단히, 빠른 67

fat 살찐[뚱뚱한], 지방 119

father 아버지 6

fault 잘못, 결점 146

favorite 가장 좋아하는 (것[사람]) 59

feed 먹을 것을 주다[먹이다] 239

feel 느끼다 39

festival 축제[잔치] 94

fever 열, 열병 182

few 소수(의), 몇몇(의) 67

field 들판, 경기장, 분야 74

fight 싸우다, 싸움 111

file 서류철, 파일 222

fill (가득) 채우다[차다] 171

film 필름, 영화, 촬영하다[찍다] 198

finally 마침내, 마지막으로 163

find 찾다[발견하다] 39

fine 좋은[훌륭한], 잘[훌륭히] 103

finger 손가락 110

finish 끝내다[끝나다] 127

fire 불, 화재 26

firefighter[fireman] 소방관 138

first 첫째의, 첫째로, 먼저 19

fish 물고기[생선], 낚시질하다 50

fisherman 어부, 낚시꾼 162

fix 고치다[수리하다], 고정시키다 211

flood 물에 잠기게 하다, 홍수 146

floor 바닥, (건물의) 층 154

flower 꽃 34

flu 유행성 감기[독감] 234

fly 날다[비행하다], 파리 70

folk 민속의, 사람들, 가족 195

follow 따르다 115

following 다음의, 다음에 오는 것 87

food 식품, 식량 14

foot 발, (길이 단위) 피트 118

football 축구 102

foreign 외국의 95

foreigner 외국인 142

forest 숲 70

forget 잊다 151

fork 포크 190

form 형태, 형식, 형성되다 90

fox 여우 98

free 자유로운, 한가한, 무료의 103

fresh 신선한, 새로운 159

fridge 냉장고 214

friend 친구 6

friendly 친절한, 친한 167

frog 개구리 162

front 앞(쪽)(의) 58

fruit 과일 106

fry (기름에) 튀기다 207

full 가득 찬, 배부른 91

fun 재미, 장난, 재미있는 31

funny 웃기는[재미있는], 이상한 135

future 미래[장래](의) 30

G

game 게임[놀이/경기] 10

garage 차고[주차장] 114

garden 뜰[정원] 122

garlic 마늘 234

gas 가스, 기체, 가솔린[휘발유] 98

gather 모으다[모이다] 211

general 육군[공군] 장군, 일반적인 135

gentleman 신사 198

gesture 제스처[몸짓] 166

get 얻다, 이르다, 되다 23

ghost 유령 138

gift 선물, 재능 78

giraffe 기린 242

girl 소녀 30

give 주다 35

glad 기쁜 75

glass 유리(잔), 안경 90

global 세계[지구]의 143

glove 장갑[글러브] 186

glue 접착제(로 붙이다) 114

go 가다 7

goal 목표[목적], 골[득점] 78

goat 염소[산양] 202

gold 금(빛)(의) 147

good 좋은, 잘하는 7

good-looking 잘생긴 203

goose 거위 218

grade 성적, 등급, 학년 58

grammar 문법 194

grandchild 손주 142

grandfather[grandpa] 할아버지 86

grandmother 할머니 166

grandparent(s) 조부모 110

grape 포도 198

grass 풀[잔디](밭)	142	
grasshopper 메뚜기	222	
great 큰, 위대한, 멋진	27	
green 녹색(의), 푸른	71	
ground 땅, 땅바닥	94	
group 무리[집단/그룹]	18	
grow 자라다, 기르다, ~해지다	71	
guess 추측(하다), 알아맞히다	143	
guide 안내(인), 안내하다	223	
guitar 기타	178	

H

habit 습관	46
hair (머리)털	66
half (절)반(의), 반쯤	83
hall 현관[복도], 홀[회관]	154
hamburger 햄버거	106
hand 손, 건네주다	18
handkerchief 손수건	234
handsome 잘생긴	199
happen 일어나다, 우연히 ~하다	75
happy 행복한[기쁜]	23
hard 단단한, 어려운, 열심히, 세게	67
hat (테 있는) 모자	170
hate 몹시 싫어하다[혐오하다]	191
have 가지고 있다, 먹다, ~하게 하다	11
head 머리, 향해 가다	46
headache 두통	186
health 건강	74

healthy 건강한, 건강에 좋은	91
hear 듣다	59
heart 심장, 마음	74
heat 열(기), 더위, 뜨겁게 하다	114
heavy 무거운, 심한	123
help 돕다, 도움	27
hen 암탉	234
here 여기(에[로])	47
hide 숨기다[숨다]	219
high 높은, 높이	51
hike 도보 여행(을 하다)	235
hill 언덕[작은 산]	182
history 역사	62
hit 치다[때리다], 대인기[히트]	159
hobby 취미	102
hold 잡고 있다, 열다[개최하다]	119
hole 구멍	122
holiday (공)휴일	102
home 가정, 자기 집(으로[에])	11
homemaker[housewife] 주부	210
homeroom 홈룸[소속 반], 조례	182
hometown 고향	154
homework 숙제	54
honest 정직한	231
honey (벌)꿀, 여보, 아가야	162
hope 희망(하다), 바라다	26
horse 말	106
hospital 병원	66
hot 더운[뜨거운], 매운	55

hour 1시간, 시간   30

house 집   10

however 그러나[그렇지만]   147

huge 거대한   159

human 인간(의), 인간다운   87

hundred 백[100]   82

hungry 배고픈   107

hunt 사냥하다   239

hurry 서두르다, 서두름   203

hurt 다치게 하다, 아프다   135

husband 남편   118

I

ice 얼음   66

idea 생각[아이디어]   18

imagine 상상하다   155

important 중요한   35

improve 개선되다, 향상시키다   171

increase 늘리다, 증가(하다)   219

information 정보   50

inside 안(쪽)(에)   191

interest 관심[흥미](를 끌다), 이익   27

interested 관심[흥미] 있는   79

interesting 재미있는   51

international 국제의, 국제적인   159

introduce 소개하다   131

invent 발명하다   115

inventor 발명가   178

invite 초대하다   131

island 섬   58

J

jacket 재킷[(짧은) 웃옷]   202

jar 병[단지/항아리]   214

jeans 진 바지   110

job 일(자리)   18

join 가입하다, 함께하다, 연결하다   95

judge 재판관, 판단[재판]하다   167

juice 주스   174

jump 뛰다[뛰어오르다], 점프, 뜀   163

jungle 밀림[정글]   214

just 막, 꼭, 단지   63

K

kangaroo 캥거루   210

keep 유지하다, 계속하다, 보존하다   59

key 열쇠, 가장 중요한   135

kick 차다   215

kid 아이, 농담하다, 놀리다   146

kill 죽이다   143

kind 친절한, 종류   31

king 왕   26

kitchen 부엌   166

knife 칼[나이프]   190

knock 노크하다[두드리다]   203

know 알다   19

L

lady 숙녀, 여성 114

lake 호수 110

lamb 새끼 양 (고기) 242

lamp 등[램프] 174

land 땅[육지], 나라, **착륙하다** 43

language 언어 18

large 큰, 넓은 75

last 지난, 마지막의, 계속[지속]되다 35

late 늦은, 늦게 67

later 나중에, 후에, 더 뒤[나중]의 143

laugh (비)웃다, 웃음 139

law 법(률) 134

lead 이끌다[데리고 가다/안내하다] 175

leader 지도자 146

leaf 잎 70

learn 배우다 39

leave 떠나다, 내버려두다, 남기다 79

left 왼쪽(의/으로) 71

leg (몸의) 다리 74

lesson 과, 수업[교습], 교훈 14

let ~하게 하다[허락하다] 23

letter 편지, 글자 26

library 도서관 38

lie (누워) 있다, 거짓말(하다) 159

life 삶[인생/생활], 생명 10

lift (들어) 올리다, 태우기, 올리기 179

light 빛[불], 밝은, 가벼운, 불을 붙이다 34

lightning 번개 226

like 좋아하다 11

line 선, 줄(을 서다) 54

lion 사자 118

lip 입술 234

list 목록, 명단 130

listen 듣다 35

little 작은, 어린, 조금(의) 23

live 살다, 살아 있는 35

living room 거실 154

long 긴, 길게, 오래 31

look 보다[보이다], 봄, 표정 19

lose 잃다, 지다 91

lot (수량이) 많음 7

loud 큰 소리의, 큰 소리로 135

love 사랑(하다) 15

lovely 아름다운, 즐거운 199

low 낮은, 낮게 159

luck (행)운 130

lucky 행운의[운 좋은] 163

lunch 점심 42

M

machine 기계 70

magazine 잡지 134

magician 마술사 214

mail 메일[우편(물)], 우편으로 보내다 42

mail carrier[mailman] 우편배달부 214

main 주된[가장 중요한] 147

make 만들다, ~하게 하다[시키다] 15

male	남성[수컷](의)	175
man	남자, 사람	6
many	(수가) 많은	11
map	지도	134
marathon	마라톤	226
mark	표시(하다), 부호, 자국	171
market	시장	122
marry	~와 결혼하다	179
Mars	화성	202
mask	마스크[가면/탈]	170
master	달인, 주인, 석사, 숙달하다	163
match	시합, 성냥, 어울리다	66
math[mathematics]	수학	62
matter	문제[일], 물질, 중요하다	94
maybe	아마	167
mayor	시장	238
meal	식사	102
mean	의미하다, 못된[심술궂은]	63
meat	(식용 짐승의) 고기	150
medal	메달[훈장]	202
medicine	약, 의학	122
meet	만나다	47
meeting	회의[모임], 만남	174
member	회원[구성원]	110
memory	기억(력), 추억	142
message	메시지[전하는 말]	62
middle	한가운데(의)	67
milk	우유, 젖	70
million	100만	126

mind	마음, 언짢아하다	34
miner	광부	226
minute	분, 잠깐[순간]	30
miserable	비참한	235
miss	놓치다, 그리워하다	95
mistake	실수(하다)	138
mix	섞다[섞이다], 혼합	163
modern	현대의[현대적인]	151
mom	엄마	6
moment	때[순간], 잠시	134
money	돈	14
monitor	모니터, 감시하다	214
monkey	원숭이	158
month	(달력의) 달, 한 달	30
moon	달	86
morning	아침, 오전	18
mosquito	모기	194
mother	어머니	6
mountain	산	30
mouse	쥐, (컴퓨터의) 마우스	126
mouth	입	130
move	움직이다, 이사하다, 감동시키다	87
movie	영화(관)	26
much	(양이) 많은, 많이, 훨씬	11
museum	박물관[미술관]	126
music	음악	10
musical	음악의, 뮤지컬	207
musician	음악가	114

N

name 이름(을 붙이다)		14
nation 국가, 민족		134
native 출생지의, 원주민(의), 현지인		199
nature 자연, 천성		50
neck 목		170
need 필요(하다), 욕구		47
neighbor 이웃 (사람[나라])		62
nephew 조카		238
nervous 초조한, 신경의		215
never 결코 ~ 않다		107
new 새로운		11
news 뉴스[소식]		82
newspaper 신문		42
next 다음의, 바로 옆의, 다음에		31
nice 좋은[멋진], 친절한		39
nickname 별명		210
niece 조카딸		242
night 밤		22
noise 시끄러운 소리[소음]		150
noodle 국수[면]		150
noon 정오		202
north 북(쪽)(의/으로)		58
nose 코		98
notebook 공책		174
now 지금, 이제		31
number 수, 번호(를 매기다)		46
nurse 간호사		134
nut 견과		222

O

o'clock ~시		199
off 떨어져[멀리]		155
office 사무실, 관청		62
officer 장교, 관리[임원]		182
often 자주[흔히]		91
oil 기름, 석유		166
old 나이 든, 오래된		11
Olympic 올림픽의, 올림픽 경기		147
once 한 번, (과거) 언젠가, 일단 ~하면		139
onion 양파		222
only 단지[오직], 유일한		59
open 열다, 열린		63
opinion 의견		90
orange 오렌지(색)(의)		71
order 순서, 질서, 명령(하다), 주문(하다)		78
other 다른 (사람[것]), 그 밖의		15
out 밖에[으로]		43
outside 밖에[으로], 외부의, 바깥쪽		223
oven 오븐		226
own 자신의 (것), 소유하다		63
ox 황소		234

P

page 페이지[쪽]		130
paint 그리다, 페인트(칠하다)		134
pair 쌍[벌/켤레]		154
palace 궁전		110
pan (손잡이 달린 얕은) 냄비[팬]		182

pants 바지	166	
paper 종이, 신문, 서류	34	
parent(s) 어버이[부모]	18	
park 공원, 주차하다	26	
parrot 앵무새	210	
part 부분, 역할	18	
partner 파트너[동반자]	186	
party 파티[모임]	38	
pass 지나가다, 건네주다, 합격하다, 패스	143	
past 과거(의), 지나간, 지나서	82	
paste 반죽, 풀(로 붙이다)	183	
pay 지불하다, 봉급	151	
pea 완두(콩)	178	
peace 평화	134	
peach 복숭아	230	
peak 산꼭대기[봉우리], 절정	178	
pear (먹는) 배	226	
pen 펜, 우리	98	
pencil 연필	142	
people 사람들, 민족, 국민	6	
pepper 후추, 고추	174	
perfect 완벽한[완전한]	163	
person 사람	26	
pet 애완동물	66	
phone 전화(기)	38	
photographer 사진작가[사진사]	218	
pianist 피아니스트[피아노 연주자]	226	
pick 고르다, 따다, 뽑다	123	
picnic 소풍	114	

picture 그림, 사진	14	
piece (한) 부분[조각], 한 개[하나]	58	
pig 돼지	98	
pilot 조종사	154	
pine 소나무	226	
pink 분홍색(의)	239	
place 장소, 두다[놓다]	18	
plan 계획(하다)	26	
plane 비행기	42	
plant 식물, 심다	22	
plastic 플라스틱(의/제품)	195	
plate 접시	198	
play 놀다, 게임을 하다, 연주하다, 연극	34	
playground 운동장[놀이터]	162	
pleasant 쾌적한[즐거운]	215	
please 제발, 기쁘게 하다	75	
pleasure 기쁨[즐거움]	130	
pocket 호주머니[포켓]	130	
poem 시	150	
point 점, 요점, 의견, 점수, 가리키다	42	
police 경찰	154	
polite 예의 바른[공손한]	223	
pollute 오염시키다	231	
pollution 오염	110	
pool 수영장, 물웅덩이	166	
poor 가난한, 불쌍한, 잘 못하는	63	
popular 인기 있는, 대중의	99	
pork 돼지고기	206	
possible 가능한	139	

post 우편(물), 직위, 게시하다	94	**put** 놓다[두다]	62
postcard 엽서	138	**puzzle** 퍼즐[수수께끼], 어리둥절하게 하다	194
poster 포스터[광고지]	202		
pot (깊은) 냄비, 화분[도자기]	206	**Q**	
potato 감자	66	**quarter** 4분의 1	166
pour (액체를) 따르다, (퍼)붓다	215	**queen** 여왕, 왕비	102
powder 가루[분(말)]	174	**question** 질문, 의문, 문제, 질문하다	34
power 힘, 권력, 동력	126	**quick** 빠른	207
practice 연습(하다), 실행(하다)	66	**quiet** 조용한	151
prepare 준비하다	155	**quite** 꽤	211
present 선물, 현재(의), 출석한, 주다	58	**quiz** 퀴즈, 간단한 시험	170
president 대통령, 장(長)	98		
press 누르다, 언론, 인쇄	199	**R**	
pretty 예쁜[귀여운], 꽤, 아주[매우]	115	**rabbit** 토끼	74
prevent 막다[못하게 하다]	243	**race** 경주(하다), 인종	114
prince 왕자	82	**railroad** 철도	206
princess 공주	82	**rain** 비(가 오다)	43
principal 교장, 장, 주요한	154	**rainy** 비가 많이 오는	155
print 인쇄하다	243	**raise** 올리다, 모금하다, 기르다	175
prize 상[상품]	98	**read** 읽다	19
problem 문제	18	**ready** 준비된	99
professor 교수	222	**real** 진짜[현실]의	131
program 프로그램, 일정[진행 순서]	42	**really** 진짜[정말]	51
pronunciation 발음	186	**reason** 이유, 이성	94
protect 보호하다	211	**receive** 받다	163
proud 자랑스러운	123	**recipe** 조리[요리]법	142
pull (잡아)당기다[끌다], 뽑다	183	**recycle** 재활용하다	123
purple 자주색(의)	239	**red** 빨간[붉은](색)	87
push 밀다	206	**refrigerator** 냉장고	214

regular 규칙적인, 보통의   155

relax 쉬다[긴장을 풀다]   239

remember 기억하다   83

repeat 되풀이하다, 반복(하다)   223

reply 대답(하다)   187

report 보고[보도](하다)   79

reporter 기자   138

rescue 구조[구출](하다)   198

respect 존경[존중](하다)   203

rest 휴식, 나머지, 쉬다   82

restaurant 음식점[식당]   46

restroom (공공장소의) 화장실   238

result 결과(로 생기다)   78

return (되)돌아가다[오다], 돌려주다, 귀[반]환   171

review 복습하다, 검토[논평](하다)   231

ribbon 리본[(장식용) 띠]   202

rice 쌀(밥), 벼   58

rich 부유한, 풍부한   127

ride 타다, 타기, 탈것   111

right 옳은, 오른쪽(의/으로), 바로, 권리   19

ring 반지, (종[전화]이) 울리다   174

rise 오르다, (해가) 떠오르다   163

river 강   30

road 길[도로]   82

robot 로봇   158

rock 바위, 록 음악   58

rocket 로켓   226

role 역할   194

roll 구르다[굴리다], 말다, 두루마리   199

roof 지붕   210

room 방, 자리, 여지   26

rose 장미   186

round 둥근, 왕복의, 라운드   175

rule 규칙, 지배   66

run 달리다, 운영하다   79

runny 콧물[눈물]이 나는   235

rush 서두르다[급히 움직이다], 돌진   218

S

sad 슬픈   95

safe 안전한   147

safety 안전   122

sail 항해하다, 돛   215

sailor 선원   186

saint[St.] 성인(聖人)   230

salad 샐러드   178

sale 판매, 할인 판매   82

salesperson 판매원   230

salt 소금   118

same 같은 (것[사람])   47

sandwich 샌드위치   190

save 구하다, 저축[절약]하다   75

say 말하다   11

scarf 스카프[목도리]   206

school 학교   6

science 과학   46

scientist 과학자   30

scissors 가위   230

screen	화면	222
script	대본	214
sea	바다	30
season	계절[철]	62
seat	좌석[자리], 앉히다	130
second	제2의, 초, 잠깐	59
secret	비밀(의)	103
see	보다, 만나다, 알다	11
seem	보이다, ~인 것 같다	147
sell	팔다	107
send	보내다	83
sentence	문장	118
serious	진지한, 심각한, 중대한	183
serve	음식을 제공하다, 시중들다	179
service	서비스[봉사]	126
set	두다[놓다], 세우다, (해가) 지다, 세트	123
setting	배경	214
several	몇몇의	131
shake	흔들(리)다, 밀크셰이크	183
shampoo	샴푸	198
share	공유하다[함께 쓰다], 나누다	175
sheep	양	178
shine	빛나다	223
shiny	빛나는[반짝이는]	243
ship	(타는) 배	42
shirt	셔츠	110
shoe	구두	42
shop	가게, 물건을 사다	22
short	짧은, 키가 작은, 짧은 바지	67
shoulder	어깨	222
shout	외치다[소리치다], 외침	159
show	보여주다, 쇼, 구경거리	51
shower	샤워, 소나기	146
sick	병든[아픈]	75
side	측[쪽], 측면	42
sidewalk	(포장된) 보도[인도]	238
sign	표지판, 신호(하다), 서명하다	82
silk	비단	230
silver	은(색)(의)	199
simple	간단한[단순한]	167
sing	노래하다	63
sister	여자 형제	50
sit	앉다	83
site	장소, 현장, 웹사이트	78
size	크기[치수]	90
skate	스케이트(를 타다)	194
skirt	치마[스커트]	170
sky	하늘	54
sleep	잠(자다)	107
sleepy	졸리는	231
sleeve	소매	238
slice	(얇은) 조각, 얇게 썰다	239
slim	날씬한[얇은]	227
slippery	미끄러운	231
slow	느린	139
small	작은	35
smart	영리한[똑똑한]	115
smell	냄새(나다[를 맡다])	126

smile 미소 (짓다)	50	
smoke 연기, 담배를 피우다	131	
snack 간식	198	
snake 뱀	186	
sneaker (고무창) 운동화	230	
sneeze 재채기(하다)	235	
snow 눈(이 오다)	62	
so 너무[정말], 그렇게, 그래서	19	
soap 비누	158	
soccer 축구	34	
social 사회의	191	
sock 양말	138	
soft 부드러운	223	
soldier 군인	58	
solve 풀다[해결하다]	191	
some 조금[몇몇](의), 어떤	15	
someday (미래) 언젠가	227	
sometimes 때때로	111	
son 아들	22	
song 노래	34	
soon 곧, 빨리	123	
sore 아픈[쑤시는]	235	
sorry 미안한, 유감스러운	59	
sound 소리, ~처럼 들리다, 건전한	78	
soup 수프	122	
sour (맛이) 신	243	
south 남(쪽)(의/으로)	58	
space 공간, 우주	38	
spaceship 우주선	122	

speak 말하다	79	
special 특별[특수]한, 전문의	59	
speech 연설	206	
spend (시간/돈을) 쓰다	99	
spider 거미	218	
spinach 시금치	198	
spoon 숟가락[스푼]	174	
sport 스포츠[운동/경기]	42	
spread 펴다, 퍼지다[퍼뜨리다]	223	
spring 봄, 용수철, 샘	54	
square 정사각형(의), 광장, 제곱(의)	147	
squirrel 다람쥐	230	
stadium 경기장	170	
stair 계단	162	
stamp 우표, 도장	198	
stand 서다	119	
star 별, 스타[인기인]	54	
start 시작(하다), 출발(하다)	67	
station 역[정거장]	70	
stay 머무르다, 그대로 있다, 머무름	95	
steak 스테이크	186	
step 걸음(을 옮기다), 단계, 계단	86	
stick 붙(이)다, 찌르다, 스틱[지팡이]	199	
still 아직도, 가만히 있는	119	
stomach 위, 배	186	
stone 돌	142	
stop 멈추다, 멈춤, 정류장	87	
store 가게[상점], 비축[저장]하다	50	
story 이야기, (건물의) 층	14	

stove 스토브[난로] 230

straight 똑바로[곧장], 곧은[똑바른] 215

strange 이상한, 낯선 131

strawberry 딸기 238

street 거리 34

stress 스트레스, 강조, 강세 194

strong 강한[힘센] 79

student 학생 14

study 공부[연구](하다) 51

stupid 어리석은[멍청한] 199

style 스타일[방식] 182

subject 과목, 주제 66

subway 지하철 78

succeed 성공하다 203

such 그러한, 그렇게[너무나] 47

suddenly 갑자기 171

sugar 설탕 138

suggest 제안하다[권하다] 227

summer 여름 22

sun 태양, 햇빛[햇볕] 62

sunflower 해바라기 222

sunny 햇빛이 밝은 123

sunshine 햇빛[햇볕] 226

supper 저녁 식사 238

sure 확신하는[확실한], 물론, 확실히 27

surf 파도타기를 하다, 인터넷을 검색하다 219

surprise 놀라게 하다, 놀람 111

surprised 놀란 115

swallow 삼키다, 제비 239

sweater 스웨터 190

sweet 단(것), 친절한 154

swim 수영하다 87

system 체계, 시스템 138

T

table 탁자[식탁], 표[목록] 94

tail 꼬리 162

take 데려[가져]가다, 필요로 하다, 받다 39

talk 말하다, 이야기(하다) 27

tall 키가 큰 79

taste 맛(이 나다[맛보다]), 취향 179

taxi 택시 150

tea (마시는) 차 166

teach 가르치다 123

teacher 선생님[교사] 10

team (경기의) 팀[조] 34

teenager[teen] 십대 소년 · 소녀 94

telephone 전화(기) 38

television[TV] 텔레비전 22

tell 말하다 47

temperature 온도[기온], 체온 170

tent 천막[텐트] 198

terrible 끔찍한[지독한] 143

test 테스트[시험/검사](하다) 70

textbook 교과서[교재] 174

thank 감사(하다) 43

that 저(것[사람]), 그(것[사람]) 7

theater 극장 174

then 그때, 그러고 나서	23	
there 거기에[그곳에]	7	
thick 두꺼운, 짙은, 진한	191	
thin 얇은, (몸이) 마른, 묽은	187	
thing 것, 일, 물건	10	
think 생각하다	15	
third 세 번째(의/로)	179	
thirsty 목마른	207	
this 이(것[사람])	7	
thorn (식물의) 가시	242	
thousand 천[1000]	82	
throat 목구멍	194	
throw 던지다	135	
thumb 엄지손가락	214	
thunder 천둥	226	
ticket 표[승차권/입장권]	122	
tie 넥타이, 동점(이 되다), 묶다[매다]	130	
tiger 호랑이	146	
time 시간, 시각, (몇) 번	6	
tired 피곤한, 싫증난	111	
title 제목, 타이틀[선수권]	162	
today 오늘(날)	10	
toe 발가락	218	
together 함께[같이]	95	
tomorrow 내일	31	
tonight 오늘 밤(에)	175	
too 너무, ~도	27	
tooth 이[치아]	122	
toothache 치통	202	

top 꼭대기[정상]	54	
topic 화제[주제]	38	
touch 만지다, 감동시키다, 접촉	155	
tourist 관광객	150	
towel 수건[타월]	154	
tower 탑	178	
town 읍[시]	50	
toy 장난감	86	
traditional 전통의[전통적인]	183	
traffic 교통(량)	118	
train 열차, 훈련하다	74	
trash 쓰레기	130	
travel 여행(하다)	139	
tray 쟁반	238	
treat 대하다, 치료하다, 대접하다, 한턱내기	195	
tree 나무	22	
trick 속임수, 장난, 마술, 속이다	143	
trip 여행	38	
trouble 곤란[곤경], 괴롭히다	142	
truck 트럭	90	
true 사실인, 진짜의, 참된	63	
trunk 나무의 몸통, 자동차의 짐칸	242	
try 노력하다, ~해 보다, 시도(하다)	55	
turkey 칠면조 (고기), 터키 공화국	158	
turn 돌(리)다, 바뀌다, 차례, 회전	75	
turtle (바다)거북	122	
twice 두 번, 두 배로	239	
type 유형[종류], 타자를 치다	123	

U

ugly 못생긴[추한] 223

umbrella 우산 102

uncle 큰[작은]아버지/외삼촌/고모부/이모부 70

understand 이해하다 71

uniform 제복[유니폼] 106

up 위로[에] 35

upset 속상한, 속상하게 하다 115

use 사용[이용](하다) 22

useful 유용한[쓸모 있는] 131

usually 보통 127

V

vacation 방학[휴가] 46

vase 꽃병 166

vegetable 채소[야채] 70

very 매우[아주] 15

vet 수의사 218

view 전망[경치], 견해[관점], 보다 111

village 마을 58

violet 보라색(의), 제비꽃 239

violin 바이올린 170

visit 방문(하다) 55

voice 목소리 90

volleyball 배구 234

volunteer 자원봉사자, 자원하다 102

W

waist 허리 242

wait 기다리다 95

waiter 웨이터[남자 식당 종업원] 166

waitress 웨이트리스[여자 식당 종업원] 166

wake 잠에서 깨다[깨우다] 183

walk 걷다, 산책 67

wall 벽[담] 98

wallet 지갑 190

want 원하다, ~하고 싶다 23

war 전쟁 46

warm 따뜻한, 따뜻하게 하다 55

wash 씻다 111

waste 낭비(하다), 쓰레기 150

watch (지켜)보다, 시계 51

water 물(을 주다) 14

waterfall 폭포 174

watermelon 수박 242

way 방법[방식], 길 6

weak 약한 187

wear 입고[신고/쓰고] 있다 83

weather 날씨 18

web (인터넷) 웹, 거미줄 210

wedding 결혼식 242

week 주, 1주일 26

weekend 주말 102

welcome 환영(하다/받는), 환영! 115

well 잘, 건강한, 우물, 글쎄 39

west 서쪽(의/으로), 서양 207

wet 젖은, 비 오는 219

whale 고래 194

wheat 밀	190	
wheelchair 휠체어	170	
white 흰색(의)	71	
whole 전체[전부](의)	111	
wide 넓은, 활짝	179	
wife 아내	126	
wild 야생의, 야생	175	
win 이기다, 따다[얻다]	63	
wind 바람	110	
window 창(문)	54	
wing 날개	158	
winter 겨울	46	
wise 지혜로운[현명한]	107	
wish 바라다[빌다], 소원[소망]	102	
wolf 늑대	242	
woman 여자[여성]	10	
wonderful 훌륭한[멋진], 놀랄 만한	83	
wool 양털, 모직	242	
word 단어, 말	18	
work 일[공부](하다), 작품	30	
world 세계, 세상	6	
worm 벌레	178	
worried 걱정하는	99	
worry 걱정시키다[걱정하다], 걱정(거리)	71	
wrist 손목	230	
write 쓰다	47	
wrong 틀린[잘못된], 틀리게	91	

Y

yard 마당[뜰]	142
year 해, 1년	6
yellow 노란색(의)	127
yesterday 어제	87
yet 아직, 벌써, 그렇지만	195
young 젊은[어린]	39
yummy 아주 맛있는	243

Z

zoo 동물원	146

MEMO

영어 실력과 내신 점수를 함께 높이는
중학 영어 클리어, 빠르게 통하는 시리즈

 문법 영문법 클리어 | LEVEL 1~3

문법 개념과 내신을 한 번에 끝내다!

- 중등에서 꼭 필요한 핵심 문법만 담아 시각적으로 정리
- 시험에 꼭 나오는 출제 포인트부터 서술형 문제까지 내신 완벽 대비

 쓰기 문법+쓰기 클리어 | LEVEL 1~3

영작과 서술형을 한 번에 끝내다!

- 기초 형태 학습부터 문장 영작까지 단계별로 영작 집중 훈련
- 최신 서술형 유형과 오류 클리닉으로 서술형 실전 준비 완료

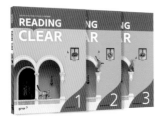

 독해 READING CLEAR | LEVEL 1~3

문장 해석과 지문 이해를 한 번에 끝내다!

- 핵심 구문 32개로 어려운 문법 구문의 정확한 해석 훈련
- Reading Map으로 글의 핵심 및 구조 파악 훈련

 듣기 LISTENING CLEAR | LEVEL 1~3

듣기 기본기와 듣기 평가를 한 번에 끝내다!

- 최신 중학 영어듣기능력평가 완벽 반영
- 1.0배속/1.2배속/받아쓰기용 음원 별도 제공으로 학습 편의성 강화

 실전 문법 빠르게 통하는 영문법 핵심 1200제 | LEVEL 1~3

실전 문제로 내신과 실력 완성에 빠르게 통한다!

- 대표 기출 유형과 다양한 실전 문제로 내신 완벽 대비
- 시험에 자주 나오는 실전 문제로 실전 풀이 능력 빠르게 향상

60일 완성

뜯어먹는

중학 기본 영단어 **1200**

김승영 연세대 영어영문학과 졸업
연세대 교육대학원 영어교육과 졸업
전 계성여고 교사
현 한국영어교재개발연구소 대표

저   서   뜯어먹는 중학 영단어 1800
뜯어먹는 수능 1등급 기본 영단어 1800
뜯어먹는 수능 1등급 주제별 영단어 1800
뜯어먹는 수능 1등급 영숙어 1200

고지영 서강대 영어영문학과 졸업
서울대 사범대학원 영어교육과 졸업
현 한국영어교재개발연구소 연구실장

저   서   뜯어먹는 중학 영단어 1800
뜯어먹는 수능 1등급 기본 영단어 1800
뜯어먹는 수능 1등급 주제별 영단어 1800
뜯어먹는 수능 1등급 영숙어 1200

뜯어먹는
중학 기본 영단어 **1200**

발행일 2018년 10월 10일

인쇄일 2024년 3월 10일

펴낸곳 동아출판(주)

펴낸이 이욱상

등록번호 제300-1951-4호(1951.9.19)

개발총괄 장옥희

개발책임 최효정

개발 서현전 이제연 이은지 정혜원

디자인책임 목진성

디자인 송현아

대표번호 1644-0600

주소 서울시 영등포구 은행로 30 (우 07242)

내용·구입·교환 문의 1644-0600 (파본은 구입처에서도 교환이 가능합니다.)

인터넷 학습 정보 www.bookdonga.com